JIU-JITSU
UNIVERSITY
巴西柔術教本

傳奇大師 **SAULO RIBEIRO**

facebook：優質運動健身書

● FB 粉絲專頁：旗標知識講堂、優質運動健身書

● 如您對本書內容有不明瞭或建議改進之處, 請連上
旗標網站, 點選首頁的 聯絡我們 專區。

若需線上即時詢問問題, 可點選旗標官方粉絲專頁
留言詢問, 小編客服隨時待命, 盡速回覆。

若是寄信聯絡旗標客服 email, 我們收到您的訊息後
, 將由專業客服人員為您解答。

我們所提供的售後服務範圍僅限於書籍本身或內
容表達不清楚的地方, 至於軟硬體的問題, 請直接
連絡廠商。

學生團體	訂購專線：(02)2396-3257 轉 362
	傳真專線：(02)2321-2545
經銷商	服務專線：(02)2396-3257 轉 331
	將派專人拜訪
	傳真專線：(02)2321-2545

國家圖書館出版品預行編目資料

Jiu-Jitsu University 巴西柔術教本
Saulo Ribeiro, Kevin Howell 著；林晉利 , 萬明岳 譯

臺北市 : 旗標 , 2021.03　面；　公分

譯自：Jiu-Jitsu University

ISBN 978-986-312-658-4（平裝）

1. 格鬥　2. 武術　3. 防身術

528.97　　　　　　　　　　　　110002192

作　　　者／ Saulo Ribeiro, Kevin Howell

翻譯著作人／旗標科技股份有限公司

發 行 所／旗標科技股份有限公司

　　　　　　台北市杭州南路一段15-1號19樓

電　　　話／ (02)2396-3257(代表號)

傳　　　真／ (02)2321-2545

劃撥帳號／ 1332727-9

帳　　　戶／旗標科技股份有限公司

監　　　督／陳彥發

執行企劃／孫立德

執行編輯／孫立德

美術編輯／陳慧如

封面設計／陳慧如

校　　　對／孫立德

新台幣售價：750 元

西元 2024 年 1 月 初版 5 刷

行政院新聞局核准登記-局版台業字第 4512 號

ISBN　978-986-312-658-4

目 錄

白帶階段的訓練目標：學習求生　　16

作者致謝

　　首先要感謝上帝引領我進入這個追求強大與健康的世界，並讓我出生在如同自己理想中一樣的家庭。感謝我的母親撫養我成人，並為我樹立堅強女性與母親的典範。感謝我的父親讓我理解作為男人最大的價值，在於面對任何時代的考驗勇敢生存。謝謝我的兄弟陪伴我一起面對各種痛苦並一同學習，這些充滿血淚與汗水的戰役將使我們更強大。謝謝我的姐妹與姪女，你們無條件付出的愛，我會一直銘記在心

　　謝謝 Royler Gracie，您是我在武術學習上永遠的導師、朋友、大哥與典範。謝謝我所有遍及世界各地的學生們，特別是在 Gracie Tijuca 的學生們（巴西里約熱內盧的武術學校）。謝謝 Chris blanke 與 Lucas Beddow 兩位對我照顧有加的美國大哥，幫助我完成許多重大決定。巴西柔術就是我生命中的一切寫照，謝謝所有喜愛巴柔的讀者們。

Saulo Ribeiro

　　感謝 Haley 這段時間與我共同努力反覆校稿修改讓這本著作得以問世。感謝 John Danaher 作為一名學者與真正的紳士對於我的指導與幫助，讓這本著作能以各位所看到的姿態呈現。感謝 Billie Hunt 一絲不苟的專業態度在各方面都給我很大的幫助。謝謝我的家人與朋友，讓我能完成出書的夢想。

Kevin Howell

作者簡介

　　Saulo Ribeiro 獲得五座巴西柔術世錦賽冠軍以及兩座 ADCC 降伏式摔角世錦賽冠軍，並以柔術的知識以及無懈可擊的技術著稱於世。在本書中首次揭露他革命性的訓練系統，帶領大家由白帶到黑帶學習超過 200 種的柔術技巧，並詳細說明常犯的錯誤以及調整的作法，是柔術學習者不可不讀的寶藏。還有一些被認為過時的技巧，即使是一些基本動作，他也從理論面與策略面重新給了它們新的價值。他的這一套訓練系統已在最高等級的競賽中得到驗證，帶你依照不同腰帶等級的要求，朝著卓越的路上前進。本書不僅是一本柔術的技術書，更是一本改變柔術教法的終極訓練教本。

　　Kevin Howell 是政治學專業，同時也是柔道棕帶與巴西柔術黑帶好手，出版過三本柔術書籍。他對柔術與混合格鬥極有熱忱，因此創辦 The Jiu-Jitsu League Martial Arts Academy，並擔任導師教導眾多老少學員。

認識巴西柔術

單純具備技術性的知識其實並不足夠，真正完美的展現
必須將技術去蕪存菁，讓所有的招式都如同身體反應般自然。

Daisetsu Suzuki 鈴木大拙 日本哲學家

槓桿原理

Rickson Gracie (著名巴西柔術紅帶大師，亦入選 MMA 名人堂) 對於我理解巴西柔術的格鬥理念有很深遠的影響，Rickson 帶來的不只是單純的動作技術與比賽策略，更重要的是他對巴西柔術全面性的理解，我的柔術理念來自於他所重視的槓桿原理技巧，也是我至今所有教學的出發點。

大家都知道槓桿原理的概念，但卻很少有人能確實在柔術中發揮槓桿的優勢。本書中呈現的技巧都是圍繞在支點與力臂在巴西柔術中所能發揮的效益，例如該如何舉起比我重兩倍的對手？又該如何用關節技控制力量大我三倍的人？共同的答案就是借助槓桿原理的方式。所以在進行任何抱摔或壓制的技巧時，永遠要設法找到可以讓自身力量最大化，同時又能降低對手力矩的施力點，也就是在兩人對峙的槓桿中找到對自己最有利的支點。

深刻體會巴西柔術

"If you think, you are late. If you are late, you use strength. If you use strength, you tire. And if you tire, you die."

"想了就會慢；慢了就得費力；
費力加速疲勞；疲勞讓你錯失勝利"

這是我相當喜歡的一句諺語，在巴西柔術中勝負往往取決於你如何「感受」對手，所有動作的決定不應該來自於刻意的思考，而是身體感受雙方力量的變化，藉由肌肉記憶做出的自然反應。舉例來說，對手在比賽中會不斷試圖突破你的守勢，你會在「感受」到對方意圖的瞬間做出改變，當下的變化速度絕對不容你有任何停下來思考的時間，有的只是不斷做出更快的「反射動作」。

因此如何將所有的柔術動作都鍛鍊到如身體反應般自然，也是我從最早的學生時期就開始努力的目標。而所謂的反射就是不需要透過大腦的思考，同時也能避免憤怒、恐懼或挫折等負面情緒的干擾，因為在你意識到之前，反射的動作早已完成。即便在比賽末盤拖著疲憊甚至接近受傷的身軀，對手再度推動你的手肘發動攻勢，你都能依靠本能進行應對，不會有多餘的時間讓你陷入低潮的心理狀態。在不需要思考的前提下，所有動作的啟動都來自於感受對手動靜的直覺反應，這也是我信奉的「無念 (no mind)」的心理境界。

腰帶分級的制度

巴西柔術會依照每個人訓練的經驗與程度用不同顏色的腰帶進行分級，白帶與藍帶代表從

無經驗到初學的程度；紫帶表示掌握基本技術的中階選手；棕帶與黑帶則代表從進階層級到可以教授巴西柔術的水準，再往上則有紅黑帶與紅帶兩種更高的層次，這些都是學生在學習巴西柔術可以作為參考的指標之一。

白帶

我會把白帶所代表的階段比喻為人從出生到開始社會化的過程，就如同孩子對父母的信賴，白帶的初學者也必須先主動相信自己的指導老師。學習任何新事物勢必會有許多疑問，但對於白帶選手更重要的是專注與訓練，白帶選手必須盡可能接觸多樣的進攻、反應動作與身體擺位，我會希望白帶選手能在這個階段盡可能更全面的認識巴西柔術的內涵，並針對各種技術均衡發展。

或許有人會主張白帶學生不需要接觸特定的進階動作，但我反對的理由是對於白帶學生來說，多方面理解巴西柔術的內容也是基礎的一部份。白帶學生的能力當然很難完美演示出所有動作的細節，但不代表白帶學生可以不需要對這些細節有最基本的認知，因為唯有專研這些細節才能真正掌握動作的技術。更何況在柔術的賽場上，你所熟知的招式都有可能被對手施加在自己身上，這些細節反而是攸關你如何在危險情況下求生取勝的關鍵，因此白帶學生進步的原動力，反而應該來自最原始的求生本能。

學習是一段漫長的旅程，依照每個人不同的訓練背景，作為白帶學生的時期通常在六到十八個月不等。由白帶升到藍帶是相當關鍵的一環，我會希望自己的學生在晉升之前都能做好萬全的準備。

或許有些人會因為天生的優勢或運動能力，在短時間內晉升到較高的段位，甚至能有相對突出的抱摔技巧或曾經擊倒過某些人，但這對我來說都不是晉升的考量重點，我不會因為某

人天生神力就破格讓他晉升段位，而是更看重柔術學習者的基礎和原則，因此我會讓自己去了解我所有的白帶學生，這樣才能真正知道他們在技術與品格上是否能有實質的進步。

藍帶

對於多數人來說，藍帶應該是僅次於黑帶以外需要最多時間學習的階段，因為從這個階段開始，學生會開始統整白帶學到的基礎技巧來發展屬於自己的一套柔術戰略。藍帶學生會經歷一段反覆驗證所有技術並加以應用到實戰的學習過程，簡單來說就是一個實驗性的階段。

所有柔術中的摔技、防禦與越位突破等技巧都需經過反覆的測試，來幫助自己找到實戰中最適合的選項，從發掘新的招式組合到驗證與實用都會需要大量的思考與練習，所以藍帶往往會成為柔術學習者花最多時間鑽研的階段。

紫帶

晉升到紫帶代表學生必須更加精進自己的技術，並開始學習如何輔助教導柔術，建立於藍帶時大量訓練與驗證的成果。紫帶學生必須學習如何輔助較低段位的學生避免犯下與自己相同的錯誤，所以紫帶學生與藍帶學生在學習過程上是密不可分的。

同時紫帶學生也會受到棕帶學生的砥礪，加強紫帶學生的攻擊速度與防禦的完整性，這樣的訓練強度刺激是藍帶學生還無法達到的，因此紫帶學生在教與學的兩端都會有相當充足反饋，達到最好的進步效果。

同時紫帶階段也是開始可以接觸黑帶選手的時期，黑帶選手可以適時給予紫帶學生更高的挑戰，同時也可以再次體認到自己也經歷過相同艱辛的學習歷程。從晉升紫帶到棕帶之前的

時間，學生應該把握機會多向黑帶選手請益來提升自己的柔術造詣，這也是我對紫帶學生後期主要的訓練目標。

我認為紫帶學生要晉升到棕帶，必須提高對於自身技術的能力與信心，不會受到藍帶與白帶的質疑所影響，對自己一同訓練的同伴與對手表示敬重，並能順暢地連結攻防兩端的技巧應用，只要達到這些條件就有資格晉升到棕帶。

棕帶

棕帶選手在技術水準上已經相當接近黑帶選手。棕帶面臨的課題通常都在於如何面對自己技術上的一些小瑕疵，只要能將其去蕪存菁，往往一點小小的改變，就足以讓棕帶選手晉升到黑帶的殿堂。這些小秘訣通常都是乍看之下毫不起眼的提示，例如一點點的重心變化或者動作時間點上些許的不同，但這些往往都是棕帶學生本身很難察覺的盲點，所以在棕帶學生訓練環境中有黑帶選手的提點是相當重要的一環，因為這些黑帶選手都是曾經克服過自身盲點的老手，棕帶學生在訓練上會非常需要借助他們的眼光。

相信自己的段位

在學習柔術的過程中，如果你開始懷疑自己投入的時間與升段的速度，那麼你就已經輸給了自己。我希望各位柔術學習者銘記在心，在你晉升到藍帶、紫帶或棕帶的段位之前，就應該對自己的能力與技術有所知覺，你會知道自己是否有那份實力獲得該項段位，而這種感受是騙不了自己的。腰帶段位的體制只是在你和指導者之間建立起連結，指導者只是判斷你是否到了能晉升的時間點，但你會知道自己是否真正符合該段位所包含的條件，對於自身能力技術有所了解的人應該會在得到段位之前就已經做好準備。

段位的晉升不是按表操課，如果只依照日期或出席率來給予段位，並無法反映出學習者實際的進步與能力，柔術所包含的面向應當是更為廣泛的。

在我的認知中，以最快的速度得到特定的段位本身並沒有意義，當然對於多數人來說精進到最後，戴得最久的往往就是黑帶，所以你是花四年或十四年來得到這條黑帶其實並不重要，因為你在往後的歲月中都是一名黑帶柔術家，因此更重要的應該是你如何打造這條黑帶的歷程。

腰帶段位在本書代表的意涵

本書對於腰帶分段的概念和坊間其他柔術教材可能有不同的出發點，雖然不應該把腰帶顏色所代表的能力內涵完全條列化（這不代表說白帶的學生沒有機會使用到較高階的降伏技巧），但這樣的分級可以幫助你在柔術學習過程中，對不同階段需要專攻的課題有更清楚的認識。

舉例來說，紫帶學生在晉升到棕帶之前應該要能了解所有常用的柔術防禦體位（Guard），如果一個棕帶學生還無法掌握這些防禦技巧，就很難繼續學習棕帶開始強調的突破技術（Pass）。腰帶分級的初衷是幫助學生建立明確的基礎門檻，並確實提高各項技術的掌握與信心，所以白帶學生首先要能適應自己是處在柔術世界的底層，先學習最基本的生存保護技能；而對於處於高強度競爭的上層黑帶選手，則需要專注於加強自己各種攻擊降伏的技巧與戰略，就如同現實世界的弱肉強食一樣。

透過柔術追求自我提升

柔術是一項需要與同伴練習才能掌握技術的個人運動項目，但在練習過程中跟對手多餘的比較只會阻礙自己的進步空間。我在教學經驗

壺鈴的訓練方式非常適合輔助柔術練習

曲線，很大一部份的原因來自於孩童能把純粹的樂趣擺在個人自尊之前，適時地讓孩童時期學習的初心帶領你繼續前進，反而更能增加進步的動力。練習時不妨試著讓白帶學生對自己使用騎態；試著給所有人對自己使用十字固定的機會，很少會有高段位的選手願意讓初階學生對自己使用降伏技巧，但撇除技術層面的差異，很多時候都是把自尊看得比學習效果更重要。

將訓練帶入生活之中

所有對身心有益的活動都能對你的柔術技巧有所幫助，不管是去衝衝浪、爬爬山甚至好好吃一頓營養的晚餐等等。除了運動本身的好處之外，這些休閒活動更可以徹底放鬆心情，讓你在下一次的柔術訓練能更加專注。

此外也能透過冥想、體能訓練與其他肌肉伸展活化系統來提升柔術技巧，例如巴西自然體操 (Ginnastica natural) 就是一種結合柔術與瑜伽來編排的運動伸展技術，所有的自然體操動作可以在不需要同伴的情況下獨立訓練，許多動作更可以幫助學生模擬柔術訓練最常使用到的肌肉收縮方式，幫助在柔術訓練上發展出更具專項性的肌肉協調與柔韌性。

你也可以借助許多其他媒介的學習管道來加深對柔術的認識，例如教科書籍或教學影片，但最終還是得回歸到與同伴之間實際的對練操作，才能將動作轉化成肌肉記憶。

上都會將每個學生視為獨立的個體，在進行對練時，學生雙方之間的輸贏並不是我在乎的重點，我需要能看到學生在每次對練中是否能嘗試發揮出自己能力範圍內的柔術技巧，輸贏並非學習過程的要素，只要能確實發揮所學的柔術技巧，即使連續五場都被降伏也必定有所收穫。

如何達到更高的柔術境界

在追求柔術造詣上的突破，自尊心過盛往往會是最大的阻礙。當然不可否認維護自尊是人類難以避免的情緒表現之一，例如要在眾人面前演示動作，會很自然的擔心可能表現欠佳，但想突破就必須克服這種自我阻礙的心境，不用害怕在眾人面前失敗，你追求的應該是實質的卓越而非看起來不差的表面而已，所以差別只在於能否勇於嘗試與挑戰。

學習柔術必須保有孩童般的初心，小孩在學習新事物方面通常會比成人有更快速的成長

在跟指導者學習柔術技巧的同時，也要保持客觀思考與判斷的眼界，不需要一昧的盲從指導者的所有指令，我總是反覆提醒學生不要永遠執著在我傳授的觀點！一旦我看到有某些學生自己發展出其他獨特的技巧時，我總是請他毫不保留的和所有學員分享，像是 Marcelo Garcia、Fernando "Terere" Augusto、Eduardo Telles 和 Demian Maia 都曾經作出

讓我眼睛為之一亮的動作表現"到底他是怎麼辦到的？"我也希望所有的學生能夠向他們學習。而學習最忌諱的就是永遠只依賴單一的資源管道，因為沒有任何一位老師可以解決學生所有的疑問，我教學的目的不是為了讓學生受限於我的柔術風格，而是希望讓學生藉由主動思考的方式發展出更集大成的柔術表現。

競技比賽與柔術

當然不是所有的柔術學習者都以參賽為訓練目標，有些人只是單純享受學習柔術知識的樂趣；有些則可能不習慣在聚光燈環繞下的競賽氛圍，我也很享受柔術以外的許多休閒運動，但同樣地，我也不會把比賽當作是訓練目的。某些學生不喜歡比賽的理由很常是因為不知道如何面對輸掉的情緒，贏了比賽固然開心，但輸掉比賽的瞬間卻很容易讓人感到沉重與挫敗，因此怕輸的情緒反而成了這些學生抗拒比賽的主因。

在職業的競賽中有許多選手也會面臨這個問題，巴西柔術的競賽除了技術之外更同時考驗選手對柔術的知識、策略、時間限制以及生理健康條件和態度。很多人對比賽的理解往往不夠全面，就如同所有的競技運動一樣，再好的選手都不會永遠是冠軍。以巴西柔術世錦賽為例，30 名頂尖好手捉對廝殺產生出一個世界冠軍，難道是因為那 29 名選手不夠努力才輸掉比賽？還是冠軍真的有比其他選手更強大的條件嗎？即便是擁有頂尖技術的選手也有可能在第一輪就被淘汰，因此比賽的變數往往無法靠單一指標來決定。

一旦你有參賽的規劃，就必須認知到比賽是一門對抗壓力的藝術，某些人很早的時候就開始面對生活中不同的壓力，有些人對於壓力的調適則相對缺乏經驗，但即便不是在賽場上，壓力還是會因為某種比較或對抗的心理狀態而產生。賽場下的選手也有可能比場上的選手有更大的壓力，因為自己就是壓力產生的來源，他的心理可能在對抗某種怕輸的感受，或者掙扎著某項抉擇可能的風險，這些都反映出競技比賽中最大的對手永遠是自己。

即便到了賽場面對你的對手，如果未能調適好內心種種壓力的產生，最終影響的還是自己的表現。你得先讓自己的內心回歸平靜才能將重心轉向對手，然而這也代表一旦你能有足夠的心理準備調適壓力，你對自己的表現就能充滿信心，在奪冠的過程中最大的課題往往不是對手的戰略，而是自我心理調適的準備。

最後還是希望，如果你想學習完整的柔術技巧或者特定選手的實戰風格，最好的方式還是加入固定訓練的道館或武術學校。或許某些人會抱持著藉由自己訓練和參加比賽的方式可以更快速的成長，但其實好的訓練環境與適當實力的訓練同伴所帶來的效果會比頻繁參加比賽更好。

當然不可否認的是賽場上確實有平時訓練裡無法學到的經驗，但對於技術的精進並沒有太大的幫助，因為對方在比賽時所用到的招式只是他所有柔術技巧的一小部分，唯有透過一同參與道館的訓練，才能了解到對方整體技術的全貌，甚至連觀察對方如何進行暖身與緩和放鬆都能有所收穫，同時也可有互相切磋討教的機會，這才是讓柔術技巧進步最穩定的方式。對於觀眾來說，欣賞比賽是認識這項運動最直接的方式，但要讓一項運動與技藝得到傳承，比賽只是其中的一小部分。

基本觀念

白帶階段的訓練目標：學習求生

身為一名戰士不能不知道如何生存，
最好的戰士總會在困境中找到最佳的求生方式。

— **Carlos Castaneda** 唐望書系列作者

一、求生在柔術中的意涵

面對未知事物的恐懼是人類的本能，對於柔術的初學者也是一樣，第一次踏上道館的榻榻米除了興奮之外，難免會伴隨著些許的不安。恐懼可能會讓人受到壓迫、痛苦甚至呼吸困難，但不管在什麼情況下，克服恐懼唯一的方式就是不斷地面對恐懼的來源。

柔術初學者會不斷經歷疼痛拍地後繼續嘗試練習的過程，藉由反覆的練習會讓學生逐漸跳脫恐懼的循環，這對所有柔術家都是必經的心理調適過程。對於白帶學生來說，這樣的心理狀態改變會使他開始學習控制恐懼，感受自己戰鬥的本能與調節現階段的體力，開始培養出信心、韌性與面對壓力的平靜，讓自己從最初的不確定與不安中得到解放。

求生的本能是來自於心理面對恐懼後，延伸到生理上的反應與行為。本章節接下來也會介紹許多柔術相關的求生技巧，但在學習這些動作之前，你必須開始適應柔術訓練中可能會遇到的許多攻擊性的肢體接觸，以及面對對方體重壓迫所帶來心理上與生理上的壓力。做好萬全的心理準備，讓自己保持輕鬆的心情應對這些訓練內容。在面對外在壓力脅迫的同時，讓求生的本能引領你保持內心的安定來發揮適當的柔術技巧。

二、格雷西柔術基本求生概念

瞭解柔術中的求生概念，可以讓我們更瞭解巴西柔術也就是格雷西柔術創作者 Helio Gracie 的格鬥理念（見 p19 的柔術小檔案）。因為 Helio Gracie 的身形較為矮小，他必須時常面對比自己高大強壯的對手，在理解到自己無法在單純的力量比拼上獲勝，Helio 開始發展出自己的一套戰鬥技巧。他發現比起完全掙脫對手的掌控來說，設法阻撓對手的攻勢要來得更為省力，這樣的方式或許無法確保勝利，但卻可以避免自己在場上被對手的攻勢擊倒，換言之就是大大提高了自己求生的機率。

而這樣的思考邏輯讓 Helio 把柔術昇華到了另一個境界，開始發展出許多相對省力的槓桿技巧來對抗比自己更強壯高大的對手，反轉對方在力量上的優勢，Helio 讓柔術成為可以幫助矮小選手面對強敵的求生利器。

三、柔術中的求生取位

接下來要說明的概念可能會和一些柔術教學原則有所不同，在柔術對抗中求生的首要目標不是逃脫出對手施加的降伏技巧，而是設法讓身體處於不需要額外費力就能保護生命安全的姿態，如果只把解脫降伏技巧當作求生目的，那即便強如 Helio Gracie 以只有 130 磅的身軀面對比自己更高更壯的對手，也未必能破解對方所有的關節技或勒頸控制。

求生的第一要素是設法阻礙攻勢，讓對手無法輕易完成降伏，所以首先要能改變結構，讓身體姿勢有利於防守者，這樣一來也會迫使對手處於相對不輕鬆的攻擊條件下。接著無論對手選擇繼續攻擊或者改變動作，都會讓防守者更容易預判，因為在受限的情況下，便會大大減少對手可以做出的選項變化，更容易鎖定對方下一步的變招加以破解。

雖然逃脫不是求生的主要目標，但當你搶到最好的防守位置，就會讓接下來的破解與逃脫技巧更容易執行，這時候需要傷腦筋的反而就是攻擊受到限制的對手。

回到技術方面來說，所有的求生取位 (Survival position) 都包含許多防禦功能的細節，例如將雙手手肘收好保護軀幹；將身體側向轉到更有利的角度，以及必要時避免對手控制臉部的方向。困難的是，上述的動作必須要能同時到位，才能有足夠的防禦效果，只要某項細節有些許的停頓，都會變成對手突破的大好機會。

要能徹底發揮這些求生的防禦技巧，同時也需要具備感知對手意圖的觀察力，準確的直覺是求生技術最重要的啟動依據，而這樣的動作連結與反應，就需要經過長時間的練習來加強。

接著回到前面提到的問題，對於 Helio 或是任何人面對結構完整的勒頸降伏該如何逃脫？答案是在第一時間就要避免對手的降伏攻勢完全成形。當然在學習柔術的過程中一定會告訴學生該如何破壞固定技的結構，也會讓學生反覆的練習逃脫，但在實戰中最好的防禦就是在一開始就避免陷入最危險的情況。

基本求生要訣

- 隨時保持手肘貼近軀幹。腋下的空隙過大，會讓對手很容易發動十字固定等上半身的控制技巧，讓自己處於相對不利的姿態。

- 避免對手做出臉部壓制動作 (cross face control)。對手一旦成功壓著臉頰，就可以限制頭部的轉動，而頭部的方向連帶影響到身體的面向，會讓對手更容易完成降伏。

- 避免身體完全躺平或趴平。這樣的姿勢會減少你的移動空間。

- 防禦時避免用手去推開對方。推擠的防守反而會讓身體停在原地並減少了下肢與髖關節的活動，讓對手更容易發動攻勢。

- 避免過度依賴上肢肌肉的力量。所有的動力都需要配合髖關節與身體擺動來啟動，藉由全身協調的慣性所產生的力量，絕對遠大於手臂的肌力。

圖解 1.0　面對側向控制的求生取位

舉例來說，如果陷入對方完全成形的三角固定之中，拖延的時間越長則對方的控制只會更加穩固，即便我有許多可以嘗試破解三角固定的方式，到最後還是有很大機率會被降伏。因為許多技巧的使用時機，必須建立在對手尚未完成完整固定動作的前提下，因此對我來說最重要的是先教導學生如何利用身體擺位來避免陷入容易被降伏的姿態。

四、白帶學生必學的求生技巧

如何在柔術對抗中求生就是白帶學生最大的學習課題，能做好這一點就已非常足夠，這也是從踏進道館的第一天就必須學習的重點。初學者並不需要把擊倒對手當作是首要目標，白帶學生就如同一張白紙，沒有必要和其他人互相比較，或許很多人當初都是為了學習某些降伏技巧才接觸柔術，但你也必須認知到自己也會面臨對手的降伏攻勢，因此白帶學生必須先讓自己成為一個好的求生專家才有足夠的進步空間。

除此之外，白帶階段也是我最常用來測試學生耐心與內心不安的時期，不少有訓練經驗的學生懷著自信與力量來到我的道館，卻在被白帶學生騎在身上時徹底慌了手腳。我認為所有人都必須從白帶時就開始培養耐性，讓耐心取代內心的不安來幫助自己面對不利的情勢，這也是我認為要發揮求生技巧之前必須具備的能力之一。

當然我也會同時教授白帶學生求生以外的柔術技巧，但就如同戰爭一樣，你要先讓年輕的士兵活著回家才能讓他們成長為更強的戰士。或許剛開始無法掌握太多的技巧，但只要先把握好基本的防禦與求生原則，就可以在柔術的戰場上不斷進步。

耐性的重要性在白帶學生面臨可能被降伏的情況時，到底該選擇拍擊投降還是繼續抵抗對手的抉擇上也有很大的影響，這也是我一直希望學生每次都能靜下來思考的課題：尋找可以避免拍擊投降來扭轉局勢的方法。

因為白帶學生的經驗和技術尚未純熟，所以在練習時一定會常有拍擊投降的時候，只是拍擊時間點的快慢差異而已。但在白帶階段的拍擊認輸其實是代表「喔～我被控制降伏了，那我們再練一次」，對白帶學生來說是很正向的學習過程，在你徹底掌握這項技術之前，沒有理由不盡全力去不斷練習與挑戰。

五、中高階段位的求生課題

當所有的白帶學生都開始提升柔術求生技巧時，他們在對練時就能撐得更久，這對於較高階段位的學生來說就會更有挑戰性，他們必須更加積極的去找出對手在防禦動作上的漏洞，而且這也會同時考驗高段位學生突破越位的精準度。因為白帶學生的求生技巧越好，就越容易打亂高階學生的攻勢與節奏，不再容易達成一次降伏。通常這時候，白帶學生可以開始學習如何從求生取位銜接到逃脫動作，但很常會因為經驗不足的關係讓他們還是選擇維持自保的狀態，而高段位的學生也可以藉此學習如何在不依靠蠻力的方式，藉由技巧與策略完成突破與降伏。

但如果是外面較高段位的學生來拜訪我的道館，我會用不同的方式來讓學生驗證自己的求生技術。或許每間道館或學校對待外來交流生的方式都不相同，有的可能會派出道館最強的學生來模擬對練，給對方一點下馬威來維持自己機構的尊嚴，但我並不認同這樣的做法，這對學生要學習如何求生自保並沒有任何幫助。

在我的道館，我反而會讓外面來訪的學生和自己的白帶學生進行模擬對練，讓白帶學生試著挑戰對自己的求生技術不熟悉的高階對手。我想測試白帶學生是否能活用求生技術來影響對手攻勢，同時也可以觀察來訪的學生是否會因為攻擊受到妨礙而失去耐性。通常多數

柔術小檔案 1.0

Helio Gracie 高齡 90 歲的柔術戰神

Saulo 的收藏合照（右下方是作者）

上次跟 Helio Gracie 一起訓練絕對是我最難忘也最重要的一次柔術練習，其中最讓我印象深刻的是他跟我的一段對話，當時他並沒有受到我剛拿下世界冠軍的頭銜所影響，他說：「孩子，你很強壯也很有技術，世界冠軍當之無愧，但我相信你無法打倒我。」

當時的我自然不願意相信正值顛峰時期的自己無法擊敗一位 90 歲的老人，但後來我才了解這句話巧妙之處，Helio 讓我的注意力完全集中在如何打敗他，但對他而言這場對決最關鍵的是，Helio 並沒有說他能打敗我；而是我無法在比賽中擊倒他。

這句話真正的意義在於他確信自己可以在比賽中生存下來，對他來說生存並不需要有絕對的力量或好的時機，只需要運用他在柔術上的防禦技巧就能辦到。他也沒有說要掙脫我的控制體位或反擊，而是能夠從我的攻勢中存活下來。

最後結果也證明他是對的，我無法完全掌控比賽，Helio 也確實從對抗中存活下來，他向我完美演示了柔術本身在防守與生存上的強大與重要，同時我也從他身上學到另一個重要課題：把所有的挑戰者統統擊敗並不足夠，而是要讓人知道你無法被打倒，才是真正最強的展現。

編註：Helio Gracie (1913/10～2009/01)。

的情況是較高階的選手會因為無法靠技術突破白帶的防守而開始依靠力量與速度等其他優勢，但對我來說能做到這一步，就表示白帶學生在求生技巧上已經有一定水準，如果他能撐過對方的猛攻就已經相當令人欣慰。

如果來訪的學生面對我的白帶學生遲遲無法降伏開始失去攻擊節奏，我便會用另一種方式帶領他認識我的柔術生存之道。將對手換成比他更高段位的學生並觀察他如何在強弱逆轉的情況下應戰。有些人在面對強敵時會有許多藉口或假裝傷病來逃避，有些人卻會因此發現自

己在求生技巧的基礎上有所不足，但無論如何我都可以藉此觀察這名來訪者在攻守兩端與強弱兩種情勢下的表現，讓我可以更加了解他的柔術風格與個性，來決定是否要繼續教導他，當然如果他在面對白帶選手時就能展現出沉穩與強者的風度，那我肯定是非常樂見。

即便今天來訪的高段位學生上的是一對一課程，我還是會先指導他如何運用求生技術，因為你並不會因為我的一堂課就完全改變自己長時間鍛鍊的柔術風格，所以我選擇先讓你學會柔術最重要且基本的一環。

老實說，在我的教學經驗裡來找我的中高段位學生有99%的人都還沒有完全掌握正確的求生技術，當然如果你已經做得相當完美，那我自然會繼續延伸到逃脫的技巧。很多人都會想跟我學習比較吸睛的摔技或突破技巧，但對我來說，在提升你的防禦與求生能力之前學習這些技術，只是在浪費你的金錢與時間。多數來訪的學生在上完課後，都會很感謝我幫助他重新認識這些在一開始學柔術就應該重視的求生技巧。

六、受用無窮的求生技巧

如果你還是無法認清這些求生技術是柔術的根本，只需要看看你柔術圈的老學長就知道，再強的運動能力與肌肉耐力都會隨著時間經過

知名柔術家泉大師(Izumi)在練習投技內股(Uchimata)

巔峰開始下滑，唯一留下的只有反覆鍛鍊的求生與防禦觀念。我會告訴那些跟隨多年的學生，年紀與經驗的增長不一定能保證你能贏過年輕選手，但只重視攻擊技巧的年輕選手一定會很難突破你的防禦。

因為在我的求生訓練下，學生在柔術防禦上的破綻只會越來越少，面對再強的對手只要不輕易露出破綻就可以增加自己反擊的機會，即便是對上年輕力壯的選手，他也會因為無法突破你的防禦而開始焦躁自亂陣腳，這也證明好的求生防禦觀念是可以受用於你的整個柔術生涯，同時也鼓勵所有學生努力將自己的防禦漏洞變得更少，如此一來便可以讓你不斷往上面對更優秀強大的對手，同時也讓年齡不再成為柔術的限制。

七、有關求生的最後一點

求生的技巧會在你的整個柔術生涯中不斷使用與進化，這也代表求生不單單只是白帶學生的課題，而是所有柔術學習者都必須重視的能力。以我的觀點來說，任何一個世界冠軍都不見得能打敗所有對手，但他一定是竭盡全力讓自己生存到最後一刻才能得到這份殊榮。

1-0 背後求生取位

不管你今天處在哪一種取位 (position)，保護背部的目的除了避免對方從背後發動降伏攻擊之外，也要避免對手將你的姿態壓到更低的位置。通常在對手攻擊背部時，相對會有上位的力矩與控制優勢，所以比起抵抗對方的降伏招式，更應該先採取保護性的身體取位。當對方搶到背後位時，就應該快速準備好背後求生取位 (back survival position)，這個姿勢是你接下來發動任何防守與逃脫動作的起點，一有任何失誤隨時都可以回到求生取位重新調整。

1-1 手部動作解析

當對方搶到背後位迫使你採取背後求生取位時，第一個要點就是保持雙手放鬆，讓雙手可以靈活地阻擋對方的背後裸絞或其他固定技攻勢。多數的情況下，對方為了維持身體較高的姿態，只會有一隻手臂先負責主要的進攻，所以你可以藉由雙手來阻擋裸絞或者肘關節的固定技。

在任何手臂攻防的動作中，都必須讓手臂盡量貼近軀幹兩側，以較小的動作範圍來阻擋對方的攻勢，避免將手主動伸出去迎接對方的攻擊，反而會讓手肘遠離軀幹增加腋下的空間，讓對方更容易進一步控制你的上肢與軀幹。

進入背後求生取位時，我(藍衣)會將其中一隻手擋住柔術服內側的衣領，另一手交叉在前方準備防禦與阻擋對手攻勢。(1)

如果對方用右手靠近攻擊，我只需要輕輕舉起內側手就可以快速阻擋，注意避免主動去推向對方的手臂，只需要簡單的阻擋對方繼續深入即可。(2)

同樣地如果對方是用左手進攻，我只需要稍微移動外側手阻擋，不需要刻意迎向對方手臂。(3)

不管對手如何攻擊，在動作結束後，我都會立刻回到最初的背後求生取位。(4)

1-2 勺型防禦

在我過去還在升段學習柔術的時期,我最常被教導的背後防禦不外乎做橋逃脫 (bridge escape) 和勒頸防禦 (choke defense),當時這些技術用來對付對手都可以發揮功效。但隨著柔術整體技術的進展,開始有人也可以針對傳統的逃脫防禦進行反制,於是我開發出了新的勺型防禦 (the scoop),我個人認為這是目前應對背後控制最有效的防禦取位。顧名思義就是像湯勺一般向下挖,讓身體重心往下滑動來減少對手可以攻擊的角度,同時也會讓對手開始感覺到失去背後控制的主導權。勺型防禦最大的特點在於可以在過程中維持雙手在頸部的保護,不會留任何破綻給對手。

阻擋背後裸絞的細節

只要我的身體向下進入勺型防禦的位置,基本上對手的攻擊角度就受到了很大的限制,過程中因為我的手肘維持緊貼軀幹,對方無法有效攻擊手臂或控制身體,會讓對手開始失去原本背後位的優勢連結與控制。同時雙手交叉的防禦也可以阻擋背後裸絞或其他種類的勒頸降伏。

極低的身體重心也會讓對手很難搶到頸部的空隙,即便對方想要抓住衣領,雙手也可以很快的做出阻擋,在經過一段時間的嘗試後對手應該就會判斷自己已經失去背後位的控制優勢,我便能度過這個困境。

在完成基本的背後求生取位之後,我(藍衣)會採取更進一步的保護姿勢,也就是進入勺型防禦。(譯註:藍衣為作者,白衣為知名柔術教練 Xande)

只要我確保自己的手肘貼著軀幹阻止對手的控制或攻擊時,我就會開始像湯勺一般將身體的重心往下滑動,同時將雙腳往外張開增加下盤的穩定度。

接著當身體滑離對手時,把背部貼向榻榻米遠離對方的上半身,同時為了讓身體取位更穩固,我會讓雙腳保持膝蓋彎曲並向外撐著地面,這樣會增加全身的接觸面積,讓對手不容易把我翻向側面做變招控制。

1-3 常見的錯誤動作

試圖用手破解對方的腳勾固定

通常背後位的控制會搭配雙腳一起勾入前方對手的兩腿之間來增加控制效果，很多人會反射性地想要用手先推開對方的腳掌，然後快速轉向對手來脫離背後掌控，這種做法對缺乏經驗的對手或許可以奏效，但面對較老練的柔術家，可能在你雙手離開頸部的瞬間就會立刻發動背後裸絞，反而陷入更危急的情況。

試圖採取做橋姿勢來逃脫

傳統教學中，身體往後同時雙腳將臀部撐向其中一側來執行做橋逃脫是相當常見的方式，然而相信多數人在實務經驗上會發現，做橋 (bridging) 其實並沒有那麼容易成功，因為做橋的動作會讓上半身往上使背部更貼近對手，讓對方更容易取得較佳的位置，同時如果對方兩腿的腳勾動作結構完整，做橋的動作基本上不會影響到背後位的控制效果。

試圖拉手逃脫

承接上一段的情境，如果我做橋逃脫失敗時，上半身還是會受到對手手臂環抱控制，這時許多人可能會採取類似過肩摔雙手抓住對方手臂的方式，試圖將對手從背後抽開。當然如果你的肌力與速度遠大於對手，這個逃脫策略可能會成功，但如果對方經驗豐富，便會搶先阻擋你的動作或者加強背後位的控制，甚至直接進入背後裸絞動作。

試圖將身體轉向側邊

在受到背後位控制的情況下，也有人會試圖把身體轉向側邊來甩脫對方的勒頸動作。但如果你不小心轉向錯誤的方向，可能會讓對手的控制更容易取得好的力學優勢，即使你轉動的方向正確，如果對方更有力量或技術，也可以再次將你拉回對他有利的背後裸絞位置。例如在右圖中，我的身體是轉向對手主要控制頸部的手肘內側，這便是屬於錯誤的方向，會讓對手更容易完成背後裸絞的降伏，所以在背後位時千萬不要輕易把身體轉向側面。

試圖採取覆耳防禦

傳統的柔術中有一個覆耳防禦動作 (ear block defense) 是將其中一手伸到頸後,讓手臂保護同側耳朵和半邊的頸部,另一手伸到對側肩膀保護頸部前方空隙 (1),這種防禦方式雖然可以擋住特定的襟絞動作 (collar choke 藉由衣領完成的勒頸動作),但卻會使你的身體完全失去防禦,讓對手可以藉由上手與下手抓握的方式 (2),連同你的一隻手臂一起完成勒頸動作 (3)。

試圖採取被動頸部防禦

如照片中,將雙手直接扣著自己柔術服衣領採取被動頸部防禦 (rigid neck defense),乍看之下似乎比較簡單省事,但這也等於把自己的攻防武器鎖在柔術服上,只能以被動的形式面對對手的攻擊。

2-0 背後控制下的四足跪姿求生取位

　　在大多數的格鬥對抗中，如果陷入面朝地板、手腳跪地的情況下，又被對方控制到背後位，是相對危險的情況，會同時遭受對手身體重量與攻擊的壓力，如果在綜合格鬥（MMA）規則中更有可能會吃上肘擊。但我認為這種說法不完全正確，基本上透過適當的身體槓桿與保護觀念，還是可以在這個相對不利的姿勢下求生並且逃脫。要完成這個求生取位，必須先將手肘收往身體同時保護頸部，和所有的求生取位一樣，關鍵在於安全的姿勢下盡可能減少對手的攻擊選項，讓對方不得已只好改變劇本。

2-1 單人四足跪姿求生演練

　　接下來我會先以單人示範的方式，講解四足跪姿（all fours）狀態下的求生取位細節。基本上第一次練習這項技術的同學，我也建議先以單人的方式來記住位置和出力方式，等你可以完全掌握基本動作後，再配合同伴進行下一步驟的訓練，這樣才能提高實際對抗的實用性。

首先我會將左手徹底擋住右邊衣領的內側，另一隻手貼在前方交叉保持些許的活動範圍作防禦，基本上雙手的動作會和前面的背後求生取位相似，可以反覆練習。

身體向前傾斜的同時將雙手手肘藏到兩腿膝蓋之間。

最後身體會前傾到額頭碰觸榻榻米，注意！採取求生取位的過程中必須保持臉部面對地面，直到確信對手開始鬆懈才可反擊，這樣的方式才能完整保護頸部以及維持身體的穩固。

2-2 四足跪姿求生演練

　　當你在柔術對練中不得已陷入四足跪姿時，必須針對對手搶佔上位的可能做出適當的防禦反應。如同本書最一開始提到的格鬥名言「想了就會慢；慢了就得費力；費力加速疲勞；疲勞讓你錯失勝利」，此話的道理在陷入四足跪姿的情況下更為重要。因為對手的體重壓迫加上上位優勢會從四面八方發動攻勢，為了確保自己能夠成功逃離這個困境，你必須反覆練習把完成求生取位的速度提升到接近反射動作。

在我(藍衣)陷入四足跪姿時，對手已經搶到背後位，如果進入求生取位的反應慢了半拍，對方的控制取位就會更快完成。

這時候對方的雙腳會踩在你的腰際兩側，而我首先要做的就是把右手手肘往內縮到對手右腳內側，這時可以利用左手手肘支撐，來讓右手有空間可以更往身體下方潛入。

右手手肘完全收好後，接著左手同樣順勢貼著榻榻米往對方左腳內側滑動。

此時我會將雙手手掌以前面描述的方式保護住衣領和頸部，同時軀幹會繼續向前傾斜到額頭接觸地面，這樣的防禦方式會迫使對方跟著往前傾倒失去重心。

2-3 四足跪姿相關細節

　　當我完成了前面的四足跪姿求生取位後，對手的重心遭到破壞，相對地我就可以擁有較好的力矩優勢，在姿勢穩固的情況下，對方的體重感覺就不會那麼沉重。此外在這個角度下，對方的很多攻擊都不容易奏效，如圖示。

如圖中，我已經完全進入四足跪姿下的求生取位，讓對手失去控制優勢，此時對方通常會試圖繼續控制身體或發動其他降伏技巧反擊。

對手試圖將手穿到我的腋下來控制上臂，但在這個求生取位下，我的手肘已經藏到兩腳大腿之間來保護腋下空隙，同時由於我的身體重心完全往前壓住前臂，對方也很難只靠上肢的力量將我的手肘拉離地面。

對手變招試圖控制從背後做裸絞控制，但由於我的雙手手掌已經在頸部保護並阻擋了大部分的空隙，對方的攻擊角度會非常受限，如果他持續進行這些無效的攻擊行為，反而會讓自己失去重心，讓我有機會反擊逃脫。

2-4 側滾進入背後求生取位

　　做好上述的每一個環節，可以讓你以最省力的方式完成四足跪姿的求生取位。但實際對抗中，我並不會預設自己會一直維持固定的姿勢，如同柔術中攻擊永遠要從最省力的角度切入，防守則必須選擇求生機會最大的。在面對背後控制的情況下，與其從跪姿的狀態下勉強逃脫，我會選擇先讓自己轉換到更有利的求生取位，也就是前面提過的背後求生取位，相對四足跪姿的被動防禦，切換到背後求生取位有利於連接到勺型防禦來增加接下來逃脫的成功率。

圖中我已經完成四足跪姿下的求生取位並且成功防禦住對方的各種攻擊，是時候轉換到更加有利的求生取位來進行逃脫。

我會將左腿向外延伸推動身體往右側，同時雙手往左側偏移讓右肩接觸榻榻米做側滾翻，原本正壓在背上的對手重心會被推向右邊。

藉由左腳推蹬的力量，我將身體重量壓在對手右腿上方。

過程中保持雙肘貼緊軀幹，順著滾翻的慣性把身體拉向左方。注意！有些人可能會想順勢把身體壓到對方身上，但這樣只會讓對方更容易繼續控制背後位，重點還是應該盡快切換到背後求生取位。

回到正面後，我的雙腳往外撐開維持穩定，完成背後求生取位的轉換。

 求生技術

2-5 常見的錯誤動作

雙手撐的距離太遠

剛陷入四足跪姿、對手壓到背上時，很容易會下意識地想將雙手撐開來抵抗，但這種姿勢反而更容易讓對手有控制與發動降伏技巧的空間，例如圖中對手雙手穿過我的腋下，以下圈臂 (under hook) 環抱的方式完全控制著我的背部。

如果在四足跪姿時，雙手往外撐的距離過大，對手在攻擊上很容易採取背後裸絞降伏或者上下圈臂 (over-and-under hook) 的方式來控制手臂與軀幹。

> 譯註：以下是柔術與柔道常見的上半身控制位置，在這裡補充說明：
> ・上圈臂(overhook)：經過對方手臂上方纏繞對方手臂或軀幹的控制
> ・下圈臂(underhook)：經過對方手臂下方(腋下)纏繞對方手臂或軀幹的控制
> ・上下圈臂(over-and-under hook)：雙手分別由對方手臂上方與下方纏繞手臂或軀幹的控制

試圖抓住對方手臂

另外一個常見的錯誤反應是抓住對手手臂採取小範圍的過肩摔反擊，但為了抓住對手手臂就會讓自己的手肘遠離軀幹，讓腋下的空隙門戶大開，對手只需要繼續將身體往下壓迫或者順勢以肩膀觸地滾翻（如下圖連續動作）後，就可以輕易取得背後把位做勒頸或手臂控制的降伏技巧。

試圖拉開對方的圈臂控制

　　如同前面所敘述的內容一樣,在求生取位中試圖用雙手去破壞對手的任何控制,都會讓自己的頸部失去保護,對方很有可能順勢變招使用背後裸絞降伏。所以與其用手去拉開對方抱著身體的手臂,目標還是得盡快的轉換到背後求生取位以及勺型防禦,藉由身體重心下滑,來擺脫對方上肢的圈臂與下肢的扣腳控制會更有效果。

當我試圖拉開對方的圈臂控制時,我的頸部也失去了應有的保護。

身體往地面趴平

同樣的錯誤動作是我在四足跪姿的情況下,沒有將雙肘收往大腿內側,同時頭部也維持在水平的高度,雖然這樣似乎會給自己保留部分的空間可以做反擊動作,但對手同時也可以利用我身體下方的空隙,來把我壓趴到地面上做更有利的控制。

對方會將雙腿由內側撐開我的膝蓋,並將髖關節往前往下壓迫向榻榻米,這時由於我下半身重心被完全控制在壓迫的過程中,很難單靠上半身的力量抵抗。

對方持續把重量壓在我的下背直到我的身體趴平到地面,由於身體重心被完全控制,基本上很難有好的力矩將對方抬起逃脫,因此在身體趴平的情況下,是有相當高的機率被對手降伏。

3-0 遭遇騎態(騎乘)的求生取位

在柔術的眾多控制取位之中，騎態 (mount) 是屬於最具代表性與技巧展現意義的控制位之一。在實戰中，如果某一方能完全以騎態控制對手，通常代表該名選手能破解對方多數的防禦技巧，同時也可能具備較佳的柔術實力。但對於遭遇騎態的選手而言，並不代表在這種劣勢的情況下沒有任何求生與反擊的能力。

面對騎態控制最主要的求生取位包含以下要素：防禦性挺腰抬臀、身體側轉、阻擋對方髖部以及兩腳分腿穩固。如果能在遭遇騎態時盡快完成這些步驟，就可以反過來影響對手控制的穩定性以及減少對方攻擊的選項，這些同時也是任何求生取位追求的主要效果。

3-1 騎態求生取位單人演練

遭遇對手騎態控制時，最首要避免的錯誤就是讓身體仰臥躺平，為了達到求生與逃脫的目的，應該要盡快將身體轉到側面。在我的教學中會將這一系列的轉身動作編排到暖身流程中，讓學生可以反覆練習增加肌肉記憶，藉由下列的單人求生演練動作，就可以大大提升你在下位的求生與逃脫機會。

1 首先模擬遭遇對手騎態時背部平躺於地面，雙手舉起保護頸部位置後，膝蓋彎曲準備下一個動作。搶到騎態的對手，可以很輕易地由身體任一側發動攻擊，所以我必須盡快過渡到側面的位置。

2 此時右腳輕推地面撐起髖部來製造空間並減輕下肢重量，同時身體向右邊做蝦式 (shrimp，譯註：即縮臀逃脫 hip escape) 屈髖帶動骨盆與上半身向左側轉動，臉部也配合面向左邊。

3 在做蝦式的同時，不只要將身體往後推動，同時也要讓軀幹徹底轉向左側，在我完成初步的騎態求生取位後，雙手必須保持在身體前方的交叉做好防禦準備，手肘收好身體微屈來讓整體的保護姿勢更加穩固。

3-2 練習快速進入求生取位

　　承上一節所述，在遭遇對手騎態控制時，必須盡快的讓自己轉換到側身的求生取位。在實際對抗中，你必須在對方搶到騎態上位到重量完全下壓之前的短暫時間內盡快完成轉換，只要能搶先對手一步達到求生取位，就能破壞對方騎態控制的穩定性，才有利於發動後續的求生策略。

　　在平時和同伴練習這項技巧時，可以試著模擬實際情況，讓對手從半防禦 (half guard)、過腿越位 (passing the guard)、側向壓制 (side control) 或浮固 (knee on belly) 的情況下再轉換到騎態。一開始可以先以較慢的速度來切換，讓自己習慣由仰臥轉換到求生取位的時間點，接著再互相配合提高壓制的速度，讓自己練習如何在最短的時間點進入求生取位。當你經由練習能越快完成轉換，就越能減輕對手騎態控制所帶來的壓力。

圖中我(藍衣)已經完全進入騎態的求生取位，身體的重心壓在左側並將雙手前臂抵住對手右邊的髖部，這樣可以避免對方的騎態控制往上移動到我的胸口或更高的位置。

從頭頂的角度來觀察可以發現，由於我的求生取位讓對方的身體無法順利往下坐穩，對手的髖關節處於較高的位置也代表他的重心無法固定，不得已只好伸手試圖控制我的右邊衣領來支撐整個結構。

圖解 3.2 防禦小細節

手部阻擋細節：

照片中的動作是對應騎態的正確手部防守方式，我會將右手推向對手右側的髖關節並以前臂擋住對方的骨盆，左手輔助右手增加抵抗的力矩並將手肘貼緊軀幹後抵在對方膝蓋前側，避免對方的騎態往自己胸口移動。

腿部細節：

在求生取位的狀態下，雙腿必須分開撐著地面來增加下盤的穩定度，這樣會有利於接下來的逃脫並影響對手的控制取位。以圖中的狀況為例，我的右腿支撐使臀部離開地面會讓對方的騎態很難完全坐穩，對手在控制取位不穩定的情況下，後續的動作便有可能發生失誤，例如勉強出手控制頸部或者試圖切換其他控制取位。

3-3 破解頸部控制

在實際對抗中，先不管你完成騎態求生取位的速度是否夠快，對手都很有可能進一步抓住你的衣領進行勒頸或者其他控制技巧，主要還是因為對手的騎態控制被你的求生取位影響，身體重心無法穩固，同時下半身又受到你的雙手阻擋，別無選擇的情況下會優先進攻你空出來沒有保護的道服衣領。但這個動作通常會在你的預期之中，你可以允許對方單手抓到衣領，但要在對方另一手跟上之前立刻做出反應。面對正面的勒頸控制，最基本的防禦原則就是將臉部轉向對方控制手同側的手肘方向，只要你能抓到準確的反應時間，就能立刻阻擋對方的勒頸動作與壓力，因此改變頭部的面向是讓勒頸控制無效的重要關鍵之一。

圖中對方已經搶到騎態的控制位置，右手進一步抓住我右側的衣領，如果我不能快速採取求生取位並作出反應，很有可能就會遭到對手的勒頸或者肘關節技。	為了阻止對方右手進一步使用襟勒(collar choke，也稱作襟絞，藉由對手衣領來完成的勒頸技巧)來降伏。我必須馬上進入前面單人演練說明過的騎態求生取位，同時依照上面說明過的勒頸防禦原則，來決定我求生取位側身的身體面向。如圖中對手是用右手抓住我右側的衣領，我必須將面部轉向他右側手肘的方向來破解勒頸，所以在進入求生取位時，身體必須轉向左邊，在實戰中這是非常關鍵的判斷。	我已經順利把身體轉向安全的角度來化解對方的勒頸攻勢，因為對手必須借助我的衣領和地面才能完全以襟勒壓住頸部，但我上半身的角度讓對方無法將衣領再繞回我的脖子前方，同時我的身體取位也會破壞對方騎態控制的穩定度，讓我有機會執行後續的逃脫。

3-4 勒頸求生常見錯誤動作

圖中我的上背仍然貼在地面沒有確實把軀幹轉向側面，因此當對方右手抓住對側衣領時，我很快就感到頸部的壓力，此時我因為緊張想要快點避開壓力而將臉部撇到遠離對方手肘的錯誤方向，反而加快對手的頸部控制。	當我意識到頭部轉動的方向有誤，等於自己勒住自己的脖子時已經為時已晚，對方會立刻將左手交叉抓在另一側，讓我的頭部無法轉回原位，雙手一起完成十字勒(cross collar choke，或稱作十字絞)的頸部控制動作。

3-5 面對側騎乘 (技術騎乘) 的求生取位

　　基本騎態控制的求生取位的優點在於可以誘導對方出手抓住衣領，讓接下來銜接的逃脫動作更容易執行。然而有經驗的對手很有可能會察覺到你的意圖，而主動變換取位來避免你使用肘撐逃脫 (elbow escape 詳見 p62)，也就是轉換到側騎乘控制 (或稱作技術騎乘)。

　　側騎乘式相當有優勢的控制取位，非常適合銜接到十字固定、背後裸絞或直接搶到背後位控制對手，不過同樣也會有專門對應側騎乘的求生取位，主要目的是為了避免對方使用上述的降伏技巧，並再次取得更適合逃脫的身體位置。

對方(白衣)搶到基本騎態控制取位後，我也立刻側身進入對應的求生取位，如果對手的經驗較為豐富，在察覺到我的逃脫意圖時，為了避免失去上位優勢，通常會試圖轉換到側騎乘的控制取位。

在對方轉換到側騎乘的過程中，我同樣繼續保持側身並用手肘與前臂持續阻擋住對手右側的髖關節。

當對方完全轉換到側騎乘的位置時，我的雙手持續阻擋住對方，但施力抵抗的位置會從對手的右腳髖關節移到膝關節的位置。

最後我將下方的手(左手)伸到頸部保護，避免對方的襟勒或其他勒頸控制，同時上方手肘持續收好並抵住對方膝蓋，避免遭到肘關節技固定。

3-6 遭遇騎態常見錯誤動作

雙手伸直試圖推開對手

柔術初學者剛開始遇到騎態壓制通常會是相當恐懼的經驗，我到現在也都還記得幾次遭遇大重量對手騎態控制的壓迫感與恐慌，因此初學者在被騎態控制時通常會基於逃避的反應，直覺地伸出雙手推向對方希望能減輕身上的壓力，但這樣的做法不但不會使你更輕鬆，反而會因為下面四個原因讓你陷入更危險的情境。

1. 雙手伸直的情況下，對方可以很輕易的切換到十字固定；2. 因為你的雙手伸在前方，並無法有效阻擋對方身體往上控制到更不利的胸口騎態位置；3. 因為你的雙手撐直，會讓對方更容易把體重透過雙手壓到你的身上，讓你的背部完全貼死在地面；4. 因為你的身體完全貼在地面上無法移動，對手可以很輕易地選擇任何角度的攻擊來達成降伏，所以騎態的求生訓練中，首先要改掉的就是伸直雙手的直覺反應。

試圖雙手下圈臂環抱對手

初學者可能會認為在遇到騎態壓制時直接環抱對手是不錯的選擇，乍看之下似乎可以讓自己避免掉被勒頸的危機，但對手可以直接對你環抱的手臂採取肘關節技控制，同時因為失去了前臂的阻擋，對方也可以進一步往上到更高的騎態位置。此外有經驗的對手甚至可以將體重直接壓在胸骨下方橫隔膜的位置（圖B），刺激太陽神經叢讓你更加喘不過氣，綜合上述原因在練習騎態求生時也要避免直覺反射地去抱住對方。

試圖推開對方膝蓋

　　初學者剛在練習騎態求生與肘撐逃脫時，常會因為急著想要擺脫對方的壓制，直接用雙手推向對方膝蓋來抽出自己的軀幹。但推撐膝蓋的動作對對方來說非常容易破解，如圖中對手可以直接控制我的雙手往上拉離膝蓋位置，接著扣住我的頸後施予反向的壓力讓我無法抽離身體，或者對方也可以直接攻擊我沒有防禦的頸部。記住！如果你的身體沒有先進入安全的角度，雙手又任意地離開頸部位置，就有很高的機率會受到對方的勒頸控制與降伏。

試圖雙手上圈臂控制對方

　　每當我在課堂上看到有學生試圖雙手上圈臂控制對方，通常他的目的不外乎想困住對方陷入僵持 (stall) 或者採取很難成功的挺腰逃脫 (bump escape)。就我個人的觀點，我並不贊同這樣的做法，因為通常在繞過對方手臂後，會抓住自己的衣領來讓上圈臂的控制更穩定，但這也同時表示你把自己鎖在自己的道服上無法動彈，只能被動等待對手變招來搶到更好的位置。

4-0 側向壓制求生取位

　　在柔術中，側向壓制（side control）是非常適合銜接攻擊與變換取位的控制方式，遭遇側向壓制雖然不會像騎態感受到那麼大的體重壓力，但遇到積極進攻的對手，還是有非常高的危險性。要能有效抵抗側向壓制，你必須先掌握正確的防禦手型、身體擺位以及預判上位者可能的攻擊選項，如果能先了解對方在側向壓制所需要的控制目的與攻擊策略，就可以幫你制定出更完善的防禦策略來進入求生取位。

　　為了能因應實際的柔術對抗情境，在平時練習時就必須針對側向壓制的各種可能變化一一演練，完全整合後才能在實戰中快速反應。舉例來說，可以先固定練習同一側的側向壓制並限定對手控制的把位，直到你完全掌握適當的求生取位後，再請對方增加其他變化。因為在實戰中，同樣的側向壓制卻會因為控制把位與方向的改變，在破解與求生上有不同的變化，在練習的過程中務必循序漸進掌握基礎，才能避免自己被這些細節變化所困惑。

4-1 阻擋臉部壓制動作

　　在側向壓制中搭配臉部壓制（cross face）動作，是相對不需要太多柔術經驗就可以有效發揮功效的實用技巧。控制臉部的方向就可以更有效的限制對方身體的轉動，即便你在許多地方都可以學到各種針對側向壓制的逃脫方式，但如果你無法在第一時間避免對方進行臉部壓制，再多的逃脫技術都無法順利啟動，因此所有的學生都需要學習如何使用並破解這項技巧來提高自己在場上的生存機會。

如圖中在面對側向壓制時，將外側手(離對方較遠的那一側)緊貼身體收好，同時用內側手阻擋對方的左手臂，避免對方向下貼近做臉部壓制，注意！我的內側手會採取勾握的方式，包住對手的二頭肌與上臂的位置做防禦。

如果我沒有用內側手擋著對方，對手就會順勢往下用上臂進行臉部壓制，將我的頭部強行轉向外側，使我的反擊角度大幅受限，這時要再將臉部轉回正常方向就會非常困難。

4-2 掌握正確的放手時機

　　當對方發現無法有效進行臉部壓制時，便有可能試圖轉換到其他側向壓制的變化。例如將被我阻擋的左手，由我的臉上繞過到對側肩膀上方，再往下扣住雙手固定 (over shoulder grip)，同時左髖往前壓迫頭頸。一般初學者可能會直覺地將原本防禦的右手繼續抓住對方的左手，但這樣反而會被自己的手臂壓住臉頰或者讓對手有機會抓到肘關節技。所以正確的方式應該要適時的放開對方的手臂，改成阻擋對手的髖關節，這樣一來自然就能繼續維持求生狀態準備逃脫，同時也能妨礙對手的降伏策略。

對手因為我的臉部壓制防禦無法確實完成側向壓制，這時對方必須企圖轉換控制把位來維持上位優勢。

對方試圖將左手繞到對側肩膀，我原本防禦擋在對手肱二頭肌上的右手，在對方左手伸過我的前額時便可以鬆開，並將手掌呈杯狀抵住對方左側的髖關節。

我的左手在過程中貼緊身體保持原本位置，右手手掌抵住對方髖部後手臂呈L型向外撐開，讓對方無法將體重施壓到我身上。如果對方又想回到原本的臉部壓制位置，我只需要在他縮手的同時，再把右手擋著對方肱二頭肌回到原本的防禦位置即可。

4-3 袈裟固手部防禦動作

　　在柔術、柔道與摔角等項目中，袈裟固 (Kesa Gatama 日文音譯，英文稱作 Scarf Hold) 都是相當強力的控制取位，對身體施加的壓力加上單邊手臂的控制，讓袈裟固成為逃脫上的惡夢，即便再有經驗的柔術家都可能為這招所困。袈裟固的特點與強項來自於它對下位者內側手臂的主導效果，藉由控制對方內側手臂（靠近對手的那一側），可以讓上位者更緊密地將體重施加到對方身上，同時也徹底封死對方從內側逃脫的可行路徑。為了避免自己陷入袈裟固的控制，我發展出獨創的手部防禦方式來預防內側手臂遭到對方控制，如同你在站立時會練習許多保護與防禦的手部動作，這些觀念在陷入地面戰時也同樣實用。

同樣地，當對方因為我的臉部壓制防禦無法做到完整的側向壓制時，便會試圖變化控制取位。

對手身體側轉準備進入袈裟固的位置，我藉由對方轉身的慣性順勢將內側手(右手)下滑到對方右側髖部，手掌張開、手臂向外撐住來防範對手可能採取的勒頸或其他攻勢，外側手(左手)持續貼緊抵在雙方身體之間避免對手體重的壓迫。

當對方試圖轉換到袈裟固的取位時，對方會試圖以下圈臂的方式固定我的外側手，再將我的內側手拉到自己身上，這時如果我的內側手繼續推著對方左手肱二頭肌，反而會讓對手趁勢控制我伸直的手肘，搶到我身體右半側的把位。

側
向
壓
制

4-4 反向袈裟固

在側向壓制的變化中，對方也有能轉換到反向袈裟固來繼續維持積極控制。不同於 4-3 雙方面對面的正向控制取位，採取反向袈裟固時，對手會轉向下位者雙腳的方向，目的在於用背部阻擋我的視線，讓他可以繼續搶攻其他把位。但求生的首要條件在於理解對方控制取位的目標並加以防範，對手使用反向袈裟固不外乎是想要破壞我內側肘貼在軀幹的防禦，讓自己雙腿可以往前抵住我的身體，進一步減少我的移動空間。基於對方的意圖，即使我的視線受到阻礙，還是可以用手肘將對方卡在安全距離之外來達到求生。

首先採取臉部壓制防禦，來妨礙對手的側向壓制。

對方左手伸到我的身體左側，準備進入反向袈裟固的取位，在對方伸手的同時，我鬆開原本臉部壓制的防禦，將右肘擠到身體內側防禦。

對手轉向下方控制我的下肢，同時前後分腿互換完成袈裟固姿勢，過程中我的右手前臂繼續抵住對方的髖部。

當對方進行分腿的同時，我稍微把身體轉到面向他背部的位置，帶動右手手肘貼向地面，來防止對方將我的手臂與身體分開，對手如果無法搶到我腋下的空隙，為了避免我趁機逃脫，就不會輕易再搶攻到騎態的位置，同時我的左手也繼續保持貼緊身體藏在對方下方，以避免對方的肘關節技。

4-5 遭遇側向壓制常見錯誤動作

輕忽臉部壓制的威脅性

　　如同在面對騎態控制時要避免對手將自己完全壓平，遇到側向壓制時也是相同的道理，尤其要嚴加防範臉部壓制以及腋下空間的控制。對方可以藉由臉部壓制來控制你的頸部，大幅限縮你的逃脫空間，同時穿過腋下的把位可以讓他更穩固的壓制你的上半身。對方在控制這兩個位置後，就可以很輕易地採取各種降伏技巧或轉換到更強的控制取位，所以在柔術對抗中的任何時候，我都會盡全力來保護頭頸並避免手肘不必要地離開軀幹。

試圖從內側過肩抓住對方

　　如圖中，當對方採取側向壓制同時圈臂控制下位者肩膀時，初學者可能會順勢把被控制的手臂伸過對方肩膀抓住他背後的道服，試圖帶動對方往前滾落。但是有經驗的柔術家會立即轉換成肘關節技控制你的手臂，即便你有再強的臂力，對方只需要將身體重心稍微往後壓住並空出其中一手來維持穩定，就足以抵抗你反擊的力量（圖 2），所以通常很難直接將對手從側向壓制的位置拉開，上位的控制者通常會很快察覺你的意圖並採取適當的防禦。

試圖從外側過肩抓住對方

　　和上一個錯誤動作相類似，如果伸手繞過對方外側 (離自己較遠的那一側) 肩膀抓住他背後的道服，也是非常不適當的反擊方式。搶攻外側反而會讓下位者錯失真正有效的逃脫把位，也就是對方的頭頸部，基本上不論從外側或內側想將上位者直接往前拉開都不太容易成功，因為對方只需要放低身體重心就可以避免自己往前滾落，即使你的臂力再強，對方最多只需要伸手往前支撐就可以抵抗。同樣地，如果你沒有辦法在第一時間成功反擊，你的手臂就會成為對方下一個控制目標。

反摔失敗的情況

圖中我從外側過肩抓住對方試圖反摔壓制，我的左腳推蹬地墊以右肩支撐提臀做橋準備蓄力反摔，目的是為了讓對方反抗我往右上方做橋的力量，將我往回壓向地面。

此時我順著對方往回反壓的力量，快速往左轉動來試圖將對手反摔到左邊，但可惜的是，在實戰中這種反摔的意圖通常很容易被對方察覺，對方只需要立刻將重心往後壓住，同時扯住我的手臂做抵抗，就可以維持身體平衡繼續壓制。

試圖雙手臂環抱對方

　　承接上一個錯誤動作的情境，許多人在試圖反摔失敗後，會順勢將另一手穿過對方腋下到背後雙手扣住環抱，來阻止對方的控制讓雙方陷入僵持。雖然這樣的方式可以讓你暫時免於外側手（左手）被肘關節技的危機，但同時你也犧牲了原本右手的防禦讓右半側身體門戶大開，對手可以再次進行臉部壓制同時控制你的右手，最後還是有可能會陷入勒頸、同側肘關節技或者讓對方再次搶到更強的控制取位。

圖中我為了避免自己的左手被對方肘關節技控制，右手穿過腋下繞到對手背後雙手環抱住對方，讓雙方陷入僵持的情況來拖延時間。

但在實戰中，對手不可能完全停滯在原地，因為我雙手環抱的同時也失去了右手原本的防禦功能，對手會重新進行臉部壓制，同時將左膝往前推進夾住的我的右手手臂(見圓圖)，反而讓我陷入更加不利的情境，即使我放開雙手，對方也已經成功困住我的右臂以及頭頸部，可以繼續發動下一步的攻勢。

採取外側下圈臂被上肢關節技反制

　　在面對側向壓制時，採取下圈臂來控制對手也是相當值得討論的反擊方式。因為這個動作本身也並非毫無邏輯，通常會針對上位者的外側手（較遠的那一側手臂）進行下圈臂控制，是為了要取得支點讓自己可以施力，從對手下方滑開逃脫，但這種逃脫方式的前提在於內側手（右手）必須先完成穩固的臉部壓制防禦，否則對方會在我下圈臂控制的同時推動左髖，讓身體往我的頭部滾動，同時搶攻我外側的手臂做反制。

我試圖以下圈臂控制對方的右側手臂與軀幹來當作支點幫助自己逃脫側向壓制。

對方察覺到我的意圖後，便將身體滾向我的頭部方向，並順勢將左手從我外側手肩膀上方繞過做控制，此時我原本用來下圈臂控制對方的手臂，反而有可能被對手以木村鎖(Kimura lock)或十字固定(armbar)等關節技掌控。

43

採取外側下圈臂被勒頸反制

　　和上一個情境相同，當你試圖下圈臂控制對方外側手來逃脫時，對手還可以有其他的反制選項，最主要的致命原因在於我的右手沒有確實做好臉部壓制的防禦，所以當我的左手忙著控制對方時，頸部就會完全失去保護。所以除了上一個情境中，上肢關節技的反制，對方也可以選擇直接做勒頸來完成反制與降伏。

當我受到對方側向壓制時，立刻以下圈臂控制對方外側手臂企圖盡快逃脫，但我在情急之下並沒有先完成臉部壓制防禦的求生前提。

上一個情境中，對手會滾向我的頭部方向來銜接上肢關節技，但在這裡對方也可以選擇將重心稍微滾向右側來壓住我下圈臂的左手，這樣一來我的雙手都在對方的掌控下，對手卻仍有空出的左手可以進行勒頸動作。

到這個情境基本上已經為時已晚，因為我的頸部失去保護，對方可以很輕易將手肘與前臂的力道壓到我的頸部完成降伏。

5-0 遭遇浮固壓制下的求生取位

浮固（knee on belly）是相當經典且容易使對方感到疼痛，達成降伏的控制取位。就我個人來說，浮固是很容易帶給對方壓迫感，同時對手會因為無法忍受身體中段的疼痛而放棄抵抗的控制技巧。但反過來在我練習這項技巧時，我也很清楚體會過下位者被壓制的感受，進而發展出一套可以有效避免自己被浮固降伏，同時減輕對方體重壓力的求生取位。

你必須清楚在所有上對下的壓制關係中，上位者需要的是穩定的基底、體重與運用重力來施加壓力，下位者則需要以各種身體擺位來減輕壓力並保護身體重要的位置。例如在前面騎態求生取位的演練中，首要的目的就是盡可以能去影響對手的重心，讓他無法將體重完全穩固在自己身上。同樣地，在對抗浮固時，也需要運用相同的原理來完成有效的防禦動作與求生取位。

5-1 單人浮固求生取位演練

圖中示範的直腿防禦動作，就是避免被對手浮固壓制的重要環節，上半身採取和對抗側向壓制相同的臉部防禦姿勢，同時舉起和對手同側的下肢做抵禦。對於腿後肌群柔軟度不足或屈髖肌群肌耐力不佳的人，這個動作同時也是很重要的訓練指標，因為在柔術對抗中很常會有陷入僵持互相觀察對手意圖的時候，你必須有一定程度的肌耐力與柔軟度來維持圖中的姿勢，來確保自己不會輕易被對手搶到浮固的控制取位。

保持流動與專注的防守心態

在我的基本求生課堂上學生常問我：老師你是如何建立起面對比自己更強大的對手也能求生的自信心？即便對手可以不斷的變換到更好的控制取位，老師還是有信心能不被降伏？我的回答很簡單，我的信心來自於我對於求生狀態下正確的心理建設，再加上我會不斷的鑽研練習這些求生取位，並用它來對抗世界頂尖的柔術家來得到驗證。但一般的學生在對方突破你的側向壓制防禦後轉換到浮固壓制時總會感到非常挫折，認為再好的求生取位都還是有破解的方式而無法建立起自信，其實這都是源自於學生對求生取位的運用有所誤解。

在本書中會為了讓學生更理解求生取位的細節，示範許多單人練習的方式，但不管你今天練習的是哪一種防禦動作，回到實際柔術對抗中，都必須要能隨時保持「流動」的防禦節奏，真正好的防禦與求生不是依賴單一動作或力量來抵抗對方。「保持流動」意指你要能隨時因應對方的意圖與攻勢作出調整來達成動態的防禦效果。

而在實戰中，你可以觀察到當下位者的防守越不費力時，往往上位者就被迫只好依賴蠻力硬碰硬。所以在這裡我提供一個可以幫助建立這種思維的小技巧：每當在對練中如果對方是依靠蠻力而非技術來突破你的防禦，你可以在心裡給自己一次肯定，代表自己實際防禦與求生取位的破綻越來越少，才能讓對手不得已使用蠻力解決。只要你在每次的求生練習中都以這種思維來鍛鍊自己的技巧，隨著各方面的素質提升後，對手即便靠蠻力也很難突破你的守勢，才能真正建立起自己在柔術求生與防禦上的自信心。

5-2 直腿防禦動作

如同先前提過的許多求生與防禦觀念，對付浮固壓制最好的方式就是避免對方轉換到這個控制取位，所以我會在學生學習側向壓制求生時加入直腿防禦動作的情境與概念。和典型側向壓制求生雙腳分腿穩定的方式不同，直腿防禦動作是將內側大腿屈髖頂住對方軀幹，目的是為了可以更快察覺到對方轉換取位的意圖並加以防範，舉起的那隻腳就如同我的感應器和防禦的盾牌，在上半身維持臉部壓制防禦的前提下，一旦察覺對方有企圖要轉到浮固壓制時，內側腳可以快速反應阻擋對手的髖部與膝蓋。

圖中對手搶到側向壓制的姿態，但我已經進入求生取位，同時內側手臂也做好臉部壓制的防禦。	察覺到對方有可能轉換到浮固控制時，我立刻屈髖舉起我的內側腳做牽制，將我的右膝擠向對方的髖部位置來防禦。	如果對方試圖強行轉換到浮固壓制，他會發現我的右膝已經悄悄地卡住他髖部和大腿前方的空隙，對手越用力抬起膝蓋只會讓我的腿部防禦更加穩固。

5-3 採取浮固求生取位的重要性

在實際對抗中，如果你在遭遇側向壓制時沒有盡快採取求生取位以及直腿防禦的動作，對手確實會有很高的機會直接轉換到浮固來壓制降伏。如下圖 2 中由於我沒有先用內側手肘避免對方進行臉部壓制，這時候要在屈髖進行舉腿防禦就沒有太大的效果，所以要能有效限制對方轉換到浮固動作空間，上半身的臉部壓制防禦與下肢內側的直腿防禦都是最基本的求生要素。

5-4 跑者式求生取位

　　跑者式求生取位（Running Survival Posture）是我在面對浮固壓制時最喜歡採取的求生策略，因為它不僅完美利用了槓桿的技巧，同時也展現了浮固求生取位在柔術史上的演化。傳統的浮固求生取位會讓下位者滾向內側（對手的方向）來破解對方控制並避免對手搶到自己的背後位，但跑者式求生取位則是反過來利用自己的背後位當誘餌，讓身體滾向外側遠離對方，當對方誤以為能順勢搶到背後位時，我也早已採取特定的防禦動作來化解攻勢，進而繼續完成逃脫。

　　跑者式求生取位藉由以下兩大特點來詮釋柔術求生策略的進化：適應對手與運用巧勁，許多人都很清楚典型的浮固求生取位以及逃脫方式並隨時準備好要發動反制，因此為了避免陷入對方的預期，才反其道而行發展出跑者式求生取位，這同時也打破柔術不要將背後賣給對手的傳統教誨。但只要經過實戰演練，你就會發現比起傳統轉向內側與上位者纏鬥的求生取位，直接搶到外側反而可以幫自己省下許多力氣。當然在進行跑者式求生取位的同時，也必須要有許多配套的防禦動作才能避免對方真的順勢搶下背後位，下面會一一介紹這些步驟與相關細節。

圖中我因為反應不及，讓對手搶到浮固的控制取位，但我仍然保持冷靜繼續將外側手收往身體內側並將右手舉到頭頸部做保護，同時保持手肘內收避免任何上肢或頸部的降伏動作。

但維持原本的姿勢還是很難承受對方膝蓋向下的壓力，所以我必須設法讓軀幹移動到有利於求生與逃脫的位置，我開始推蹬右腳做橋抬起右髖讓身體向左邊滾動。

在轉動軀幹的同時，我將右手肘往下抵住對方浮固控制的膝蓋，過程中手肘仍要維持貼緊身體避免對方搶到上半身把位。

當我轉到接近側身時，對方膝蓋的壓力相對原本壓在腹部正上方時要減輕許多。我接著繼續執行我的求生步驟，將上腳(右腳)移動到前方如同在側躺狀態下往前跨步跑動的感覺

接下來我維持下腳的穩定後，上腳不斷反覆往前踩地，藉由摩擦力讓下半身往頭部方向轉動。

最後我的身體逐漸脫離對手膝蓋的壓迫，同時我在過程中盡量減少上手手肘與右腳股四頭肌間空隙，讓對方無法取得上半身的控制把位，同時右手手掌繼續保護頸部，並以左手手肘為支撐保持身體蜷曲，完成跑者式的求生取位。

5-5 跑者式求生的潛在風險

　　雖然比起傳統的浮固求生取位來說，跑者式的求生策略似乎更容易成功，但最重要的前提是你能在往外側滾離對手的同時完成許多防禦細節，包含將上手前臂緊貼同側大腿股四頭肌、手掌持續保護頸部以及上腳跨步蹬地轉動並阻擋對手等等。如果能熟練地快速完成這些防禦動作才能確保求生取位的成功，只要有任何一個環節出錯都有可能成為對方反擊的漏洞。

當我試圖向外側滾動進入跑者求生取位時便犯下了第一個失誤，我並沒有確實將上手手肘貼緊軀幹來保護把位。

同時當我轉到側面時，也沒有意識到要去阻擋對方的左手抓住我的衣領，再加上我前面手肘露出的空隙，讓對手從背後同時搶到一上一下的控制把位。

這時我如果向後滾回原位只會更快陷入對方的勒頸控制，所以我只能繼續往外轉動。

這時來到最後一個致命傷，因為我的上腳還留在身體後方沒有主動積極往前跨步，對方再次搶先將右腳跨過我的身體阻擋我的髖部，並成功搶到背後的控制。

在這個情況下，對方已經完全控制我的上半身與下肢的移動空間，要逃脫已經變得相當困難，同時由於我處在側身頭部懸空的位置，對手可以很輕易的從後方發動背後裸絞來完成降伏。

5-6 面對浮固的常見錯誤動作

手臂僵直

不管在任何壓制情境下,雙手伸直想把對方推開都是最糟的防禦方式。同樣地在遭到浮固控制時,雙手推向對方等於主動把自己固定在對方身上,同時也捨棄了其他雙手可以完成的求生選項。上位者在擁有取位與重心的優勢下可以很輕鬆的支開你的手臂,更可以直接搶攻你毫無防禦的頸部或上肢把位來完成降伏。

當對手搶到浮固控制的位置時,我試圖想伸直雙手直接推開對方。

對方上半身重心順勢向後來化解我的推力,同時因為我的頭頸部毫無防禦,對手可以很輕鬆地往下搶到衣領做十字勒的把位。補充:上位者通常只需要稍微改變重心,就可以抵消我雙手的力量同時繼續維持膝蓋的壓迫。

試圖推開上位者膝蓋

　　浮固控制的膝蓋如果壓到適當的位置，是可以帶給下位者非常大的壓力與難以忍受的疼痛。初學者第一時間的反應很常會是想用雙手盡快把膝蓋推開，但由於在浮固的位置，對方大部分的重心會施加在膝蓋，下位者基本上無法單靠上肢力量來移動膝蓋，過程中反而容易不慎將手肘打開，使對手可以順勢搶到你上肢的把位，接著快速轉換到十字固定、肘關節技或木村鎖來完成降伏。

對手搶到浮固取位把重心放到膝蓋上時，強烈的疼痛讓我直覺反應地試圖用雙手推開對方的膝蓋來減輕壓力。

但這是柔術中常見的危險反應，單靠上肢的力量無法移動對手膝蓋，同時對方也會順勢將前手穿過我手肘打開的空隙，扣住肱三頭肌的位置控制上肢把位。

試圖牽拉對方破壞重心

　　在實際對抗中，當對方搶到浮固控制時，有可能另一隻支撐腳與下位者的距離剛好比較近，落在下位者雙手可以抓到的範圍內，在比賽中時不時會看到下位者在較近的距離下急中生智，內側手穿過對方跨下拉住背後的腰帶，同時外側手伸直推向對方。

　　雖然這樣一推一拉的動作在力矩上確實有可能將對方往後扳倒，但是同樣的錯誤是下位者又再度張開了自己雙手腋下的空隙。實戰中我看過也遇過太多次，最後結局仍然是下位者再次受到對方肘關節技或三角勒的反制。

如圖中，我試圖伸直外側手將對方往後推向柔術死角(請參閱逃脫章節圖7.2)

同時因為對方和我的距離夠近，我將內側手穿過跨下抓住腰帶往後拉，但這樣一推一拉的動作反而讓我的腋下門戶大開，容易被對手搶到把位反制。

藍帶階段的殺手鐧：
逃脫技術

先為不可勝，以待敵之可勝；不可勝在己，可勝在敵。

孫子兵法

一、逃脫在柔術中的真正意涵

逃脫在我的定義中，代表能在下位或遭遇降伏攻擊的情況下轉變局勢的能力。在柔術中有四大基本的求生取位，分別是：騎態求生、背後求生、側向壓制求生以及浮固求生，當然接下來就會有對應這四種控制取位下的逃脫方式。因為完成求生並不代表自己已經完全脫離危險，你必須開始學習如何繼續轉換到適合的逃脫技巧。

逃脫的應用當然不僅止於對付前面介紹過的控制取位，在柔術對抗中你還得面對更致命的降伏技巧，這也是我會將降伏逃脫一起納入本章的主要原因，但我的目的並不是讓你強記所有十字固定的變化與逃脫招式，而是從降伏最根本的結構與原理去發動逃脫技巧，讓你可以熟練真正有效的技術以不變應萬變。

要能有一場你來我往的柔術比賽，求生與逃脫是最根本的基礎。原因很簡單，如果對方的壓制與降伏技巧對你無效，才有機會換你發動反制或攻擊，同時也能提高你對柔術的信心。擁有紮實的求生與逃脫能力，可以讓你在對抗中把心思專注在如何擊倒對方，反過來如果對方一直無法成功控制或降伏你，最終也只能被迫承受你的攻擊，所以好的逃脫與求生能力，能讓你在攻守兩端都帶給對方相當程度的壓力。

二、先有求生再談逃脫

要記住成功的逃脫必定來自於好的求生策略，這才是真實柔術對抗中的因果順序，你必須先在對方的控制與降伏攻勢下存活才能繼續設法逃脫。逃脫的原理在於運用對方控制或降伏力量來製造機會。前面章節提到求生的基本在於打亂上位者控制的節奏與穩定性，上位者為了能繼續維持控制勢必得變招作出調整，而這些轉換的空隙就是發動逃脫策略最好的時機，所以在平時訓練中必須學習如何整合求生轉換到逃脫的整體策略與變化。

三、抓準最佳的逃脫時機

承接上段的論述，逃脫成功的關鍵在於發動的時間點。當上位者因為你所採取的求生取位處於進退兩難的窘境時，對手接下來的攻勢轉換就會變得更加容易預測，而當對手作出如你預期的反應時，就是你最佳的逃脫時機，所以比起被動地等待機會出現，你更應該主動去創造這個時機。

當然包含逃脫在內的所有柔術技巧都仰賴好的發動時機，一個好的時間點可以讓你的技巧以最不費力的方式完成。舉例來說，當你遭遇騎態下有即時採取正確的求生取位，就能限制對手接下來的攻擊選項，如果對手選擇用蠻力來執行勒頸降伏，你就有很好的機會可以進一步破壞對方前傾的重心執行逃脫或反制。當然要能抓準好的時機，必須經由大量的練習讓所有動作可以一氣呵成，一旦錯失了好的時機，就只能依賴力量去彌補，但靠蠻力硬碰硬就無法體現柔術真正巧妙的地方。

四、發動逃脫技巧的時序

在柔術對抗中，下位者的求生取位能維持越久，就有越多的時間來研擬逃脫策略，在我的經驗中，過早啟動的逃脫技巧反而容易在過程中有更多糾纏，這也是柔術比賽中許多人情急之下會犯的錯誤。當然這並不代表下位者要一昧地拖延時間，而是要保持耐性並感受對手的意圖與力量變化，抓準破綻伺機而動，所以在練習逃脫的過程中不需要崇尚速度與力量，你需要的是培養把握準確時機的能力與耐性，因為在比賽中任何一次的逃脫都可以讓你吹響反擊的號角。

五、破解拖延展術

在我的柔術教學生涯中，總是會聽到有學生抱怨對手採取拖延戰術讓自己的逃脫無法順利成功。但我也會試著給予他不同的觀點：「在柔術場上所有的拖延戰術都只是雙方互相遷就的一種結果，如果你沒有任何一絲的妥協，對手也無法將你永遠困住，所以應該再仔細想想自己是否可以有更好的做法？」因此，即便對方有拖延的意圖也不該是無法脫困的藉口，總有更好的方式可以讓你擺脫對手掌控。

當然也不要去怪罪體型或力量上的差距，如同前面介紹過巴西柔術的先驅是一位體重

實用逃脫小訣竅

- 執行逃脫前，務必確實完成求生取位來確保下位者有足夠的時間研擬策略並等待時機。

- 對抗練習時可以加入約束條件，段位較高者盡可能專注在取位轉換與降伏技巧，讓下位者有機會完整練習整個逃脫過程。

- 平常練習就要養成習慣讓逃脫不要過度依賴蠻力，專注在原理與技巧的練習，幫助肌肉記憶才能在實戰中抓準最好的時機一氣呵成。

攝影：Catarina Monnier

在練習中擁有較高段位的上位者(Gabriela Bermudez)應該適時給予空間，讓下位者有機會練習如何發揮完整的逃脫技巧。

130 磅的男性而非壯漢，如果只靠力量決勝負，Helio Gracie 也無法發展出那麼多逃脫技術。所以不管你是被對手的技術或拖延困住，永遠都要檢視並找出自己的不足做出改變，這樣的思維才能真正提升你的柔術實力，即便對方想死命困住你，你也沒有必要迎合對手。當然在實戰中遇到喜歡拖延比賽節奏的對手的確相當令人困擾，這種反感有時候也會變得相當危險，所以在比賽中也必須從對方的舉動去了解對手的策略與性格，保持冷靜與強韌的心理素質才不會讓自己在陷入拖延時過度情緒化。

當然為了避免自己老是在比賽中陷入對方的拖延戰術，最保險的做法就是在賽前做足功

課，這是屬於柔術戰略性的原則之一，即便你的技術再好，如果不了解對手的戰術與能耐，還是有可能輸掉比賽。如同孫子兵法所云：「知己知彼，百戰不殆。」只要好好理解對方的柔術風格與習慣，就能夠減少自己陷入對方拖延戰術的機會。

六、逃脫技術在不同段位的重要性

以我個人觀點來說，白帶與藍帶是最適合打好逃脫基礎的階段，因為這個階段的學生還沒有足夠的經驗與能力去啟動複雜的進攻策略、招式組合或是掌握細微的重心變化，所以在多數的對抗情境下，通常都是處於較為弱勢的一方，但正因為如此，你才需要把握自己最常處於下位者的這段時間，好好驗證所學的逃脫技巧。

最直接的例子就是每當有紫帶、棕帶甚至黑帶的學生轉來我的道館，接受我的騎態求生與逃脫訓練時，多數人往往都是毫無章法地掙扎直到力氣用盡，而我最常聽到的回饋都是「我已經不記得上次被騎態壓制是什麼時候了。」而我總是回答「這就代表你們之前的防禦訓練強度不夠，你們沒有真正得到驗證逃脫技巧的機會。」對我來說，越高段位的學生可以有各種各樣的攻擊策略，但他們的求生與逃脫技術一定要能達到最高標準，這也是我為何重視在低段位就要打好求生與逃脫基礎的主要原因。

七、找到適合的訓練強度

在學習柔術的過程中，不管是誰遇到難以逃脫的控制取位或降伏技巧總是令人沮喪，但反過來說只要能精熟逃脫技術，勢必就能大大增加你對柔術的信心。如果在練習過程中老是被特定的降伏或取位壓制，記得不要氣餒，嘗試

多模擬幾次相同的攻防情境，讓身體慢慢體會並找出自己為何無法逃脫的原因，柔術的應用終究得回到身體肌肉的感受與反應，而提升肌肉記憶最有效的方式就是反覆練習。

記住柔術和許多運動項目一樣需要花許多時間練習與體會，是一條漫長的學習之路，就如同我前面所說，白帶和藍帶是需要大量練習打好基礎的階段，但同時也要練得很有方法，要讓身體動作變成自然反應需要大量練習，而好的練習需要有精準的目標與規劃，試著加入適當的約束限制讓練習的強度符合你現階段的能力需求。

在熟練基本的逃脫動作後，最重要的就是透過實際對抗來驗證自己的逃脫能力。身為一名老師，我當然不能在沒有任何條件限制的情況下，讓段位較高的學生直接騎態壓制白帶或藍帶學生，因為在我道館的的藍帶、棕帶或紫帶以上的學生當然都有經過相同的逃脫訓練，剛練習逃脫技巧的人能做的反應都會在意料之內，如果直接讓雙方自由發揮就等於扼殺了下位者的學習機會。

你可能會疑惑「高段位學員陪同藍白帶學生練習逃脫能有什麼收穫呢？」我會告訴上位者，你應該在對手強度較低時學習如何讓自己的每個降伏技巧都做到毫無缺失。

那對於藍白帶的學生該如何思考呢？因為你面對的是更有經驗的上位者，即便我會給雙方對練上的約束，但對手的攻擊強度就是檢驗你的逃脫技術是否到位的關鍵。所以不要畏懼對方的實力，盡可能將所學盡量嘗試才能讓提升自己的逃脫能力。

最後只需要記住在練習逃脫時，上位者不要用蠻力或拖延方式來困住對手，而是應該維持積極靈活的攻擊方式讓下位者有更多機會發揮逃脫技巧，雙方在有約束的情況下盡力發揮，才能在各自的課題上都有所成長。

6-0 背後位逃脫

　　在你成功完成背後求生取位後，接下來的首要任務自然就是進入逃脫階段。採取適當的求生取位雖然可以大幅降低對方的威脅並爭取一定的時間，但畢竟還在對手的控制之下隨時有可能受到追擊，所以必須抓準求生轉換到逃脫的時機。同時也要明白對手的目標只有一個：就是再次搶回控制優勢，基於上述動機來發動逃脫策略，並藉由強韌的求生取位來限縮對方的反制選項，讓對方的動作變得更容易預測以提高逃脫成功率。

從背後求生取位開始，雙手手肘貼緊軀幹手掌保護頸部把位，同時雙腳撐開讓重心往前往下貼著榻榻米。基本上這樣已經可以阻擋對手多數的攻擊選項，接下來就是進入逃脫階段。

我的右腳屈曲把膝蓋頂住對方的右腳，並將右手手肘往下鑽到對手右腳膝窩的位置。

接著就是第一階段的脫困動作，我將右腳快速往下伸直脫開對方右側屈膝的控制，同時將右肘順勢往下貼著地面卡位，阻擋對方右腳再次回勾搶回控制。

單靠手肘防禦當然還是有風險,所以我再次彎曲右腳並讓大腿和手肘相貼,讓身體右側的防禦範圍更完整,以不需要額外費力的方式徹底封阻對手搶回控制的可能。

接著我將左腳伸直推動髖部往右側移動(暖身中的蝦式動作),過程中繼續維持右半邊的防禦,身體順勢往下往右側滑開,準備脫離對方背後的相對位置轉到側面。

藉由右手與右腿的力量帶動讓身體往左側滾轉回到上位。

轉身的同時,身體維持低重心並抱住對方的左腿,注意圖中我會將頭部往前搶到對手中央線的位置。

6-1 背後位逃脫常見錯誤

　　前面介紹的背後逃脫流程，雖然第一眼看來似乎就只是從背後側滾到控制對方膝蓋，但真正重要的關鍵在於手肘的防禦與髖部的逃脫移動（蝦式動作），缺少任何一個環節，對方都有可能採取上下圈臂或者再次將右腳回勾搶回控制。參考下圖示範的失誤，並注意逃脫練習時手肘與腿部防禦的完整性，以及適當的髖部移動來取得更好的轉身角度。

圖中我伸直右腳脫開對方右邊的屈膝控制，準備逃離背後取位。

雖然我在掙脫控制後有立刻彎曲膝蓋再次回防，但我並沒有確實貼緊右肘與右腿間的空隙，有經驗的對手可以利用這個空隙再次搶到我腋下的把位，將我拉回原本的控制取位。

當我意識到自己的防守可能有疏失，急著想要快點轉身搶回上位，我在情急之下略過了推動髖部側移的前置步驟，再次犯下了致命的逃脫失誤。

因為缺少了原本髖部逃脫移動所製造的轉身空間，對方可以立即跟上我的轉身速度繼續維持背後控制。

6-2 背後胴絞逃脫

　　對於某些人來說，背後的胴絞控制 (body lock，又稱作身體三角鎖 body triangle) 可能是極難脫困的惡夢，雖然背後胴絞在綜合格鬥與無道袍柔術的競賽中較為知名，但在巴西柔術的競賽中也是越來越常見。就我個人的習慣來說，背後胴絞的控制雖然穩定，但同時也會把自己完全鎖在對方背部，所以我更傾向採取相對靈活的圈臂搭配屈膝扣住的典型背後把位。但你在實戰中還是會遇到許多背後胴絞的愛用者，所以還是應該具備應對的逃脫方式。當然基本的逃脫原理與動作與前面介紹的方式差異不大，會有些許的調整讓對方可以更容易陷入我的逃脫節奏。

對方搶到背後位後，左腳扣住我的軀幹試圖採取背後胴絞，第一時間我必須立刻將上半身重心往前傾，雙手保護頭頸並把手肘貼緊軀幹來防止對手控制上半身把位。

我的上半身繼續向前傾，直到雙手手肘卡住對方扣在我身上的左腳小腿。

控制住對方小腿後，上下半身以接近90度垂直的方式往我的右側傾倒，藉由我的體重將對方用來支撐的右腳固定在地面，這樣我就成功控制了對手的雙腳來確保我有足夠的時間開始逃脫。注意實戰中對手有可能會是右腳扣住你的軀幹，這時身體就要往左側傾倒才能控制左腿。

倒向地面後，我將右肘順著對方的右膝內側滑到地面卡住對方的右腳，接著髖部稍微往右側移動，借力撐開對手扣著身體的左腳。

最後我將右腳腳掌跨過對方右腳，確定自己的髖部壓著對方大腿內側，將對方固定在地面並順勢搶回上位。

譯註：作者在這裡示範的胴絞逃脫中，對手基本上還未完成完整的身體三角鎖的控制 (上半身背後扣住胸口和頸部搭配雙腳三角勒著軀幹)，作者主要是針對對方下半身腿部扣住軀幹的動作進行破解。

6-3 雙手下圈臂環抱逃脫

　　雙手下圈臂環抱是背後位相當典型的上半身控制方式，也是背後逃脫練習必備的情境之一。逃脫的基本流程和背後胴絞逃脫相似，關鍵同樣是在於我一貫教導的運用身體擺位輔助逃脫的方式，簡單來說就是改變身體位置運用體重去壓制對方的支撐腳，讓對手沒有餘力去妨礙你接下來的逃脫動作，但也要注意如果身體傾倒的方式不對，就有可能必須靠上肢動作來彌補。

被搶到背後位的第一時間，我並沒有貼緊手肘防禦，對手立刻採取雙手下圈臂環抱控制我的上半身。

如同前面的逃脫方式，我立刻將上半身重心往前彎，抵抗對方往後的力量。

接著我的身體接近垂直的角度往右側傾倒，並利用體重將對手的右腳壓制在地面。注意！可以依照自己的習慣與當下情勢選擇身體傾倒的方向。

倒在地面後，推動左腳將髖部向右移動(往右側做蝦式)，將髖關節抵住對方右腳，並藉由蝦式的動力以較省力的方式撐開對手右腳的控制。

接著右腳順勢往外跨開一大步，這一步主要有三個功能：增加底面積維持穩定、雙腳撐開準備逃脫，以及用右腳阻擋對手再次搶回控制。

接著左腳彎起繞出對方左腳小腿控制的範圍。

我只要繼續做蝦式往右邊移動就可以讓下半身完全脫離對方掌控，過程中貼住對方順勢把他的背部壓向地面

最後把對方的雙腳往他的左側推開，同時我也搶到側邊的控制取位，可以轉成側向壓制或袈裟固定。

6-4 四足跪姿逃脫

　　基本上四足跪姿的逃脫流程就是前面一系列內容的集大成：首先採取四足跪姿求生取位後，接著側滾銜接到背後求生取位，最後採取上頁介紹的背後位逃脫方式脫困。當然這些流程包含許多求生取位與逃脫技巧的轉換，需要大量練習提升流暢度才能在實戰中運用。

圖中我陷入四足跪姿時，對方搶到背後控制施予壓力。

繼續處於四足跪姿對我相當不利，所以我保持，求生取位的動作側滾，讓雙方關係轉換到單純背後位控制。

側滾結束到正面的同時，我就必須完成背後求生取位的所有防禦動作，這樣才可以繼續進入逃脫階段。

和前面介紹的方式相同，我伸直右腳解開對方的軀幹控制，並將右肘往下貼住地面避免對手再次回勾。

接著我再次彎曲右腳，讓右側大腿與手肘貼合，強化右半邊防禦的完整性。

同時我的左腳推動，讓髖部往右邊移動改變身體角度，並脫離對手左腳的控制(往右側做蝦式)。

接下來的動作都是一氣呵成，我的身體快速往左翻身，讓右手右腳跨過對手左腳轉回到上位。

回到上位後，雙手抱住對方左腿穩定重心，並將額頭往前頂，搶攻對方中線的位置。

7-0 單人騎態肘撐逃脫演練

在柔術逃脫中，騎態是相當具有壓迫感的控制取位，不管是在對練或正式比賽中，騎態控制比較常出現在下位者體力耗盡或雙方實力較為懸殊的情況下，不管是哪種情境，騎態控制都可以帶給下位者非常大的壓迫感。因此，初學者如果直接與同伴進行逃脫練習通常會有很大的壓力，所以在一開始建議先藉由單人逃脫演練的方式，專注在技巧學習並增加肌肉記憶，在達到一定的純熟度後，再加入上位者做完整的騎態逃脫練習。

參照前面的教學，我向右側推動髖部將軀幹往左傾倒，進入騎態的求生取位，雙手如圖中的方式模擬支撐對手的架勢，並將左腳外側貼平地面穩定重心。

接著我以左肩為支點，右腳推蹬做橋，讓左邊髖部離開地面。

藉由做橋形成的空間，將臀部往右後方縮做蝦式動作，同時左腳順勢屈髖收向身體，基本上這就是騎態逃脫的雛形。

7-1 騎態肘撐逃脫實際演練

在多數的柔術教學中，做橋或提臀逃脫的動作 (英文術語為 bridge 或 UPA) 通常會被視為是騎態逃脫流程的第一步驟，但在我的逃脫教學中反而會更強調肘撐逃脫的技巧。並不是說提臀逃脫不管用，而是在強度較高的比賽中，肘撐逃脫的方式會比提臀或做橋的技巧更加有效率，而肘撐逃脫的特點在於能創造更佳的逃脫時機。當對手因為你的求生取位失去重心向前傾時，會試圖想要搶攻衣領的把位來加強控制，這就是發動逃脫最好的時刻。記住在所有逃脫情境都必須靠自己來主動創造好的啟動時機。

對方(白衣)試圖抓住我的衣領來支撐自己並維持平衡，但我還是可以藉由騎態求生取位來保護自己。

2

我以左肩為支點做橋，撐起自己的髖部去頂住對方，這樣便能增加對手與地面間的空隙。

3

藉由這個空間做蝦式，將我的臀部縮到右後方，順勢彎曲把左腳一起收到對方右腳內側。

4

接著利用我雙手抵住對方髖部撐出一個空隙，讓左腳膝蓋可以繼續通過往上收。

5

當左腳脫離掌控後，便利用腳踝與脛骨的位置勾住對手右腳大腿內側並順勢抬高。

6

最後藉由左腳製造的空間來讓右腳也往上收起脫離控制，雙腳分別抵著對方兩腿內側形成蝴蝶防禦(butterfly guard)完成騎態逃脫。

7-2 側騎乘逃脫 (技術騎乘逃脫)

　　當然在熟練騎態肘撐逃脫的方式後，你也必須開始設想對手面對逃脫可能做出的取位轉換，其中最常用來對付肘撐逃脫的反擊就是轉換到側騎乘（技術騎乘）的位置。以技術層面來說，側騎乘確實可以妨礙肘撐逃脫的進行，但下位者也不需要因此氣餒，這時應該繼續從肘撐逃脫的方式繼續延伸到側騎乘的逃脫方式。任何的取位與逃脫都有相生相剋的優缺點，所以好的柔術對抗應該是基於這些技巧的原理，流暢的在各種取位中快速應對轉換。

同樣從騎態求生取位開始，對方雙手交錯試圖控制我的右側衣領。

如果上位者較有經驗或對我的風格較為熟悉，為了避免我採取肘撐逃脫，就會盡快轉換到側騎乘來維持自己的優勢，對手會將左腳往前滑向我的頭部，並將右腳踩在我左髖前面卡位。

當然我也立即反應進入側騎乘求生取位，用左手保護頭頸把位，並用右手推住對方右膝與右髖的位置，靠左手手肘與左腳來支撐維持穩定。

接下來的動作必須抓準時機一氣呵成，在側騎乘求生取位的防禦完成後，我的右手用力往下推動破壞對方右腳的支撐，並藉由推動的慣性直接90度起身到坐姿。

接著繼續延續起身的動力往右側傾倒反制對方，注意避免直接往前，以免讓對手搶到背後位。

將對方壓到地面後，立刻搶回對方中線，避免對手發動絆摔(sweep)或搶奪背後把位，我分開雙腳穩定重心，讓對方進入全防禦(closed guard)的取位。

圖解 7.2 認識柔術死角

柔術死角 (dead angle) 的概念意指完全失去重心與支撐的狀態，例如上頁圖 3 中推動對手右膝破壞支撐的，目的就是為了讓對方陷入柔術死角，而這個動作正是側騎乘逃脫的關鍵步驟。在柔術對抗中的任何絆摔 (sweep) 或翻身反制 (reversal) 都是以破壞對手支撐與重心為目的，當然對手也會不斷改變姿勢或用手腳盡量支撐維持穩定，但只要能理解對手重心的結構，繼續追擊破壞對方的支點，就能一步步將對手逼入柔術死角來執行逃脫或降伏，所以在平時對練中，練習如何判斷對方取位的支點與死角是相當重要的課題。

8-0 單人側向壓制逃脫演練

　　以下會介紹針對側向壓制 (side control) 的兩種不同逃脫單人練習情境。如同前面一再強調的，如果初學者直接進入雙人對抗的練習，反而不容易掌握正確的動作速度與啟動時機，因此必須先透過反覆的單人練習，來建立完整的肌肉記憶與反應，再進階到對練環節。

側壓逃脫後回復防禦

　　第一種側向壓制逃脫方式主要是從逃脫轉換到柔術防禦的流程，進行單人練習時務必先從完整的側壓求生取位開始，並模擬左右兩邊不同的側壓情境。

單人演練時從側向壓制的求生取位開始，舉起內側腿(模擬靠近對方的那一側)來避免對手轉換到更危險騎態或浮固壓制，左手貼在腹部後舉起右手在頭頸部做臉部壓制的防禦 (cross face defense)。

以右肩為支點推動左腳提臀做橋，這裡和一般做橋稍微有些不同的是撐起臀部的同時，盡量延長身體並將髖部頂向對方，整體的身體走向會完全挺到側邊，以較為誇大延展的做橋方式來增加自己的逃脫空間。

接著以蝦式往左後縮髖，模擬自己從做橋撐出的空間逃脫。

逃脫後，雙手手肘靠近膝蓋並將頭部往左後方延伸，模擬自己遠離對手並準備進入防禦姿勢。

繼續帶動頭部的方向，讓身體轉到與起始位置接近垂直的角度，維持開放式的防禦姿勢(open guard)。

側壓逃脫轉四足跪姿

　　側壓逃脫後除了回復防禦之外，另外一種可以快速整合轉換取位的方式就是進入四足跪姿。在熟練單招的動作後，可以在側壓逃脫後做隨機切換的練習。

基本的逃脫方式和上頁介紹的做法相同，這裡銜接上頁圖3中完成蝦式縮髖逃脫的動作開始演練。

我以右肩為支點，左腳推蹬做橋，同時右腳往後蹬腿經過下方帶動身體轉向地面。注意！轉換的過程中，右肘貼近身體順勢鑽過身體下方，這樣才能在轉身之後讓支撐點從右肩回到右手形成四足跪姿，如果沒有確實收好手肘，容易影響身體轉動流暢度。

右腳沿著榻榻米滑到定位後，左手支撐讓右肩離地換成右手支撐。

雙腳往身體方向移動，將膝蓋藏到軀幹下方成跪姿，這個姿勢在攻擊端屬於抬升取位(elevation position)，在下端的攻擊破勢或絆摔相對有力學優勢。

8-1 側壓逃脫後回復防禦

　　巴西柔術中的側向壓制在葡萄牙語中也有 100 Kilos 的別名，意指完全控制的側向壓制會讓下位者感到重達上百公斤的壓力。同時側向壓制也是柔術戰略中一個相當實用的過渡取位 (gateway position)，可以輕易轉換銜接到其他控制取位或降伏技術，所以遭遇側壓時，必須在情況變得更糟前設法逃脫。在側壓逃脫後回復防禦是最有效的做法之一，主要目的有兩個：讓自己的身體回到正面面對對手的角度，並迫使對方必須再次設法突破自己的防守。

對手搶到側向壓制，同時我也採取應對的求生取位。

我以右肩為支點，左腳推蹬提臀做橋推向對方，對手會感覺到重心被我推往右後方。

接著我利用做橋的空間向左後方做蝦式縮臀，並把膝蓋收到對手右邊髖部的位置，蝦式的動作必須夠完整才能讓膝蓋有足夠的空間往兩人中間擠。

圖解 8.1 試圖牽制對方的錯誤觀念

有些人在完成做橋時，會想順勢用小腿牽制著對方的前腳，就我個人觀點來說這並不是個好的選擇。首先牽制的動作同時也會把自己鎖在對方身上，影響雙方的活動度，求生動作與空間感是下位者很重要的兩大武器，所以我個人在下位時都不會輕易採取鎖住雙方的任何技巧。其次是牽制腿部的動作會讓雙方的髖部過於靠近，這樣反而阻礙了原本做橋動作所創造出的逃脫空間，讓比賽陷入僵局。

在我成功將右腳膝蓋擠進來抵著對方後，便將頭部甩向右側來帶動身體水平轉動，一直轉動到可以進入開放式防禦的角度，過程中雙手如圖中卡在兩人之間，避免對方妨礙我逃脫的動線。

身體持續在地板挪動到適當的角度與距離，最後進入開放式防禦完成逃脫。

圖解 8.2 活用做橋動作

如圖解 8.1 所述，我並不建議採取小腿牽制的動作，所以我的雙腳可以自由活動，讓做橋動作得到最大的延展，同時也避免讓自己完全固定在對手身上而影響逃脫與防禦的轉換。當然在許多對抗壓制的情境下都會用到做橋動作，所以儘可能練習如何用做橋來影響對方並製造更大的空間。

途中我試圖要回復防禦姿勢，但雙方的空間不足以讓我將膝蓋收到身體前方。

這時與其牽制對方的小腿，我選擇再次利用做橋來製造更多空間。

接著我便利用新的空隙將右膝往上收到外側。

以相同的方式不斷爭取空間，最後回復到開放式防禦。

8-2 側壓逃脫轉跪姿

我在側壓逃脫教學上，並不會限制學生一定得進入開放式防禦或轉成四足跪姿，我會希望學生可以靈活變化，因為在對抗中總是會遇到積極壓制的對手，使你無法順利回到開放式防禦，這時轉換到跪姿就是很好的備案。同時跪姿也可以讓你有機會切換成摔技為主的柔術策略，甚至再次銜接回防禦動作，因此你必須在練習時學著靈活轉換不同的取位，來讓自己在實戰中的逃脫策略更加完備。以下說明兩種常見側壓逃脫轉換到跪姿的情境。

蝦式逃脫轉跪姿

基本上側向壓制的變數主要取決於對手給的壓力、取位技巧與平衡，今天對手有可能會積極抵抗並將把雙腳留在後方避免我做橋回復防禦，但這就是我改變戰術轉換到跪姿再發動反制最好的時機。在實際對抗中，務必要讓自己能夠靈活應對對方的策略去做出改變。

圖中對方進行側向壓制，同時我也試圖採取做橋來爭取空間。

我感受到對手有刻意抵抗避免我轉換到開放式防禦，因此我決定採取跪姿逃脫。我將頭部頂到對方左手內側，同時右腳分腿往後帶動髖部後撤(hip escape)壓平身體。

我用雙手扣住對方膝窩借力將雙腳膝蓋收到身體下方進入抬升取位(elevation position)，在這個跪姿取位下可以直接破壞對方支撐帶入地面(takedown)。

做橋逃脫轉跪姿

另一種常見情境是對方會提早用其中一隻手來阻擋我的髖部與下肢，避免我回復到開放式防禦。對方可能會認為這樣可以避免我將髖部縮到後方逃脫，但他可能過於低估了做橋動作的威力，基本上單靠上肢的力量很難抵抗髖關節瞬間伸展的爆發力，所以在這種情況下，我可以選擇再次做橋製造空間來轉換成跪姿發動反制。

同樣是遭遇側向壓制的情境，這次對方用右手卡住我的右髖，避免我直接回到開放式防禦。(1)

和上一種右腳往後分腿後撤的方式不同，這裡我選擇直接往上伸髖做橋製造空間。(2)

搶到足夠的空間後，我便可以很輕鬆的把右腳往後分腿再轉回到跪姿。(3)

我已跪姿進入抬升取位，扣住對方膝窩準備破勢反擊。(4)

8-3 跑者式逃脫

　　跑者式逃脫 (running escape) 是我個人面對側壓時最常使用的逃脫策略。除了在前面跑者式求生取位中提過相對省力的優點外，跑者式逃脫也可以很流暢的銜接到開放式防禦。熟練的跑者式逃脫技巧，可以在對手完全阻斷你側向所有動線的情況下幫助你完成逃脫，當然你必須反覆練習提高流暢度，才能避免對方趁機搶到背後把位。

對方搶到側向壓制，同時完成左手的臉部壓制以及右手髖部的卡位，完全阻斷我往右側轉身抵抗的空間。

首先為了轉向另一側來逃脫，我用左手抵住對方左肩來撐出空隙，讓我的右手可以從內側脫離。

我的左手持續撐住對方肩膀直到我的右手完全脫離到外側，並利用右手移動身體往左側轉動。

在我右手完全自由後，必須立刻收好手肘避免對方搶到上背控制把位，身體轉到側面後抬起右膝往手肘方向收，像是把右腳往前跨步的模樣就是跑者式逃脫的概念。

接著以左肩為支點，雙腳腳趾推蹬撐起臀部做橋準備翻轉身體。

在做橋撐起足夠的空間後，我會以上背為支撐軸心，右腳畫一個水平弧線帶動身體擺動到正面對對手的位置，這裡右腳搖擺的動力是讓自己回復防禦的關鍵。

雙腳順著擺動的慣性超過對方身體後，轉到雙方面對面的位置。

最後我將雙腿收回來抵住對手，準備採取開放式防禦。

8-4 袈裟固逃脫

　　通常有柔道或摔角背景的柔術選手會非常擅長使用袈裟固 (Kesa Gatame)，我也看過許多人在面對袈裟固時陷入激烈纏鬥甚至直接被對手降伏，但只要理解對方的目的，要逃脫袈裟固其實比想像中簡單。完成袈裟固的結構，在於控制下位者較近的手臂與腋下的空間來施加體重，因此要避免對方搶到袈裟固把位。首先要將靠近對方的手肘貼緊身體並用來抵擋對方的髖部，接著藉由做橋伸髖的力量把對手頂開，這樣你便有足夠的空間依照前面的做法搶回防禦姿勢。

對手準備搶到袈裟固的控制角度，同時我也已經採取適當的求生取位。雖然對方的體重已經壓到我身上，但我只要確實收好手肘，對手就無法搶到最好的把位。

再來就是運用所有逃脫都會使用的做橋動作，來製造空間銜接到蝦式動作。

藉由做橋創造空間，我將臀部後縮做蝦式動作逃脫，可以看到對方腋下空出相當大的空隙。

我抬起右膝鑽入這個空隙準備進入開放式防禦，同時雙手抵住對方維持適當防禦的距離。

接著我轉動頭部，帶動身體調整回正面的方向完成逃脫進入開放式防禦。

8-5 反向袈裟固逃脫

　　雖然從柔術巧上來看，反向袈裟固似乎又比原型的袈裟固更加難纏，但不同取位還是會有各自的弱點。反向袈裟固在轉換到騎態或木村鎖降伏技巧上是威力強大的控制取位，但對手的視線會因為身體的方向受到一定程度的影響，因此下位者只要冷靜觀察對方是否有轉換騎態的意圖，並保護好雙手把位就可以避免掉許多風險。或許對方有可能會銜接到摔角常見的抓腿騎乘等取位，但下位者也應該要在對方進一步控制之前就發動逃脫策略，藉由做橋逃脫配合手肘防禦的動作就可以有效封阻對方的許多攻擊選項。

在實際對抗中，對手通常會從側向壓制銜接到反向袈裟固或騎態控制，但下位者只要冷靜觀察並採取適當的求生取位，就能有效抵發動逃脫。

我會將右手手肘抵住對方髖骨並藉由做橋的力量製造空間，記住在做橋過程中，手肘必須一直卡住對手髖部，避免對方超過防線來妨礙橋形的結構。

藉由做橋撐出的空間，我立即做蝦式向後縮髖退向左側，雙手手肘繼續抵住對手來維持雙方的間距。

接著我抬起右膝往上滑到蝦式後退所創造的空隙之中，卡住對方身體左側。

我將右腳繼續穿過到另一側，回復到開放式防禦的位置，接下來就是輪到我反制對手的時候。

8-6 摔角式壓制逃脫

在實際對抗中還是會遇到重視力量與攻擊性凌駕於技術之上的頑強對手，對方可能不會讓你順利的完成求生取位，雖然我並不認為這是好的柔術運動表現，但仍必須做好必要的應對策略。而這種風格的選手在側壓時最常採取強硬的摔角式的壓制方式（摔角規則必須徹底將對方雙肩壓在地面讀秒），對手會以下圈臂控制下位者外側手臂並搭配臉部壓制來增加側壓的威力，在高壓控制之下有效的逃脫方式，就是反過來利用被搶到把位的外側手帶動對方頭部偏離重心來製造逃脫空間，套一句傳統柔術常聽到的名言：頭往哪邊身體就會跟著走。

對方搶到側壓取位後，直接下圈臂固定外側手把位採取摔角式的壓制方式，如果不立即逃脫，對手很有可能會繼續搶攻手臂或頸部來完成降伏。

接下來的動作必需一氣呵成，我直接原地做橋撐起臀部並用被圈臂的左手臂推向對方臉部，藉由做橋與推臉瞬間的爆發力量，可以帶動對手頭部並讓他的身體偏離軸心，給我逃脫的機會。

3

在對方失去重心的一瞬間，我快速向後縮臀做蝦式，接著將右腳提膝塞到兩人間的空隙。

4

我繼續把膝蓋往內擠並帶動頭部轉動，讓身體開始回到防禦的位置。

5

最後我的身體角度轉回正面，進入開放式防禦取位。

9-0 浮固跑者式逃脫

在我所學的許多浮固 (knee-on-belly) 逃脫技巧中，跑者式逃脫是最實用的一種。基本上，跑者式逃脫可以避免掉浮固控制下大部分的勒頸或上肢關節技變化，更可以讓下位者盡快脫離對手膝蓋強大的壓力。如同前面所有的逃脫觀念，要能脫離對方的掌控，首先得要了解對方控制的目的。在浮固壓制中，下位者越急著想要推開，上位者只會讓膝蓋的壓迫越來越強，而且即使上位者不打算立刻進入降伏也可以輕鬆轉換回側向壓制。所以正面反抗浮固本來就是吃力不討好的選擇，這也是跑者式逃脫優勢，可以讓你在遠離對手的同時確保不會被對方降伏，避免和對手硬碰硬而以技巧取勝才是最符合柔術精神的戰略。

對方搶到浮固控制取位並完全控制住我的右半邊，基本上因為膝蓋的壓迫與疼痛感相當強烈，下位者很難直接往右轉去推開對手，這時必須保持冷靜盡快採取求生取位來發動逃脫。

為了避免轉向上位者反而會有被勒頸降伏的風險，我帶動身體往外側滾，雙手收好保護頭頸，並避免右手和對方手臂纏繞影響逃脫。

當轉到側面時，我身體蜷縮關上右腳大腿與右手手肘間的空隙，讓對方無法搶奪背後把位，完成跑者式的求生步驟。

當然我不可能在求生取位坐以待斃，我以左肩為支撐軸並推蹬腳趾，準備帶動身體翻轉回正面。

我藉由右腳低水平的弧線橫掃，讓身體可以跟著回到防禦位置。

回到正面後，利用雙腳和對方保持距離進入開放式防禦。

10-0 十字固定逃脫技巧

　　強壓式防禦 (stacking armbar defense，被搶到十字固定時抓住自己的手，把身體壓向對方來減輕關節壓力的方式) 是多數人學習十字固定逃脫的第一步。但由於十字固定的結構會因為上位者的取位不同有細微的差異，因此剛開始在練習強壓式防禦到逃脫的動作，務必放慢速度來體會各個角度的力量變化，藉由瞭解這些角度的不同，才能在對方突然轉換到十字固定時能有更好的即時反應，並能提升接下來逃脫的成功率。

對手(白衣)從防禦取位抓住我的右手發動十字固定，我立刻雙手相扣抵抗並將右膝抬離地面，這時我的重心還尚未往前壓迫處於半強壓的位置(semi-stack)。

這裡和傳統教學裡重心往對方頭部壓迫的強壓式防禦有些不同，我會把重心靠向我沒被控制的左手，相對是往對方腳掌的方向。

隨著我的帶動，你可以看到對方的身體轉向，使得他的雙腳越來越靠近。

對方的雙腳被壓到圖中的位置基本上已經無法繼續使用十字固定，我放開左手後繼續壓迫對手的左腳。

最後我把重心壓在對方腿上完成逃脫，順勢突破對方的防守取位。

圖解 10.0 十字固定的重心變化

對方雙腳完全垂直地面的角度是最適合十字固定的槓桿結構。

將對手雙腳壓到側面水平的位置，就無法形成十字固定應有的槓桿結構。

10-1 十字固定逃脫常見錯誤

試圖想要站起身

　　在柔術練習中會看到某些人在遇到十字固定時，會試圖站起身來避免被對方降伏，或者想從站姿的狀態下強壓對方，但在十字固定的結構中，對手下半身的重量已經與你的上半身產生一定的連結，所以通常強行站起的結果，只會消耗你的臂力讓對方更快完成降伏。

對方搶到我右手的十字固定後，我用左手扣住右手來抵抗對手的壓力。

我試圖想要起身來避免被對手降伏。

但在十字固定的結構下站起身只能稍微拖延一下時間，對手只需以逸待勞等待我的體力耗盡，就可以再次進行降伏。

過度往前強壓對手

　　強壓式防禦對於十字固定確實是有效的，但在我的教學經驗中，強壓成功的關鍵在於施力的角度與重心的分佈，如果過於往前傾向對方，反而會讓對手趁機控制下肢把位。

同樣地，當對方搶到十字固定把位後，我立刻扣住雙手抵抗並將身體往前強壓減輕壓力。

但由於我過度往前移動，讓對手順勢以下圈臂控制我左腳膝窩的把位來破壞我的重心平衡。

對方只要順著我往前強壓的力量，就可以輕鬆將我扳倒。

因為我失去重心，反而讓對手可以更快的完成十字固定的降伏。

10-2 十字固逃脫轉突破 1

　　在練習十字固定逃脫的過程中，通常會發現有機會可以順勢轉守為攻來突破對方的防禦 (Guard pass 突破或稱作越位)，當然在實戰中這種進攻機會也是稍縱即逝，所以下面我們會介紹如何在十字固定求生並逃脫後，立即積極搶攻突破對方防禦。在實戰中藉由快速的攻防轉換，可以避免對方再次回復防禦，並加快比賽節奏來制服對手。

當對方搶到我右手十字固定把位後，我立刻用左手扣住來抵抗壓迫。

我將重心往左側傾倒帶動對手的雙腳互相靠近。

將對手帶到側面後，我放開左手讓身體往前移動，用手臂對對方進行臉部壓制(cross-face)。

接著我繼續往前一大步把左腳跨過對方雙腿，並將髖部壓低讓對方無法逃脫。

最後我的右腳往前跟上，完全突破對手防禦，採取側向壓制控制對方。

10-3 十字固逃脫轉突破 2

這裡繼續介紹另一種十字固定逃脫後直接突破對方防禦的方式，這種轉換方式也適用於無道袍柔術。最大不同在於逃脫後增加了搶攻對方背側的選項，因此不只是側向壓制，控制背後位、勒頸或上肢關節技都可以作為攻擊選項。如果能與上一種逃脫轉突破交互使用，便能大大提升整體戰略的變化性，增加對手失去掌控後回復防禦的難度。

同樣地，對方搶到我右手的十字固定後，我將左手扣住右手抵抗，並提起右膝呈半跪姿維持平衡。

我向左側強壓，讓對方的雙腳併攏來破解十字固定的槓桿結構。

我鬆開左手並扶住對方小腿，將身體重心壓在對方的左腿上。

我將左手手臂往前伸過對方上半身進行臉部壓制，同時身體繼續往前讓髖部抵著對方左腿。

最後我抽出原本被控制的右手繞到對方背後，接下來我可以選擇要進行側向壓制，或者轉換到背後位的控制。

10-4 從地面逃脫十字固定

如果要從背部著地的情況下逃脫十字固定，就會相對吃力很多，在十字固定接近完成的情況下，對手會抵著你的三頭肌同時用上腳小腿壓制臉部，下位者會感覺到二頭肌強烈的拉扯，在這種不利的情況下，你只能盡量保持冷靜，研擬策略避免被對方降伏。對手的目的在於扯開你雙手扣住的防禦結構，並盡量將下位者的前臂往後拉扯，一個有效的十字固定結構關鍵在於拉伸下位者的前臂而非單純伸展肘關節，這點的差異將會是你逃脫十字固定的關鍵。

對方搶到十字固定把位後，將我壓向地面試圖完成降伏，我藉由雙手扣住來抵禦並爭取時間。

由於我知道對手必須將我的前臂往後拉扯才能完成十字固定的結構，我便將身體往左轉動並讓對方只能扣住我右手手肘的把位，因為手肘的力臂較短，對手無法輕易拉開我雙手相扣的結構。

同時我抬起頭並聳起右肩，來影響對方左腳小腿在臉部的壓制，這樣也能妨礙對手進行十字固定的順暢度。

確保上述的前置動作完成後，我鬆開左手去推開對方左腳腳踝。

我將對手的左腳繼續往上推到一定的高度後，右手便可抓住自己左手腕來增加結構強度。

雙手往上推的同時，我把下半身往左後方挪動到一個更容易推倒對手的角度。

繼續推動對方左腳，扳倒對方讓自己回到上位。

如圖中我將對手推到他雙腳併攏，就回到前面相同的十字固定逃脫位置。

我將右手伸直後，就可以輕鬆抽離對方雙腿完成逃脫。

11-0 三角勒逃脫轉突破

　　三角勒 (triangle attack) 在柔術中算是致命的降伏技巧之一，要搶到完整的三角勒把位，必須先完成破勢，把對方控制到雙腳可以繞過肩頸兩側的位置，最後用自己的大腿內側與對方的手臂壓迫他兩側的頸動脈。但反過來對我而言，只要不讓對方搶到好的角度、保護好手臂把位與適當的求生取位就能夠降低被三角勒降伏的機率，在求生與逃脫之後再順勢突破防禦反制。

對方搶到三角勒的控制把位，將我的身體重心往前拉倒。

我將身體往左轉避免被對方破勢，同時將右膝往前卡住對方左腳髖部，接著將右肘與右膝蓋靠攏確實卡住對方左大腿，到這裡我的身體面向會和對方互相垂直。

接著我將身體往右側強壓對方雙腳，破壞三角勒的結構來準備開始逃脫。

我將右腳往後撤，同時身體繼續往對方身上壓迫，以擰轉的方式拖開對方雙腳的控制，對方在這個姿勢下很難靠下肢的力量抵抗我身體重心轉動的力矩優勢。

最後我抽開被控制的右手，順勢進入側向壓制完成逃脫。

11-1 三角勒逃脫常見錯誤

扣住對方膝蓋

　　初學者被抓到三角勒把位時，情急之下容易抱著對方膝蓋，但基本上手臂和腿部的肌力差距較大，這樣的防禦只能拖延時間，最後還是會被對手破勢完成降伏。

試圖直接抽出手臂

　　初學者常見的另一個反應，就是想要直接往後抽出手臂和頭部脫離控制，但在三角勒的結構下，對方是用雙手雙腳加上身體往後躺的重心來控制我的把位，基本上正面抵抗很難奏效，反而會讓對方更容易施加壓力完成降伏。

直接往前強壓

　　雖然你可能會覺得把身體往前壓迫對方，可以讓對手無法出力降伏，但這種做法除了爭取時間之外並無法有效破壞三角勒的結構。腿部比例較長或較有經驗的對手，還是可以慢慢調整到好的角度執行降伏。

逃脫時轉錯方向

　　霸凌式突破 (bully pass，用手抓住對方對側衣領轉到側面突破防禦的方式) 是身材高大選手常用來破解對手開放式防禦或三角勒的方式，但由於身體是朝著被控制手的另一側轉動，有可能會在過程中讓三角勒的結構越來越緊，所以我個人並不建議在實戰中使用這種方式逃脫。

12-0 基本斷頭台逃脫方式

　　基本斷頭台 (Guillotine) 是屬於結構相對簡單卻威力強大的降伏技巧，也是許多初學者與一般柔術比賽中常見的招式，所以一定要相當熟悉破解與逃脫的方式。我個人對抗斷頭台與其他類似降伏技巧的主要策略，就是翻轉髖部來破壞對手控制結構，熟練髖部翻轉的動作，來讓自己移動到相對安全的角度並順勢發動逃脫與突破。

1

我被對方以基本的斷頭台控制，但這時我的雙手都還是可以自由活動。

2

現在的首要目標是設法減輕勒頸的壓力，我用左手抓住對方右手拉往胸口爭取頸部空隙，同時將下巴往下好保護頸動脈，並把右手從上方繞過對手左肩抓住道服，這樣一來可以讓自己暫時免於被勒頸降伏的危機。

3

接著我掂起腳尖將臀部推高，用右肩壓向對手的喉部。

4

我將左腿往後撩過右腳帶動髖部翻轉，同時借助身體轉動的力量把對方勒頸的手臂往上方以一個弧線軌跡拉開。

我持續移動身體，讓扭轉對方的腰椎到對手雙腳無法繼續防禦的角度，接著我將右腳往後跨，讓身體搶到對方側面的位置。

我將雙腳移動回穩定的位置，確實控制對手側面。

但在這個取位下，對方還是可以繼續控制我的頸部，所以我用右手前臂尺骨堅硬的部分切向對手的氣管加壓。

對手因為氣管立即性的威脅，只能先選擇放開手臂抵禦，我在頭頸部回復自由後，立刻穩固側向壓制完成逃脫。

12-1 圈臂斷頭台逃脫方式

　　隨著柔術技巧提升，基本上不會讓對方輕易用基本的斷頭台完成降伏，而這時候就要介紹改良版的圈臂斷頭台 (arm-in guillotine)，許多知名的柔術家如 Renzo Gracie 都非常擅長使用圈臂斷頭台。雖然在逃脫上必須做出變化，但也是有方法可以避免對方在第一時間完成降伏，因為對方會需要有足夠的空間往後躺平身體來壓迫你的頸部，這時如果利用被圈臂控制的手卡住對方的髖關節，就可以爭取時間並製造逃脫的空間與機會，和基本斷頭台相比，逃脫的難度並不會提升太多。

對手搶到斷頭台把位後，用左手圈臂控制我的右手來增加穩定度。

我用左手抓住對方勒頸控制的前臂來減輕頸動脈壓力，拉開空隙後收好下巴保護頸部的弱點。

我將被圈臂控制的右手夾著對方大腿，同時將身體重心往前往右擰轉，藉此慢慢掙脫對方雙腳開放式防禦的控制。

斷頭台逃脫

4

我的身體持續翻轉撐開對方雙腿包夾後，將左腳跨過對方雙腳往後踩。

5

接著我的右腳跟著左腳往後，讓身體繼續翻轉，讓頭部漸漸脫離掌控。

6

完成逃脫後，立刻銜接到側向壓制控制對方。

13-0 腳鎖逃脫單人演練

　　單人演練的目的是讓你先熟悉腳鎖逃脫 (footlock escape) 身體的翻轉動作，和前面所有的單人演練一樣，在進入雙人練習前，務必先熟練左右兩邊的單人逃脫動作。

起始動作，上半身先躺在地面，舉起右腳模擬被腳鎖固定的姿勢。

藉由左腳推蹬的力量，我向左邊做一個小範圍的蝦式動作，同時將右腳腳尖方向轉到右邊模擬逃脫抽腿的動作。

右腳抽離放到地面後，立即回到開放式防禦的位置。

13-1 開放式防禦下的腳鎖逃脫

　　隨著你的防禦技巧進步，對手在難以突破的情況下，很有可能會直接選擇腳鎖降伏，所以你也必須隨時警惕對方可能做的變招。腳鎖逃脫的關鍵是在於快速改變腳踝的方向，當對方身體重心往後固定腳踝時，就可以順勢抽離對方手臂的控制。這類型的逃脫方式比起去抓握或抵抗對方要來得輕鬆且有效率，而關鍵就在於理解對方控制技巧的目的與結構。

對手因為無法突破我的防禦，所以抓住我的左腳試圖做腳鎖降伏。

我會在對方重心往後固定腳踝之前，以左肩為支點做橋並向右側做一個小範圍的蝦式移動。

藉由蝦式的移動，讓我的左腳腳尖轉向外側。

此時對方也正好將重心往後，準備施壓完成腳鎖降伏。

因為我先將腳掌轉向外側，在對方往後的同時，我便可以順勢抽出腳掌。

最後將左腳收向胸口完成逃脫，接著便輪到我反擊的時刻。

14-0 半防禦下的木村鎖逃脫

　　木村鎖 (Kimura armlock，或稱作腕緘，日文音譯 Ude Garame) 是在半防禦狀態下非常常見且實用的降伏技巧，源自於日本柔道大師木村政彥與 Helio Gracie 的經典之戰所使用過的招式。對手要搶到木村鎖把位，會需要設法壓低你的身體重心，並將你的其中一隻手臂拉開一定的空間，如果達成上述的條件就有很高的機會可以完成降伏。但反過來說，要抵抗並逃脫木村鎖，你就必須維持較高的姿勢並保護手臂的把位，只要能讓對方無法順利進入降伏階段，就能創造自己逃脫與反擊的機會。

對手(白衣)在半防禦的姿勢下搶到我的左手做木村鎖的控制，我立即用左手扣住腰帶做抵抗爭取時間。

我設法挺高上半身將對方也連帶拉高，對方在這個角度下就不容易完成木村鎖的降伏。

接著我將右手往下扣住左手反拉，同樣以木村鎖控制對方，這時如果對方不鬆手變招將會被我反制。

14-1 木村鎖逃脫轉十字固取位

　　有時候會遇到較為頑強的對手，即便被反制到肩關節接近脫臼，也不願意鬆開原本搶到的木村鎖把位，但對我來說在這種硬碰硬的情況下，也可以選擇變招完成降伏，同時避免對手受重傷。其中一種方式就是轉換到十字固定的控制取位，這種方式相對可以搶到更省力且有效的力矩優勢來繼續降伏對手。

同樣的情境，當對手(白衣)在半防禦姿勢下搶到木村鎖把位時，我用左手扣住腰帶來避免自己第一時間被對方降伏。

我將重心壓到左側迫使對方也轉到右側躺的位置，同時右手撐住對方髖部作為一個支撐點。

藉由右手的支撐，我將膝蓋往上抬，讓身體轉到可以順勢抽出右腳的位置。

當右腳脫離對方半防禦的包夾後，我將左腳繞過對方頭部踩到對手另一側。

接著我讓左腳脛骨抵住對方腋下，同時右腳跨在對方頭部的位置，這時我已經從原本木村鎖的把位轉換到可以往後進行十字固定的取位。

圖解 14.1 右手支撐的重點

如圖中示範的動作，我將右手撐在對方的髖骨上方。這裡要特別注意手的力量並不是去推動或拉扯對方，而是將對手固定在現在的位置，並藉由手臂作為支撐點來改變自己的姿勢。

接著藉由整個身體的帶動，我可以輕鬆的把右膝拉出對方防禦的掌控。如果我是用右手去推動對方就會變成用臂力和對方雙腿的力量抗衡，所以右手支撐固定的用意就在這裡，讓對手可以暫時維持在原點，讓我的軀幹更容易發力。

紫帶階段的最後試煉：防禦技術

面對迎面而來的百萬滾石，閃過它絕對比扛住它更簡單。

永遠是你自己選擇陷入難關，而不是難關找上你，

多數人的痛苦來自於自己選擇背負了不必要的重擔。

藤平光一 日本著名合氣道大師

一、防禦在柔術的真正目的

防禦取位是你在遭遇任何差錯時最安全的中繼站，也是你縱觀局勢研擬策略的重要取位，更是所有柔術家都應該精練的重要技巧。防禦取位的安全性建立在它結合了求生、逃脫與降伏的技巧元素，完整的防禦取位必須同時展現這些元素的觀念，並增加各種取位與技巧轉換的可能性，如此一來才能讓對方無法輕易進行突破，而這也是防禦技術最獨特的地方。

舉例來說，將求生觀念帶入你的防禦取位中，會讓對方更難有效進行突破或降伏，其中最關鍵的一點就在於保持雙方安全的距離，而最常見的方式就是借助雙腳的力量牽制或推開對手，製造出足夠的攻防轉換與反應空間。

而逃脫觀念在防禦取位中最常見的應用就是蝦式縮髖的動作，如果你的防禦取位沒有搭配蝦式動作來調整角度與移動，在有經驗的對手看來就是形同虛設，即便再複雜的防禦結構都會有可以突破的弱邊。因此在對方不斷尋求破

口的情況下，你也必須持續調整防禦的取位角度來因應，藉由熟練的蝦式動作才能提高防禦的反應速度。

理解防禦技術也能大幅提升你的進攻能力，不論是降伏或是絆摔技巧，都需要將對方帶入自己的攻擊節奏中，藉由虛實交替的降伏與絆摔攻勢來誘導出對手在防禦上的破口，最後在萬全準備之下給予最致命的一擊。

二、防禦也可以很主動

好的防禦取位除了保護自身安全之外，更要做到足以影響對手攻擊節奏的效果。藉由各種角度位置的調整，讓對手永遠抓不到最好出手突破的時機，如此便能限縮對方的攻擊選項，更容易預測對手的反應，讓比賽跟隨自己的步調，設法創造出可以讓自己掌控比賽的絕佳角度。舉例來說，當你在對抗中採取守勢時，如果正面面對對方等待對手的攻擊，便給了對方左右兩側的攻擊選項，但如果你主動將其中一

側偏向對方，反而更容易限制對方的攻擊選項，防守者就只需要專注在對方出手的時機並作出反應，相對就更容易預測對方的行動，所以取位的角度是防禦成功與否的重要關鍵。

當你進入防禦取位時，很關鍵的一點是必須把這個取位當成是反擊的起點，如果再退下去就只剩被對方降伏的結局。而既然自己已經退無可退，又何必死守等待對方突破？這樣其實非常矛盾，試著創造出更主動積極的防禦取位，當你嗅到對方突破的意圖時，不妨大膽的直接轉守為攻，讓自己搶到更好的優勢，即便在守勢也要設法主導比賽的節奏。

三、越推越糟的安全距離

柔術對抗中，雙方的距離是影響防禦成效的重要因素。好的距離必須靠適當的身體移動來

攝影：Catarina Monnier

Gabrielle Bermudez 向學生示範如何不靠手臂推擠來維持適當的防禦距離。

維持，但許多人會直覺地依賴雙手推擠來試圖控制距離，結果往往都是適得其反。因為在對抗中推擠的反作用力會使防守者固定在原地，反而限制了身體移動的角度。

舉一個簡單的暖身動作為例，試著將背部躺平在地上，雙手伸直去抵抗對方體重的壓迫，在這種情況下同時做蝦式縮髖的動作來移動身體，你會發現當對方的體重透過雙手傳遞將你固定在地面時，蝦式的移動會變得非常吃力，

畢竟你必須乘載自己與對方的體重，同時克服道袍與地面的摩擦力才能產生位移，所以絕對不要過度依賴自己的臂力，試著靈活的運用髖部移動軀幹來搶到更好的防守距離。

四、多嘗試開放式防禦

當我在教導防禦技術時，比起全防禦 (closed guard) 我更重視學生在開放式防禦 (open guard) 的技術表現。因為全防禦的狀態相對容易給人安全感，所以初中階的選手很常會被動地死守在全防禦的狀態，想要避免被突破越位的風險。但勝利從來不會在毫無風險的情況下取得，競技運動中更是如此，如果滿足於安逸的現況，就很難得到真正的成長。

當然我也不會否定全防禦的優勢與效果，但它同時也限縮了防守者的視野與選擇，而在開放式防禦下雖然有更多的風險與變數，卻能讓防守者有更多自由發揮的空間。所以在柔術學習階段中，我認為讓自己主動暴露在開放式防禦的情境中，可以創造更多歷練的機會。或許會時常有被突破降伏的時候，但這些都會是非常寶貴的經驗，隨著開放式防禦的技術精進，再加入全防禦的概念，就能讓你的整體守備策略更加完備。

柔術小檔案 3.0

防禦的極致表現——Rafael Lovato Jr.

照片：Rafael Lovato, Jr.

當我看到 Rafael Lovato Jr. 在競賽中的防禦表現時，我看到的是自律訓練所淬煉出的極致展現。或許多數觀眾不能體會他背後所投入心血與努力，但他的防禦技巧絕對是高階柔術競賽中的典範，得利於強大的求生與逃脫功力，造就出 Rafael 固若金湯的堅實防線。我曾經看過數場 Rafael 與世界頂尖柔術家的對決，其中多數的比賽對手甚至連一次的突破都沒有達成，而當情勢轉換到 Rafael 反擊時，他也展現出不亞於防禦的攻擊策略，攻防技巧的轉換也同樣地渾然天成，觀賞 Rafael 的防禦戰就像是在欣賞一場行雲流水的足球比賽，當然如果 Rafael 的動作越流暢，他的對手的處境就越艱難。

五、找到自己最適合的防禦取位

在接下來的章節會學到許多不同種類的防禦取位，在有了一定程度的熟練度之後，依照各人不同的柔術風格、柔軟度或身材比例，會開始找到特別適合自己的防禦取位。柔術比賽中的流暢性來自於各種取位之間的轉換節奏，不管是防禦、求生、逃脫或降伏都會有自己做起來特別流暢的幾種組合，試著在平時練習中盡量嘗試，從最簡單的逃脫轉防禦或求生轉逃脫等去一步步完成連結。

以我個人為例，雙手保護衣領採取坐式防禦 (Sit-Up Guard) 是我最自然的防禦取位，自然到我可以想像自己維持這個取位撐完整場比賽，或者看場電影跟人聊聊天的程度，這就是我在所有柔術動作中最放鬆的姿勢。如果一個防禦取位做起來很費力或彆扭，就代表你還不能把它做為你在對抗中稍緩節奏的轉換位置，所以試著去找到可以讓自己輕鬆完成防禦工作的絕佳方式。

好的防禦取位必須具備流動性，以我的坐式防禦為例，我可以從坐式防禦銜接到全防禦、X 型防禦、蝴蝶防禦等所有我想得到的防禦取位，這還不包括其他絆摔、逃脫、降伏與求生

的技巧轉換。所以一旦我進入坐式防禦，就能很自然的啟動接下來一連串的變招，這也是柔術防禦中最迷人的地方，因此你必須在練習中不斷嘗試，來發掘自己最適合的防禦取位。

在我的防禦理念中，我會去思考對方這時想要的是什麼，當我確保了自身的安全後，我會給予對手特定的攻擊選項，讓他認為自己掌握了比賽的發球權，但整體的節奏還是留在我的手中，能以最放鬆的方式完成防禦取位以逸待勞，在從容中展現出絕對的自信。

六、不要排斥任何防禦取位

找到自己適合的防禦取位，可以讓你的柔術更加行雲流水，但也不要排斥使用其他取位的機會。我在非賽季時很喜歡嘗試各種不同的防禦取位，因為比賽求勝對我來說已不再是唯一目標，我可以更加投入與享受柔術防禦的變化與多樣性，從中發現我長期忽略的盲點，同時對於不是以比賽為目標的柔術學習者來說，這才是真正可以體會柔術樂趣的時刻。

有時我也會告訴學生：「今天你模仿 Pe De Pano、你模仿 Shaolin 還有你模仿 Marcelo Garcia，試著學習這幾位名柔術家的風格」

我會試圖讓學生在某些時候跳脫自己習慣的舒適圈，藉由模仿名家風格來得到新的收穫，所有的防禦技巧彼此間都有可以互相借鏡的細節。如果我鑽研了很久的蝴蝶防禦遇到瓶頸，可能在偶爾練習蜘蛛防禦或半防禦時就得到不一樣的啟發，所以精熟一項技術固然是成長的關鍵，但也不要去排斥自己不是那麼熟悉的技巧，這樣才能在柔術學習上不斷突破。

七、練習防禦取位的方法

讓學生體會真正防禦技術最好的方式就是約束訓練，藉由限制某些動作來讓他們理解並發現這個動作的重要性與意義。例如限制學生使用髖關節，他們就會發現自己的下肢不容易發力；如果不讓他們移動髖部，他們會發現自己無法搶到好的取位角度，如此一來就能讓他們理解運用髖關節的重要性。反過來說，初學者最常做的防禦錯誤就是過度使用手腳的推擠，一旦有推擠動作，就會讓自己失去移動的靈活性，而約束訓練可以幫助改善這個壞習慣。

例如我會讓約束學生雙手扣住腰帶做練習，這樣他們就得強迫運用軀幹與髖部移動的力量去完成各種防禦取位的轉換，可以在不依賴雙手的情況下確實做好滾翻與側向移動，體會何謂柔術防禦的流動性。過度依賴雙手去推擠或拉扯是許多人的通病，如果不能及早改正這個習慣，將會影響柔術學習的進展。

在白帶階段，由於學生尚未養成其他不良習慣，這時候就是避免他們過度依賴手臂推擠的最好時機。基本上，我會從很早就要求學生做手扣腰帶的防禦練習，所以白帶學生必須從一開始就學習如何使用軀幹與髖部移動來完成防禦與求生，之後當他們加入手部動作時，就不會有過度依賴的問題。而手臂真正的使用時機，應該著重在攻擊動作，這在之後的章節會詳加探討。

實用防禦小秘訣

- 維持敵我間的安全距離 － 在柔術對抗中控制與對手間的距離，是左右局面的重要關鍵。例如當對方往前壓迫時抵住對手的髖部；當對方試圖逃脫時雙腳扣住對方抑或是在攻擊與降伏時先破勢再搶到好的出手位置，這些都仰賴你對雙方距離的敏銳度。

- 限縮對方的攻擊選項，調整防禦取位的角度，讓對方只能從特定的方向發動攻擊。

- 不要讓對手從正面突破你的膝蓋，在防禦取位中，膝蓋是下肢的最後一道防線。

- 善用髖關節移動的技巧，防禦的靈活度取決與你是否能順暢地側向移動髖部。

八、紫帶階段的防禦任務

你會從白帶階段就開始接觸防禦技巧，但通常會等到紫帶的時候才會開始逐步落實這些防禦概念。你會開始學習如何完整連結防禦取位與絆摔、反制、逃脫與降伏等技巧，開始對整個柔術的防禦戰有更深的了解。當然也不是說防禦在藍帶與白帶中派不上用場，差別在於每個階段重視的課題與目標不盡相同，所以試著專注於自己當下所有的學習與體會。

而要能在紫帶階段開始全力專注於防禦技巧，最重要的基礎就是建立在先前白帶與藍帶時學習的求生與逃脫能力，有了前面的基礎才能幫助你循序漸進地培養出足夠的自信，再繼續往更複雜的防禦概念去延伸學習，所以為了建立強大的防禦實力，前面基礎與努力絕對是不可或缺的。

A. 面對跪姿對手的全防禦

　　全防禦 (closed guard 或稱封閉式防禦) 是將跪姿對手限制在較小攻防範圍所使用的防禦方式，配合雙腳控制對方來拉近距離。在全防禦的狀態下，會有很多可以發動上肢關節技與勒頸的機會，同時有可以藉由控制對方手臂與頭頸來進行破勢。全防禦的主要目的就在於避免對手起身，同時讓自己可以在近距離下發動攻勢。當然為了避免你過度依賴全防禦的威力，我在這裏也提供一些不同的見解。

　　雖然全防禦確實是對抗中必備的防禦取位，但正因為它的威力，容易讓許多人忽略了開放式防禦的學習，影響整體防禦策略的發展。絕對沒有任何一位柔術家只依賴全防禦就能完成所有比賽，最終你還是需要開放式防禦的能力作為平衡，所以試著把全防禦練就成你的防身利器，而不是唯一的殺手鐧。

15-0　全防禦搭配纏手動作

　　在全防禦的攻防戰中，設法讓對手破勢是你的首要目的，在對方失去穩定的情況下，才能提高降伏或控制的成功率。其中纏手 (arm wrap) 動作是全防禦中經常使用的控制技巧，下面會介紹如何搭配一系列動作，讓對方破勢並將他困在有利進攻的角度，藉由自身體重把對手往前拉向自己，使他無法往後逃脫。破勢是對抗中相當重要的前置動作，務必學習如何運用自己的重心與對方產生連結，來讓攻擊節奏更連貫。

圖中我(藍衣)將對手(白衣)困在全防禦取位中，用右手扣著他的對側衣領，並用左手扣住對方右肘的位置，藉由這兩個連接點來控制對方身體右側重心。

將對方往前朝我的身體左側拉動，對手為了維持重心會將雙手撐向地面。

3

我的右手繼續強拉對方衣領，同時左手纏住對方手臂控制腋下空隙，收好手肘夾住對方，同時將右手拉向胸前。

4

扣住對方後，我往後靠在身體右側，接下來準備轉守為攻。

5

為了搶到更好的攻擊角度，我放下左腳踩住地墊往左後做蝦式，同時右手去抵住對方左手肘關節，藉由蝦式動作與右手卡位的空間，我將右腳往後抽到對方左手內側，並用腳掌抵住對方的髖關節。

6

將右腳固定之後，我的左腳也往上踩住對手另一側的髖部，將對方完全固定在我的纏手控制範圍內，在這個位置下便可繼續發動許多降伏技巧。

圖解 15.0 卡位動作細節

圖5中用右手主動卡住對方左手的動作非常關鍵，最主要是避免對方往前試圖控制我空出的右手，這樣他就有機會突破我的防禦搶回主控權。這個道理和避免臉部壓制的方式相同，我用右手的前臂與手掌將對方的左手卡在在外側，最主要是靈活的跟著對方的肘關節移動。這裏並不需要刻意把對方的手往後或往下推，因為這樣會變成硬碰硬的蠻力比賽，只要適當的控制對方手肘的方向就可以化解他的攻勢，而對方如果一直無法搶回把位，最後也只能選擇放棄先收手自保。

15-1 纏手控制轉肘關節技單人練習

在練習直臂肘關節技 (straight armlock) 時，初學者最常犯的錯誤就是尚未取得好的角度就急著壓制對方手肘，導致沒有借助到軀幹延伸的力量，只用臂力去做壓制動作。我在教學時也總是反覆強調：多數的柔術技巧都必須借助全身性的發力協調來完成，而非只依賴臂力壓制對手。因此這裡建議初學者先熟練以下的單人練習動作，等有足夠的身體協調後在進階到雙人對練的情境。

模擬自己搶到纏手控制的位置，假設自己用右手纏住對方手臂，左手抵住對方頸部做勒頸控制。

我將身體靠向左側，手肘靠住地面模擬用左手扣住對方衣領做襟勒的控制。

接著右腳膝蓋往下推，同時身體與頭部往左後延伸，模擬用身體完成肘關節技壓制的姿勢。

15-2 纏手控制轉肘關節技

熟練了上面的單人練習動作後，就可以選擇加上幾個連接動作來完成一氣呵成的連續攻勢。常見的肘關節技或勒頸都可以作為纏手控制的連接動作，同時這些連接動作也可以直接進入降伏階段，能確實對對方造成威脅。下面會演練從全防禦銜接纏手控制，轉換到肘關節技的連續動作。

圖中我(藍衣)採取全防禦時，對方(白衣)雙手壓在我的胸口牽制我的活動，我將左手伸到對側抓住對方右手衣袖，同時右手穿到對方左手肘後面。

我扣住對方衣袖將對手往前破勢，同時右手穿過對方左手下的空隙，讓整隻右臂搶到對方左手內側。

3

我的左手繞過頭頂持續把對方的左手拉過我右肩的高度，讓我的右手可以接著從上方繞過纏住對方左臂。

4

我用左手控制住對方左臂直到右手完成纏手控制的動作，右手繞過對方手臂後繼續伸到對方衣領的位置。

5

我的右腳踩著地面往右側做蝦式調整到較好的攻擊角度，確定纏住對方左臂後，左手就可以放開衣袖。

6

調整好角度後，右腳踩上對方的髖部，同時左手抓住對方左邊衣領做單邊的襟勒控制對方頸部。

7

接下來準備進入最後階段，我將右膝靠向右肘一起對對方左肘關節施加壓力，同時我的左手靠住地面加強襟勒的控制，接下來就看對手如何掙扎或防禦，基本上到這個階段幾乎已經可以完成降伏。

15-3 全防禦搭配上下環抱控制

　　我在學生時期擅長像蟒蛇一般慢慢絞殺對手的柔術風格，其中上下環抱 (overwrap) 的控制技巧就非常符合我的需求。我可以藉由上下環抱讓對方破勢，並將對手的上半身固定在我的胸口位置，搭配全防禦的取位，我便可以配合雙腳與體重來搶到更好的攻擊角度使用降伏技巧。如果你想更全面的控制對方軀幹，全防禦搭配上下環抱的控制就是很好的選擇。

1. 我(藍衣)採取全防禦牽制對方(白衣)，對手將雙手撐在我的胸口維持重心穩定，同時避免我直接起身。

2. 為了使對方破勢，我將右手繞過對方左臂鑽向腋下的空隙。

3. 只要我能將右手穿過對方手肘繞到頸後的位置，我就有機會順勢坐起身並將左手繞過對方右肩上方到背後和右手匯合形成環抱動作。

4. 我用右手扣住左手腕固定後，便可以將軀幹往後倒回地面，將對方重心往前破勢拉到胸口位置。

5

為了搶到好的攻擊角度，我將右腳踩住榻榻米做蝦式動作縮髖往右側移動。

6

最後我將雙腳踩住對方髖部後，膝蓋往內夾住對手來加強控制的穩定性。

15-4 上下環抱轉背後位

　　延續上面的動作，當你以上下環抱的方式控制對方後，便可接著轉到背後位做進一步的威脅。我看過 Rickson Gracie 使用這組連接動作不下百次，而且每次都會被他流暢的轉換技巧所震懾，當然整組動作不單只是繞過手臂爬到對方背後那麼容易，最關鍵的是四肢與軀幹之間配合的協調性。透過下面連續動作的練習，來增進自己整體取位轉換的流暢度。

1

承接上面的動作，我(藍衣)以上下環抱控制住對方(白衣)後，將雙腳踩在他的髖部位置準備翻轉到背後位。

2

這時我得先設法避開對方左手在我頸部的卡位，我將右腳往下伸展維持平衡，右肩往上抵住對方左手肘，同時頭向左轉看向遠處，藉由肩膀的推動與臉部方向改變，讓對方的左手滑到我的內側。

繞過對方左手後，我鬆開右手並踩住右腳，左手繼續扣住對方右肩並將上半身與頭部貼著他的左側持續控制他。

我藉住右腳推蹬的力量向右邊做蝦式，移動臀部到右側後坐起身，右手繞過對方背後扣在髖關節的位置避免對方側滾逃脫。

我的髖部繼續往右側移動將左腳膝蓋抽離對手下方，右腳往後繞過讓自己搶到對方背後，這時我已經進入對方背後的控制取位，可以接著銜接其他降伏技巧。

圖解 15.4 髖部移動的重點

在我的教學經驗中，很常看到學生或高階的柔術選手在將髖部抽離對手身體下方時遇到困難，通常最主要的錯誤是因為學生試圖想用右手扣住對方的力量讓自己翻身坐起 (圖 1)，但右手主要的功能是卡住對方的髖部，避免他向側邊滾開逃脫，正確的做法是趁對方被你的右手影響重心時，藉由蝦式縮髖的動作將下半身脫離對方身體下方 (圖 2)，接下來只要將左膝抽離到外側就可以讓髖部自由活動 (圖 3)，貼著對方的身體繞到背後搶到上位控制對手。

15-5 剪式絆摔 / 膝盾防禦

　　隨著你的技術進步，對手也會開始提防前面的纏手或環抱技巧，雙手撐在你的胸口積極避免自己被破勢，這時你就需要進一步運用對手的防禦心態搭配使用膝盾 (knee shield) 或剪式絆摔 (scissor sweep) 來破壞對方策略。基本上面對採取積極防禦或拖延戰術的對手，在全防禦配合膝盾或剪式動作，可以進一步破壞節奏來搶到降伏或掃腿翻身的機會。

我(藍衣)以全防禦牽制對方(白衣)，右手抓住對側衣領同時左手拉住對方右邊衣袖，對方雙手撐在我的胸口避免我起身回到坐姿。

我將雙腳踩住地面，用大腿內側限制對方移動。

我用右腳推蹬地面往右側做蝦式，左腳順勢伸直搶到剪式絆摔的位置。

接著我將右膝穿到對方左手內側，腳掌踩住對方髖部撐開一定的距離，將右腳脛骨隔在雙方之間做卡位抵抗對方的重量，這就是膝盾的防禦動作。

圖解 15.5 膝盾角度的重點

運用膝盾防禦時要注意，必須將防禦腳的膝蓋盡量朝向上方，同時也要避免兩腳膝蓋併攏，如果你面對實戰經驗豐富的對手，只要有任何一秒將膝蓋靠近朝向水平方向 (圖 1)，對方都有機會運用體重壓迫你的雙腳，然後順勢突破防禦 (圖 2)。在雙腳被對方壓制的情況下逃脫的難度就會大大提高，所以在進行膝盾防禦時，務必特別注意分開雙腳膝蓋的角度來確保防禦的效果。

15-6 基本十字固定

　　基本十字固定 (classic armbar) 是全防禦狀態下經常使用的連接降伏技巧。雖然十字固定的種類與連接變化日新月異，但都是從下面這一系列最基本的組合動作去做延伸發想。十字固定的基本槓桿結構是以髖關節作為支點，在對方的手腕也就是力臂的遠端施力，讓力矩的扭力傳遞到手臂結構的弱點，也就是肘關節的位置來造成劇痛，而將頭部轉向對手身體方向；用腳踩著對手髖部做軸心扭轉或利用腿部的重量等技巧，都是為了加強固定降伏的效果。當然所有的動作連結都需要大量反覆練習，能在對抗中不假思索地快速到位。這裡我也很推薦學生參考 Roger Gracie 與 Xande Ribeiro 這兩位柔術家在高階柔術競賽中的基本動作展現。

我(藍衣)運用全防禦的取位牽制住對手。

我的左手扣住對方右手前臂，右手往對側對方右手肘關節的位置，雙手以相反的方向上下鉗住對方的右手後左腳踩住對方右邊髖部。

我推蹬左腳使對方破勢，並讓身體在地面轉動使頭部往對方左膝的方向靠近，在這個角度下，我將右腳滑上對方左邊腋下的空間隨後腳跟用力往下，藉由右腳這一連貫的弧線擺動將對方往他的右側扳倒。

在對方倒向右側後，我便接著往上跨到他的側臉上，雙腳膝蓋內夾完成十字固定的控制，雙腿用力往下，同時雙手扣住對方手腕往後延伸，用髖部位置壓迫對方的肘關節進入降伏階段。

15-7 十字固定轉十字勒頸

接下來介紹的十字勒頸也是全防禦狀態下非常實用的連續追擊技巧。十字固定與十字勒頸的優勢，在於可同樣在全防禦姿勢下以相同的把位互相切換。如果對手在第一時間防住十字固定的攻勢，你便可以立刻轉換到十字勒頸做追擊。反過來如果對方專注提防十字勒頸的攻勢，你也可以再轉換回十字固定的把位，在全防禦取位下熟練這兩種降伏技巧間的流暢切換，便可以讓對手防不勝防。

對方(白衣)在我的全防禦牽制下，雙手撐住我的胸口抵禦。

為了讓右手搶到對側衣領，我將右手繞到對方左手肘內側取得較好的攻擊動線，注意！如果我從對方手肘外側去抓對側衣領，對手可以很輕易的將我的右手格擋在外圍。

右手搶到內側後，直接往上扣住對方對側衣領，同時左手抓住對方右手肘的位置，在接下來的動作中，右手都會一直抓住衣領把位，所以必須確保過程中手指完全固定。

我用左腳踩住對方髖部，膝蓋往內加強固定效果。

我藉由左腳推蹬的力量讓上半身轉動，使頭部往對方左膝靠近，從這個角度下，我的右腳順勢跨到對方背上。注意！左腳推蹬的力量可以抬起自己的臀部，讓右腳可以確實往上控制對方腋下的空間。

接著我將左腳往上跨到對方側臉的位置，左手扣住對方右手手腕同時雙腿用力往下壓住對方，以髖部為支點對對方的肘關節施壓，將對方手肘延伸進入十字固定的降伏動作，這些動作必須反覆練習到可以流暢到位。

對方會將重心往前，抵抗我雙腿往下的力量以避免被十字固定降伏。這時我並不需要和對手硬碰硬，我將左腳踩回髖部的位置，運用對方往前的慣性將對手往前拉，同時左手扣住對手左側靠近頸動脈附近的道服衣領，配合右手原本控制的衣領把位，讓雙手手肘往內靠近，轉換到十字勒頸的動作繼續降伏對手。

15-8 布拉伯勒頸

　　布拉伯勒頸 (Brabo choke) 是由我的好友 Leo Vieria 發想的降伏技術，其巧妙之處在於運用對方的防禦習慣進行反制。而要做到這點，你必須先在各種勒頸降伏技巧都累積一定的實力，當你的勒頸越有殺傷力，對手就越會小心防禦抵抗，而對手試圖抵抗的瞬間就是使用布拉伯勒頸最好的時機。在策略上的優點，在於你不需要刻意把第一波攻勢當作假動作，而可以在第一時間降伏對手，或者在對方即時抵抗時，再轉換到布拉伯勒頸作為自己的備案。

我(藍衣)將對手困在全防禦取位中，並用右手抓住對側衣領。

當我試圖用左手扣住另一側衣領發動十字勒時，對方即時用左手阻擋我的攻勢。

當對手扣著我的左手時，我將右腳踩著他的髖部，用大腿內側抵住他的左臂，這樣可以暫時限制住對方的行動。

同時我快速用左手反扣住對方左臂後側三頭肌遠端的位置，配合右腳往內的力量，一起將對方左手扯向他的右側。

我將對手手肘拉直並扯到超過他身體中線的位置，這時我便可以將右腳往上移動跨到對方背部。

在對手已經徹底向前破勢的情況下，我用右腳固定對方，放開他的左臂，用左手扣住對方頸後的位置往身上壓，配合右手拉著衣領的力量轉換到布拉伯勒頸的降伏取位。

圖解 15.8 扣住衣領的小技巧

柔術中會有許多需要控制衣領的把位，為了增加控制的穩定與威脅性，你抓的位置必須盡可能靠近頸部深處的衣領。當然在練習或比賽中很難一出手就直接扣到最好的位置，所以這裡提供一個小技巧，先用其中一手抓住衣領中段拉開一定的空隙，這時你原本預計控制衣領的攻擊手，就可以有較好的空間直接伸到裡面去扣住衣領深處，有點像是把衣領的把位餵給主要的攻擊手。藉由這個小習慣來確保自己衣領把位的控制，可以確實有效地帶動對手。

我(藍衣)先用左手拉開對方右側的衣領

藉由左手將對方的衣領扯直，讓右手可以直接伸到最裡面去扣住衣領深處，而不會有產生任何鬆弛，左手的功能就是把最好的把位暴露在右手的攻擊範圍內，讓控制衣領的動作可以更確實。

15-9 基本三角勒

　　三角勒 (triangle choke) 和十字固定在柔術中都有許多變化與連接的方式，其中在全防禦取位下的三角勒是我最喜歡的降伏組合之一。三角勒是非常具有代表性的降伏技巧，其優勢在於利用下肢大肌群往內的力量，壓迫對方相對較弱的頸部與上肢小肌群，可以達到相對省力的效果。在全防禦的取位下發動三角勒的關鍵，在於運用其中一腳踩著對方髖部做軸心，再將另一腳繞到對手頸部上方形成三角勒的降伏結構。

我以全防禦牽制對手的同時，雙手分別控制對方的衣領與衣袖。

我用左腳踩住對方髖部，右腳撐住地面。

我推蹬左腳往右後做蝦式，同時帶動右腳往外側甩動，對方會因為我的動作失去重心且露出頸部的把位。

我將整隻右腳往上頂高超過對方左臂，將膝窩扣在對方肩膀和頸部交接的位置。

我用左腳推開對方右邊髖部，同時將頭稍微擺向右側來取得更好的攻擊角度，這樣可以讓接下來的勒頸結構更加完整確實，接著我將右腳小腿肚滑到對方頸後的位置。

最後我將左腳扣到右腳腳踝的位置完成三角勒結構，接下來我只需要將雙膝靠攏固定，藉由右腳往下的力量壓迫對方就可以進入降伏階段。

圖解 15.9 攻擊角度的重要性

當我向右後方做蝦式時，最主要的關鍵在於讓自己的身體轉動到較佳的攻擊角度，使對方的左半邊門戶大開，即使對方試圖往前抓住我的右腳，我只需要繼續運用右腳由外往內擺動的慣性就可以掙脫。取得好的攻擊角度是下位者反制的關鍵，不管是三角勒、十字固定或其他任何降伏技巧都是如此。

15-10 臀掃絆摔單人演練

　　臀掃絆摔 (hip bump sweep) 是下位者搶回上位相當有利的翻身技巧。在單人練習時，你可以把臀掃絆摔的動力想像成在擰轉一個線圈，藉由軀幹的擰轉蓄力，再將力量釋放到下半身去翻轉對手。臀掃絆摔的威力就在於利用核心肌群與髖關節擰轉的協調性與爆發力來達到絆摔反制的效果。

在單人練習時，我以坐姿的方式將左手撐在身體後方，右手往左延伸到身體對側。

以左手為支撐點推蹬左腳，讓髖部往上翻轉到左側來模擬絆摔的動力。

翻轉到對側後，右腳踩穩搶到上位。

全防禦

15-11 全防禦轉臀掃絆摔

　　臀掃絆摔通常會是練習柔術第一個學習的絆摔技巧，因為它相對容易入門且非常有效。其中有些教練會將扣住對方肩膀作為起始動作，雖然這種做法並不完全錯誤，但我個人認為一開始控制對方手肘會更加有效。比起把手往上延伸，將手伸到對方手肘的方向可以帶動更多軀幹與髖關節的擰轉。當你熟練流程後，會發現這種做法可以產生更快更有力量的翻身動作來反制對手。

對方雙手撐在我的胸口抵抗我全防禦的牽制，當他試圖把重心往後坐穩時，就是發動臀掃絆摔的最好時機。

我往前起身將左手撐在後方，同時右手扣住對方對側衣袖，右手手肘往下收好固定對方肘關節。

我以左手為支點推蹬左腳讓下半身往左邊翻轉，帶動掃腳的動力讓對方破勢。

對方背後著地時，我順勢翻身到上位以騎態控制對方。

圖解 15.11 髖部翻轉的訣竅

右手扣住對方衣袖往地面帶動，使對方往側面破勢的瞬間，就是你往上挺髖翻轉的最佳時機 (圖 1)，順著髖關節往上爆發的動力一舉翻轉對手搶到上位 (圖 2)。

15-12 花式絆摔

　　我個人認為花式絆摔 (flower sweep) 是所有學生必需精通的絆摔技巧之一。除了技巧本身的實用性之外，花式絆摔還包含了許多柔術最根本的重要觀念，例如使對手的支撐腳變輕，就是絆摔相當關鍵的前置動作 (參考下一頁圖解 15.12)。你必須學會如何帶動對方的重心偏向另一側，使原本的支撐點重量變輕，讓接下來的絆摔動作可以更省力，藉由把位的控制，像操控人偶般改變對手的重心分佈。這個概念在許多防守轉降伏的組合中常看到，在花式絆摔中尤其明顯，所以在練習時好好體會並將這個觀念應用在之後所有的組合技巧中。

在全防禦的取位下，我控制對方的對側衣領與右手衣袖。

我將左腳踩住地面在對方右腳外側卡位，注意卡位腳必須和上半身控制的把位在同側。

我帶動右腳往左側甩動，同時將右手扣到對方左腳腳踝附近的褲管來搶到較好的絆摔角度。

接下來，我將右腳往上擺到對方頭部高度再往下扳動對手軀幹，同時右手將對方的左腳扯向自己的頭部方向，右腳往下扳動的力量使對方的重心偏向他的右邊，讓我的右手可以更省力的拉動對方的左腳來發動絆摔翻身。

我將對方的左腳拉高來延續絆摔的慣性，讓對手右肩倒向地面。

最後借助對方倒下的力量，翻身回到上位做騎態控制。

圖解 15.12 如何減輕對方支撐腳的重量

在柔術的任何絆摔技巧中，善用一推一拉的力量組合是相當重要的關鍵。在對方重心穩定的情況下，我很難直接將對手的支撐腳拔離地面，所以在上面圖 4 中，我必須先借助右腳將對手的重心壓到左側，接著拉動對方左腳時的阻力就會減輕很多。這項技巧也體現了柔術中運用槓桿與力學角度的特性。

B. 面對站姿對手的全防禦取位

　　如果在全防禦的情況下面對站姿的對手，我個人會著重在破壞對方的平衡與移動身體角度來進行反制。雖然在這種對峙下也有可以應用的降伏技巧，但由於對手在站立時相對有更大的攻擊範圍，所以必須採取和面對跪姿對手不同的反制策略，以破壞對方平衡為出發點，才能提高反制的成功率，藉由下面的練習讓你的全防禦策略更加全面。

16-0 破壞站姿平衡

　　當對方試圖從站姿撬開你的防線時，首要之務就是先破壞對方的平衡。在對手的角度來看，要在全防禦的牽制下維持站姿也是有一定的風險，所以你必須設法持續施加壓力讓對方放棄這個選項。我會運用雙腳不斷將對手拖回地面，站姿具備由上往下的突破優勢，所以你必須趁對方站穩腳步進行突破前，先破壞對手的重心讓他回到地面戰。

對手在全防禦的牽制下採取站姿，雙手控制我的胸口，如果我不能及時做出反應，對方下一步就會突破雙腳的防線開始攻擊，

我將雙腳盡量往上扣到對手背後，將對方重心往前帶動破勢。

接著，我扣住對方頸後與手臂的把位來避免他再次起身。

對手在無法持續站姿的情況下只能放棄回到跪姿，我便可以繼續在全防禦取位下發動其他攻擊組合。

16-1 推髖絆摔

　　有時候也會遇到較為頑強的對手，在全防禦的情況下，強行維持站姿並積極想要撐開雙腿的控制。在這種時候，與其和對方硬碰硬陷入糾纏，不如在對方強行突破前主動鬆開雙腳變招反制，這個時候推髖絆摔 (hip push sweep) 就是非常有利的選項。通常對手為了在站姿下強行突破，會先設法控制你的雙腳與髖部，當他試圖往後拖開全防禦的結構時，主動鬆開雙腿並順應他往後的動力，用腳掌推向對方髖部來進行絆摔，記住借力使力才是柔術最好的應用，推髖絆摔就是最好的例子之一。

對手在全防禦的牽制下維持站姿，並試圖撐開雙腿的防禦。

然而，由於對方執著於保持站立，不慎把雙腳腳掌踩在同一條水平線上，我主動鬆開雙腳並用雙手扣住對手腳踝後方，當我向後躺回地面時，我將髖部微調到左側並用右腳踩住對方左側的髖部。

當我推蹬右腳進行絆摔時，因為對方的腳踝已經被我的雙手固定，對手很難繼續維持站姿的平衡。

在對方倒回地面後，我將重心側向右手手肘，我在過程中會繼續用右腳抵住對方，直到我移動到好的取位角度。

最後我順勢扣住腳踝撩起對方雙腳，並以技術性起身回到跪姿，攻守互換讓對方回到開放式防禦取位。

圖解 16.1 技術性起身的應用

技術性起身 (technical lift) 是指讓自己從仰臥的取位，回到跪姿或站姿等雙腳支撐的狀態，你必須熟練這項技巧讓自己可以快速回到安全的取位。

在成功絆摔對方後，我立刻收起膝蓋準備做技術性起身。

藉由右肘與左腳在地面的推蹬，我可以暫時讓右腳懸空，讓右腳從側面擺動到膝蓋著地的位置。

我將右膝滑到身體後方，便可以快速起身回到跪姿做進一步攻擊。

16-2 基本下圈臂絆摔

　　當然，所有的絆摔都可能因為對手的警戒與抵抗而無效，在對抗中唯一能做的就是不斷繼續變招追擊。如果對手將重心往前，讓你無法順利完成推髖絆摔，在被對方突破之前，最快的選項就轉換到基本的下圈臂絆摔 (classic underhook sweep)。在這個絆摔技巧中，很關鍵的一點是避免直接把髖關節往上頂向對手，相反地你必須設法將髖部擠向對手膝蓋內側，以站姿的力學結構來說是下肢三關節中最脆弱的一環，牽動對方的膝關節就能有效破壞對手的重心平衡。

對手在我的全防禦牽制下採取站姿並將雙手抵在我的胸口，由於對方刻意將重心往前會增加使用推髖絆摔的難度，因此我必須立刻改變策略。

我將右手以下圈臂的把位扣住對方左腳，並將軀幹靠向控制把位的方向。

我將髖部挺到對方左膝內側，藉由全身扭轉力量將對手往他的左後扳倒。

在對方著地後為了避免對手往後逃脫，我必須進一步加強控制。

我往側邊把身體轉向對方的左腳,讓自己的雙腳回到正常方向後,往上搶到騎態控制取位,轉身的目的是為了持續控制對方,如果我直接往前,對手就有機會直接往後逃脫。

最後,我以騎態控制結束絆摔與反制。

16-3 下圈臂絆摔無效時的翻滾變招

　　如同前面所說的,所有的絆摔技巧都有失敗的時候,下圈臂絆摔也不例外。較有經驗的對手會將雙腳前後錯開,並將前腳膝蓋主動往內卡著你的髖關節讓你無法順利翻轉。在這種情況下,強行把髖部往外與對方硬碰硬絕對是下下策,最好的做法永遠是順應對手的意圖再借力變招反制。下面我們會介紹一個巧妙的翻滾技巧,讓你可以在絆摔失敗時再次搶到好的攻擊取位繼續反制對方。熟練這項技巧再搭配前面兩項絆摔技術,就可以讓你面對站姿對手的防禦策略更加完備。

對方將左腳往前踩來穩固重心抵抗我的下圈臂絆摔,如果我不能立即作出變招,對手將會繼續突破我的防線。

在對手進一步控制前,我主動鬆開我的雙腳。

接著我以右肩為支點快速往對手的左後方翻滾,我用左手推離地面,同時左腳快速甩向身體後方,讓髖部遠離對手膝蓋內側。

著地時呈現四足跪姿,過程中繼續控制對方左腳腳踝。

在我抬頭的同時,把身體靠向對方左腳脛骨並往上拉起對手腳踝,對手會因為左腳膝關節被瞬間過度伸展而重心往後跌坐。

我順勢回到跪坐完成絆摔,因為我在過程中將對方腳踝貼著軀幹,對手會因為我起身的動力被扳倒。

16-4 全防禦控制站姿對手的常見錯誤

沒有控制任何把位

當對方採取站姿時，對手會積極搶攻來突破防禦，如果我沒有在第一時間控制任何把位做牽制，對手很快就會突破我雙腳的防線往下進攻，此時要再做變招已經為時已晚。

沒有配合身體動力進行絆摔

在下圈臂絆摔中，如果我急著想要用上肢的力量扳倒對手通常不會成功，因為絆摔的機制在於翻轉髖部去影響對方膝關節的穩定，面對有經驗的對手很難只靠臂力就完成絆摔動作，所有的絆摔技巧都必須搭配軀幹翻轉的動力才能有效完成。

試圖拖延時間

當對手採取站姿時，試圖拖延時間絕對是大忌，對手在站立的情況下有很好的攻擊視野，如果我沒有採取任何控制而一昧死守取位，到最後也只會讓對方輕易突破防線。要注意全防禦面對站姿，對雙方來說都是不宜久留的攻防位置。

17-0 突破抵禦技巧

在柔術對抗中如果沒有破解突破技巧的手段，那所有的防禦技術都形同虛設，即便你有再好的絆摔或降伏技巧，也必須建立在能夠有效防禦的前提下才有反擊的機會。所以在學習防禦技巧的同時，也必須具備突破抵禦 (guard pass defense) 的策略與技術，才能提高防禦取位實際應用的效果，並讓你在柔術攻守兩端的表現更全面。

A. 壓腿突破抵禦策略

對柔術初學者來說，壓腿突破 (under-the-leg pass) 通常會是第一個學習的突破技巧。基本上突破者必須設法將手臂由下往上撩起繞住對方的單腳或雙腳，並用肩膀抵住腿後與膝窩的位置。突破的效果來自於運用重心往前，將對方的大腿往身體強壓，所以最基本的突破抵禦原則就是避免對手控制你的雙腳，藉由蜘蛛防禦 (spider guard) 中腿部的動作，將下肢移動到對方雙手內側來脫離掌控。下面會分別詳述單腳與雙腳兩種壓腿突破的抵禦技巧，讓你可以在柔術對抗中快速應對與反制。

17-1 單腳壓腿的突破抵禦

單腳壓腿突破 (single under-the-leg pass) 與對應的抵禦方式，通常都會是許多人第一個學習的攻防技巧，因此不管從白帶到黑帶，你都會有許多應對這項突破技巧的機會。而有經驗與技術的對手更擅長藉以壓腿突破來徹底封殺你的活動空間，所以你也必須提升突破抵禦技巧的熟練度。最關鍵的動作在於用手抵住對方主要突破的肩部來創造空間，讓被壓制的腳可以往下把膝蓋塞到對手軀幹內側來回復防禦效果，接下來就可以進一步回到防禦取位或使用降伏技反制對手。譯者註：接下來的教學，請讀者留意防守者 (白衣) 的動作示範來學習突破防禦技巧。

突破者(藍衣)已經成功用左手撩起防守者(白衣)右腳並抵住腿後的位置，同時右手將防守者的左腳壓向地面，讓身體可以更往前突破防禦。

防守者(白衣)立刻用右手抵住突破者左髖；左手卡住肩膀來減緩突破者往前突破的動力，在肘關節不鎖死的前提下，伸展雙手來抵禦突破方攻勢並爭取變換取位的時間。

防守者左腳踩住地面，往左後方屈髖做蝦式逃脫。

藉由蝦式動作拉開雙方的距離，防守者便有足夠的空間將右膝往下鑽到對手身體前方。

防守者右膝繼續往下滑動，直到整隻右腳脫離對手控制，隨後立刻將腳掌踩住對方髖部準備回復防禦取位。

穩固右腳後，防守者左腳也順勢踩上對方右側髖部，藉此對方將身體回復到原本對峙的防禦取位。

17-2 雙腳壓腿的突破抵禦轉絆摔

雙腳壓腿的突破方式 (double under-the-legs pass) 也是你在防禦時會經常面對的攻勢。基於同樣的原則,你必須避免對方將你的髖部拉往胸口來縮短距離,對方會藉此把你的雙腳擠向身體來限制你的行動,而最好的防禦永遠都是在對方的突破成形前就防範未然。下面會示範如何有效破壞對手的突破動作,並銜接到絆摔順勢反制對手。

這次突破者(藍衣)採取的是雙腳壓腿的突破攻勢,目的是將防守者(白衣)雙腳往身上強壓來限制對方的行動。

為了避免突破者在第一時間完成突破,防守者雙腳立刻往下踩住地面,同時盡可能放低雙腿重心來抵抗對方雙手的力量。

接著,防守者以右手支撐後方地墊坐起上半身,並將左手往前扣住對手後方的腰帶往自己的方向帶動,右手在後方支撐可以增加整體取位的穩定度避免被再次推倒。

接著，防守者瞬間把重心由右臀轉到左臀讓上半身往左後轉動，藉由轉動的力量連同左手往後往下扣住腰帶將對手往地面帶動，同時右手往前扣住對手左腳的褲管帶動對手往前翻滾。這一連串配合身體轉動與拉扯腰帶的組合動作，可以瞬間將突破者壓向地面進行反制。

延續突破者往前滾動的慣性，防守者順勢把對方左腳拉到對側帶動身體翻轉。

將突破者身體翻轉到背部著地時，防守方便順勢搶到上位，以側向壓制完成絆摔反制。

B. 抱腿突破抵禦策略

　　和壓腿突破的原理相同，突破者手臂由上往下抱住對方的腿部，同樣可以限制對方的活動來進行抱腿突破 (over-the-legs pass)。目的在於運用身體重量由上往下壓住對手雙腳與髖部，並往上移動到防守者側邊做壓制。因此對於防守者而言，首要的目的同樣是在第一時間避免雙腳被對手控制，藉由蝦式移動髖部來脫離對方控制並重新調整身體角度面對對手，只要維持雙方身體中線平行，對手就很難搶到側邊做壓制，所以在突破抵禦中，髖部的移動與取位角度的調整是很重要的關鍵。

17-3 抱腿突破抵禦技巧

　　當雙腿被對方環抱控制 (leg-squeeze) 時，通常會感受到對方的突破意圖非常強烈，這時你更要保持冷靜來應對並觀察對方的動作。抱腿控制雖然會讓你無法做出下半身的防禦取位，但對方同時也用掉了雙手的選項去控制你的下肢，此時你的上半身還處於相對自由的狀態，務必把握這項優勢來反制對手。接下來的示範中，留意防守者 (白衣) 是如何控制突破者 (藍衣) 頭部的方向，並改變身體角度來脫離突破者掌控，只要能破解抱腿動作就能讓對方的突破無法奏效。

突破者(藍衣)雙手由上往下抱住防守者(白衣)雙腳膝蓋，準備突破防禦取位。

防守者為了抵禦對手的突破攻勢，將身體轉到和對手頭部同側的面向，右手往後方撐起上半身，同時左手往前扣住突破者對側衣領並控制其頭頸部的方向。

3 接著防守者伸直左手推開對方身體，同時臉轉向下方往後拉開雙方的距離。這一推一退的動作，讓防守者有足夠的空間縮腳，使膝蓋脫離對方的控制。

4 防守者在雙腳抽離對手環抱後，立刻重新回到開放式防禦的取位，雙腳踩住對手髖部保持安全距離。

17-4 抱腿突破抵禦常見錯誤動作

在上面的脫困流程中，很關鍵的一點是用單手扣住衣領的把位，來控制對方頭頸部的方向。直接用手去推動對方的頭部反而不容易成功，因為通常你必須雙手合力才能穩定推動對方的頭部，但這樣一來也限制了自己上半身其他動作的選項。少了右手在後方的支撐，腹部和頸部的肌肉很快就會無力，如果不能盡快脫離對方下肢的掌控，往往最後也只能等著被對手突破壓制。

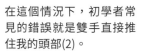

相同的情境，我扣住對方雙腳膝蓋靠攏準備進行突破(1)。

在這個情況下，初學者常見的錯誤就是雙手直接推住我的頭部(2)。

在對方試圖推開我的同時，我將左手往前扣住對手衣領(3)。

接著，我只需要將頭部繞開並借力往上搶到對方側邊，就可以採取側向壓制控制對手(4)。

17-5 上下分腿突破抵禦技巧

　　上下分腿突破 (over-and-under smash) 的動作，在姿勢上與單腳的壓腿突破十分相像，而事實上兩種技巧也確實可以互相切換，但兩者最大的不同在於分腿突破中不會把上腳強壓到對方身上，主要的突破動線是由對方下腳的那一側，往上移動到軀幹側面做側向壓制。控制上腳主要是為了牽制對方髖部移動，因此對於防守者來說，或許會覺得分腿突破更加難纏，但整體的抵禦策略同樣是著重在對手突破的弱鍊，與髖部移動逃脫的動作。下面會示範如何抵禦分腿突破，並順勢運用對方抱腿的手臂採取肘關節技的反制。

突破者(藍衣)在放倒對手後，分別撩起對手右腳，同時扣住對手左腿採取分腿突破，防守者(白衣)在第一時間將右手抵住突破者左肩來減緩突破攻勢。

接著防守者雙腳踩住地面，準備後續的逃脫動作。

防禦技術

防守者向左後方縮髖做蝦式，來增加反制動作的空間。

防守者藉由蝦式拉出間距後，順勢坐起上半身，並將左手伸到突破者背後扣住腰帶，同時兩腿靠攏交錯夾住突破者右手。

最後防守者將右膝往外側滑動讓身體回復到上位，過程中持續控制突破者右手。接下來，防守者可以在這個取位下，配合許多上肢關節技或勒頸降伏來完成反制。

17-6 上下分腿突破抵禦常見錯誤動作

在抵禦分腿突破時,試圖將突破方的頭部往上腳方向推是常見的錯誤反應。除了在 17-4 中提過推動頭部的缺點之外,如果你還是想採取這類型的抵禦策略,記住以下兩點:務必將對手的頭部往下腳方向推動,並把外側腳舉高來避免對手輕易突破。下面會演示突破者如何順應防守者推頭的動作,往上搶到側向壓制的情境。

同樣在分腿突破的練習中,防守者這次選擇將對方臉部推向內側。

雖然這個動作看似很直覺的抵禦方式,但在防守取位的方向上卻是很大的失誤。防守者往內側推動的力量,反而幫助突破方可以更順暢地讓身體轉到側向壓制的取位。

最後突破者輕易的將身體搶到側邊完成壓制。

17-7 膝蓋卡位的抵禦技巧

　　仰臥的開放式防禦與立姿突破，是相當常見也非常基本的攻防情境。突破者會設法將防守者的膝蓋往外固定到地面，同時將髖部往前挺進壓迫，讓防守者完全躺平在地上，是對突破方最有利的進攻時機。所以反過來，防守方的首要目的就是避免讓上半身完全躺平，並靈活移動身體角度讓對手無法直接正面突破。再來就是運用膝蓋與脛骨來卡位維持雙方間距，同時配合膝蓋卡位動作靈活的翻轉軀幹軸心，讓自己可以隨時回到安全的防禦取位。以上這些都是抵禦突破相當基礎且實用的技巧，對許多不同的防禦取位也都會有幫助。

防守者採取最基本的開放式防禦，同時突破者從站姿開始設法突破防線。

突破者左腳脛骨將防守者右腿壓向地面準備往前突破，防守者立刻提起左膝往內封阻對手往前的動線。

當突破者試圖繼續把上半身往前壓迫時，防守者立刻伸出左手抵住對方左肩，作為第二道的防線。

防守者配合左腳膝蓋與脛骨卡位的動作，將軀幹軸心向左旋轉，側開身體脫離對手原本的突破路徑。

防守者將身體拉開一定的距離後，便可以抽出右腳踩住對方髖部，再次轉回正面回復開放式防禦。

17-8 膝蓋卡位抵禦常見錯誤動作

　　要注意在膝蓋卡位的過程中，必需承受突破者往前壓迫的重量，所以卡位腳脛骨和地面至少必須有 45 度以上的夾角才能有效抵禦突破。如果雙腿間的夾角過小，突破者有機會運用體重強壓，使你的雙腳併攏，這樣就無法達到膝蓋卡位的效果。

突破者從站姿往下壓住防守者右腳試圖往前突破，防守者立即提起左膝卡位作為第一道防線。

這次防守者選擇直接用左手扣住對方右側衣領，想藉由衣領把位將對手推離突破動線。

但這樣一來，防守者用來卡位的左膝就沒有足夠的夾角來維持抵禦，突破者左手下圈臂控制防守者右臂並將體重往前強壓，將防守者的左膝直接壓到地面使雙腳靠攏，到這裡突破者已經有很大的贏面可以完成突破繼續壓制。

17-9 滑膝突破抵禦技巧

　　滑膝突破 (knee slide pass) 在柔術中是相當有威力的突破技巧之一。比起前面基本的立姿突破，滑膝突破能給予防守者更大的壓力，但在抵禦技巧上還是可以沿用相同的策略與動作。在柔術中真正有用的技術，其實都是由許多重要的基本動作組成，你在熟練之餘還必須了解每個動作應用的目的與時機，才能在突破抵禦中確實達成每個環節的目的。

在防守者(白衣)採取開放式防禦的情況下，突破者(藍衣)雙手分別扣住防守者雙腳褲管準備往前突破。

突破者將對手右腳膝蓋壓向地面，右膝順勢往前滑膝突破壓住對方右腳大腿內側。

這時，防守者的第一道防線必須立刻將左膝往內卡位，用脛骨阻擋對手往前突破的動力。

接著和17-7圖2的做法相同，防守者用左手抵住突破者左肩將其往後推開。

同時配合膝蓋卡位抵禦的動作，防守者轉動身體軸膝到側面拉開雙方的距離。

這時突破者為了避免自己失去突破的優勢，重新站起身試圖繞到對方左側切換攻擊角度。

但由於防守者的左腳仍然搭在突破者的髖部上方，防守者只需要借力調整自己身體面向的角度，就可以很輕鬆的回到開放式防禦取位。

17-10 抵禦鬥牛突破的第一道防線

　　鬥牛突破 (又稱作牛角突破，原文為 Torreando pass 或 Bull fighter) 是對付開放式防禦非常常見且有效的突破技巧。鬥牛突破的優勢在於可以在站姿保持距離的情況下，將防守者的雙腳固定到地面，同時快速的切換到側邊做控制完成突破。因此對於防守者來說，最重要的關鍵就是在對方（突破者）搶到雙腳褲管把位的同時搶先作出反制，藉由對方將你雙腿往下壓制的動力順勢坐起身，並用其中一手扣住對方對側衣領，目的是為了甩脫對方在雙腳把位的控制，通常至少讓下腳可以恢復自由，避免對方拉起你的雙腳再次回到突破取位。

防守者(白衣)採取開放式防禦面對站姿突破者(藍衣)，突破者抓住對方雙腳褲管的把位準備採取鬥牛突破。

當突破者將對方雙腳壓向地面時，防守者借力順勢往前坐起，上半身同時伸手扣住對手對側衣領，並用左手在身體後方做支撐，避免再次被對方往後推倒。

為了避免突破者再次進攻，防守者縮髖往後移動下腳，同時右手抵住對方維持距離，藉此掙脫突破者控制下腳褲管的把位，成功在第一時間抵禦鬥牛突破的攻勢。

17-11 鬥牛突破抵禦技巧：控制衣領把位

　　承接上述的抵禦情境，突破者在只剩左手控制褲管把位的條件下，還是很有可能強行移動到側面繼續設法完成突破。這時，突破者就必須活用前面搶到的對側衣領把位來發動反制。衣領把位的帶動在柔術的攻防兩端都是相當有效且實用的技巧。下面會示範防守者如何帶動衣領把位，來徹底反制對方的鬥牛突破，讓你的防守策略可以更加完備。

承上，防守者(白衣)的下腳已經脫離掌控，同時右手扣住突破者(藍衣)的衣領來抵禦鬥牛突破。

突破者強行移動到防守者右側繼續突破，對防守者來說，這種情況就是活用右手衣領把位最好的機會。

防守者順著對手移動的慣性順勢帶動衣領將對方往下拉，同時快速移動髖部讓自己重新面對突破者準備絆摔反制。

防守者藉著突破者倒地的動力，繼續轉身靠向對方，同時扣住對方靠近自己的腿部把位。

配合衣領與腿部把位的控制，防守者使對方翻身背部著地順勢搶回上位，成功完成絆摔反制。

17-12　鬥牛突破抵禦技巧：控制腳踝把位

　　柔術就如同角力、拳擊等許多的格鬥項目，招數的組合與應變才是決勝的關鍵，尤其面對更強、更有經驗的對手時，你不應該預設自己的策略會在第一時間奏效，在突破抵禦中的攻防更是如此。當防守者扣住對手衣領把位做第一道防線時，有經驗的對手可能會立即放低重心避免被往前拖動，這時對防守者來說，轉換牽制腳踝把位就是很好的變招，與其和對方互相抗力僵持，順著對方往後的意圖扣住腳踝，反而更容易完成接續的絆摔與反制，也體現柔術四兩撥千斤的技巧展現。

延續之前的情境，防守者(白衣)在第一時間扣住衣領把位抵禦對方(藍衣)的鬥牛突破攻勢。

突破者為了避免被往前拉倒，選擇將右腳往後採並放低重心來制衡。

這時防守者立即變招，快速往前用右手控制衣領的把位將對方往後推，同時左手扣到對手右腳踝後方把位。

防守者順勢往前起身，同時左腳往後分腿，增加下盤的穩定度。

防守者配合左腳推蹬的力量，繼續將右手往前推，同時左手扣住腳踝將對方右腳抽離地面。

上下相反的剪力互相配合，讓防守者可以快速扳倒對方回到上位完成絆摔反制。

17-13 鬥牛突破抵禦技巧：快速調整身體面向

在實戰中，即便是再有經驗的防守者也很難預判對手發動突破的時機。突破者可以在扣住褲管把位的同時快速往前跳躍並移動到對手側邊，這種快攻方式就很難在第一時間抵禦對方的突破。但防守者還是有補救的空間，最重要的一樣是先伸直手臂抵住對方肩膀來延緩突破攻勢，接著再活用髖部移動的技巧來調整身體的面相，讓自己重新面對突破者。攻防兩端相對的方向性是柔術中影響突破的重要關鍵，即使無法在第一時間擋下對方攻擊，只要能快速調整身體面向，就能再次回復防禦取位。

突破者(藍衣)雙手控制防守者(白衣)褲管，準備以鬥牛突破繞過對方的開放式防禦。

突破者控制對方雙腳甩向地面，這一次防守者來不及在第一時間撐起上半身做抵禦。

突破者接著快速繞到防守者右側，為了爭取調整的時間，防守者馬上用左手抵住突破者左肩以延緩突破的攻勢。

防守者暫時擋下對方後，接著快速往後縮髖拉開距離。

防守者藉由縮髖拉出的距離將右腳往前滑動，將身體再次調整回到可以有效抵禦對手的方向。

最後防守者穩定姿勢，重新用雙腳抵住對方髖部，回到開放式防禦取位。

17-14 鬥牛突破抵禦技巧：雙手卡位技巧

前面所有的技巧基本上已經可以抵禦多數的鬥牛突破攻勢，但在實戰中還是有可能遇到特別頑強的對手積極完成突破動作。通常突破者會直接將髖部往前挺進壓迫，試圖用往前的動力直接搶到側向壓制取位，所以防守者就需要更有力的方式來抵禦對方的攻勢。除了前面抵住對手肩膀的防禦之外，再加上另一手去卡住對方的髖部，藉由雙手卡位的方式暫緩對手突破的動力，並利用這瞬間的空檔快速縮髖調整，讓自己回到有效的防禦面向。要讓自己在進入實戰前，完整熟練左右兩邊的抵禦方式。

防守者(白衣)錯失在第一時間起身抵禦的時機，突破者(藍衣)扣住褲管把位將防守者的雙腳壓向地面。

防守者採取和前面一樣的做法，用左手抵住對方左肩。

但這一次突破者直接將重心往前，用肩膀強壓來破解對方守勢，防守者立即伸出右手抵住對方髖部，以雙手卡位的方式避免對手繼續挺進。

在僵持的空檔，防守者快速往後縮髖拉開距離。

防守者藉由縮髖移動所創造的空間，順時針轉動身體面向，讓自己重新回到有效的防禦面向。

最後防守者調整姿態回復到開放式防禦取位。

17-15 Rickson 式直臂肘關節技

我要特別介紹這項可以用來抵禦突破，同時進入降伏的技巧。這是在上次我與 Rickson Gracie 對練時，他用來反制對手突破的肘關節技，完美展現出招式本身的精練與效率。當對手試圖往前衝破你的防線時，抓準時機轉動身體軸心控制手臂的把位，然後直接進入肘關節技的降伏，等待對方拍擊投降，這也是 Rickson 最具代表性的柔術風格之一，藉由簡單卻精準的身體流動來逆轉、反制對手的攻勢。

防守者(白衣)採取腳掌與臀部較近的短距離開放式防禦，突破者(藍衣)用左手壓住對方右腳，同時右手往前抱住對方軀幹來往前強壓挺進，這時防守者抓準時機立即控制對方右手肘關節把位。

防守者扣到把位後，立即將左膝往內滑動壓迫對方肩膀，來加強肘關節把位的控制。

突破者察覺事態不利想往後抽手時，防守者將左膝往內壓迫肘關節進入降伏階段。這一連串的突破抵禦到反制降伏就是Rickson式的直臂肘關節技。

17-16 直臂肘關節技轉足肩胛固

延續前面的肘關節技銜接到足肩胛固 (omoplata) 的方式，是著名柔術家 Rafael Lovato 在比賽時常用的降伏組合。當對手試圖將被肘關節技固定的手臂往後抽時，可以在避免和對方互相抗力的情況下，順勢用小腿繞過對方肩膀完成足肩胛固。以動作的協調與流動來避免不必要的體力消耗，同時延續降伏的效果。

同樣地，當防守者(白衣)腳掌和臀部距離被壓縮時，突破者(藍衣)將防守者的右腳推向地面，右手往前扣住對方腰部往前挺進突破。但這次突破者有考量到被對方肘關節技的風險，所以將身體重心留在後方，讓自己可以隨時把手臂往後抽回。

防守者立即提起左膝靠住對方背部，同時用左手將對方的頭部推開，因為左膝的卡位使突破者無法繼續往前搶到側面壓制。

防守者繼續推開對方頭部拉開距離，讓右腳可以有空間踩住對方髖部。藉由右腳推蹬抬高臀部讓左腳順勢跨到突破者背上，這時突破者的右手已經被防守者的左腳給纏住。

防守者繼續將小腿繞過對方肩膀控制，準備完成肩胛固的降伏取位。

防守者接著用左手扣住突破者右手腕，同時將右腳抽離對方身體，左腳往下帶動使對方面部朝地。

防守者將臀部往右後方移動順勢坐起上半身，藉由起身的慣性進一步將突破者往地面壓制。

最後，防守者左手扣住對方左側髖部避免對手往前滾翻逃脫，同時上半身繼續往前加強增加肩胛骨的壓力完成降伏。注意！這個動作務必以緩慢穩定的速度練習，避免瞬間的力量使肩關節脫臼。

18-0 蝴蝶防禦

　　蝴蝶防禦 (butterfly guard) 是非常適合銜接絆摔翻身技巧的防禦取位，特別適用於抵禦跪姿的對手。防守者會採取坐姿並運用腳踝前側與腳背形成鉤狀結構，活用身體肢段的槓桿與慣性來阻撓對手的攻勢。

　　此外蝴蝶防禦更適合腿部比例較短、較為瘦小或下肢柔軟度較差的人，用來抵禦比自己高大的對手。藉由左右兩側取位的轉換，可以讓防守者更有機會使對手破勢，在眾多防守取位中，蝴蝶防禦在發動絆摔反制與銜接降伏技巧，都是相當積極主動的策略選擇。

18-1 蝴蝶防禦重點：控制雙方距離

　　蝴蝶防禦中相當關鍵的要素不外乎學習如何控制距離、身體擺位與對手重心，防守者在實戰中必須因應對手反應與策略，來靈活調整蝴蝶防禦的守備範圍。隨著學習與實戰經驗的提升，讓自己開始適應在雙方各種不同的距離下可以有對應的攻防策略。例如在外圍守備距離下 (圖 1) 相對適合銜接降伏的組合技巧；而在近距離的守備狀態下 (圖 3) 就是發動絆摔的最好時機。

防守者(白衣)採取蝴蝶防禦取位，右手扣住對方(藍衣)對側衣領，同時右腳伸到對手雙腿之間呈鉤狀做防禦牽制。防守者將髖部微微往右後方收，讓自己的身體偏離對方正面突破的動線。

接著，防守者將左手撐在身體後方維持穩定，這樣即使對手往前挺進，也可以繼續將對方牽制在蝴蝶防禦的控制範圍內。

最後，防守者壓近距離，右手下圈臂穿過對方左手腋下從背後扣住對方腰帶，同時將頭部抵在對方頭部下方，來使整體防禦取位的牽制效果更完整。突破者很難在這個狀態下，將對方推倒或是繼續往前突破。

18-2 蝴蝶防禦重點：控制身體擺位

　　蝴蝶防禦中身體擺位的控制關鍵在於維持軀幹適度的傾斜角度，同時藉由在身體後方的支撐手來維持穩定，並靈活調整身體的面向。如果對方不斷切換左右兩側來尋找破口，防守者只需要借助支撐手讓臀部稍微離地，就可以快速轉換守備方向。抑或對手選擇直接從正面強壓挺進，防守者後方的支撐手也可以維持上半身的穩定不會輕易被扳倒。

承接前面的情境，防守者(白衣)已經搶到內側，進入完整的蝴蝶防禦取位。

突破者(藍衣)試圖切到右側來尋找防守者的防禦破口。

防守者順著對手的方位將左手往後撐來移動身體，讓右腳繼續勾在對方的兩腿之間維持牽制效果。

突破者試圖切換到左邊突破繼續擾亂對手。

但同樣地，防守者只需要藉由後方支撐手來轉動身體面向，就可以繼續將對手牽制在防守範圍之外。

18-3 蝴蝶防禦絆摔單人練習

蝴蝶防禦銜接絆摔反制的組合，可以先從單人練習來熟悉動作。雖然單人練習乍看之下很像只做一半的風車地板動作，但關鍵在於當你側身倒向地面時，下腳必須往後滑並且用腳掌穩定踩住地面，這樣才能藉由下腳推蹬的力量，讓上腳在絆摔使對手翻身的動作更加有力，這個細節才是單人練習最關鍵的重點。

防守者採取蝴蝶防禦，準備做絆摔的單人模擬練習。

接著保持取位結構，穩定讓身體倒向左側，左腳順勢穿過右腳膝蓋下方。

防守者身體完全落到左側後，配合左腳推蹬將右腳以弧線軌跡擺向上方，同時抬起右肘模擬將對手破勢絆摔的動作。

18-4 蝴蝶防禦絆摔反制技巧

典型的蝴蝶防禦銜接絆摔反制動作，必須能將動作控制的時機、平衡與槓桿運用協調整合才有效果，看似簡單的動作，往往需要大量的練習才能讓這些要件同時具備。動作開始的切入角度就非常關鍵，找到適當的角度可以讓你在絆摔的過程更加省力，如同在單人練習時，你必須專注在體會防禦到絆摔過程中的每個細節，例如藉由拉動對方的支撐手與撩起後方的支撐腳來使對手破勢，以及如何運用體重帶動對方倒向地面等。

防守者(白衣)採取完整的蝴蝶型防禦，並準備發動接下來的絆摔反制動作。

防守者在確保已經穩定牽制對手後，用左手扣住對方支撐在前方的右手準備破勢。

防守者掃開對方的右手塞向內側使對手失去支撐，左腳滑到右腳下方並運用體重將對方往左邊帶動壓向地面。這一連貫的破勢組合會使突破者瞬間失去平衡。

防守者藉由左腳在地面的支撐與推蹬，順勢往上撩起右腳畫一個弧線的軌跡將對手摔向地面。

突破者失去平衡，被防守者翻身絆摔以背部著地。

防守者完成絆摔後，順勢把右腳塞到對方腋下，扣住對方右手採取側向壓制。

18-5 蝴蝶防禦絆摔反制常見錯誤動作

在蝴蝶防禦與絆摔反制組合的練習中，最常見的錯誤就是防守者完全正面面對對手，並試圖雙手下圈臂扣住對方。這種方式看似可以更穩定的牽制對守，但要往側邊倒下銜接絆摔時，突破者只需要將髖部往下坐降低身體重心就可以抵禦絆摔的動力，下面會詳細示範這種做法的缺點。

防守者(白衣)完全正面面對對方(藍衣)採取蝴蝶防禦，同時雙手下圈臂扣住對方試圖銜接絆摔動作。

當防守者試圖往右邊傾倒絆摔對方時，因為身體沒有較理想的絆摔傾角(參考18-4的防守取位角度)，無法發揮絆摔時的槓桿與動力，突破者可以很輕易的感覺到對方絆摔的意圖，並將臀部往下放低重心來抵禦。

防守者絆摔失敗，只能重新回到原位嘗試另一側的絆摔反制。

但突破者這次已經做好準備，讓對方自行倒向左側，接著順勢往前用體重壓過對方右側髖部卡位，讓防守者無法再次坐起上半身。

突破者接著將右手往前壓制使防守者翻身背部完全貼地，防守者在這種情況下很難再次回復防禦取位，突破者也可以繼續變招加強壓制來完成突破。

圖解 18.5 取位角度的重要性

防守者在蝴蝶防禦的取位中，很常會將頭部壓低於對方，來讓雙手下圈臂與腳踝勾著對方的牽制可以更穩固 (如圖 1)，但這種做法要銜接絆摔反制會非常困難 (如圖 2)，簡單來說就是防守者自己封死了可以絆摔對手的空間，如果絆摔是你防守策略的一環，那就必須要如同 18-4 中讓防守取位有一定的角度與空間來使對手破勢。靈活變化取位角度才有機會讓對方失去平衡，完全正面的取位反而會讓對方更容易預判你絆摔的意圖而加以防範。

18-6 蝴蝶防禦展翅絆摔

　　防守者在蝴蝶防禦採取扣住對手對側衣領把位的方式，雖然比較常見於銜接降伏技巧的組合，但在這種控制方式下，其實同樣也可以銜接絆摔反制。常見的情境是當防守者扣住衣領牽制對手時，突破者會順勢扣住對方前腳來試圖往前突破，防守者除了要避免被對手壓倒之外，更要利用對方扣住前腳的把位來快速發動展翅絆摔 (wing sweep)。下面會詳細示範這套蝴蝶防禦必備的快速反制組合。

突破者(藍衣)為了避免對手(白衣)的絆摔反制，刻意維持距離避免對手下圈臂扣住背部，防守者改成以右手扣住對手右側衣領做牽制。

由於雙方間距較大，突破者有空隙直接用左手扣住對方前腳把位，準備進行第一波的突破攻勢。

防守者臨危不亂立即順應對手的意圖，順勢抓住對方左手衣袖。

接著防守者鬆開右手衣領把位，直接往下扣住對方腰帶中間來取得更有利的絆摔把位。

防守者移動髖部讓身體往前貼近對手。

接著，防守者往後倒同時拉扯腰帶，使對方跟著往前破勢。

突破者失去平衡往前倒向防守者，防守者左手拉動衣袖把位，同時左腳腳踝勾住對方往上撩起，突破者被這一連貫的動力甩向左側。

防守者順勢翻身搶到上位採取側向壓制。

18-7 蝴蝶防禦轉直臂肘關節技

　　在蝴蝶防禦轉為直臂肘關節技 (straight armlock drill) 是最容易上手的降伏組合技巧，但還是需要大量的練習才能有足夠的速度與精準度。面對更強壯有力的對手，如果降伏技巧無法一次到位，還是有很大的機會被掙脫，所以從控制對方手臂到移動髖部，最後再進入降伏取位這一連貫的動作必須要能一氣呵成。在練習中同時加強左右兩側關節技的協調，而身體整體的動向，會和閉鎖式防禦銜接肘關節技的組合較為相似。

防守者(藍衣)採取基本蝴蝶防禦，突破者(白衣)採跪姿雙手抓住防守者膝蓋準備發動突破。

防守者立即用右手往前穿過對方左手腋下。

防守者將右手延伸到對方左側背闊肌位置，左手同時往前繞過對方肩膀和右手相扣，控制對方整條左臂。

防守者扣住雙手後，直接往上抬高右肘將對方的上臂折向肩膀，同時側過頭部抵住對方手腕加強控制。

防守者接著順勢往後以左側軀幹著地、右腳同時踩住對方髖部，並用膝蓋將對方身體壓向地面。可以留意圖中突破者手肘與地墊的距離，這段空間就是最後關節技壓迫降伏的範圍。

最後防守者雙手相扣，配合膝蓋的力量壓迫對方的肘關節，並藉由頭部抵住手腕拉直對方手臂來完成直臂肘關節技的降伏。

18-8 蝴蝶防禦轉十字勒

　　十字勒 (cross choke) 不管是在初階或較高層級的柔術競賽中都是常見的降伏技巧，雖然動作的原理簡單，但卻有很多值得注意的細節。這裡筆者演示的是 Helio Gracie 慣用的十字勒組合，配合蝴蝶防禦雙腳牽制對方的動作，加上上半身十字勒的威脅，更容易讓對手應對不暇。而 Helio 最常使用的策略就是將髖部往前卡到對手下方，破壞對方重心，當對手正設法要回復下盤穩固時，再搭配十字勒來降伏對方。

防守者(藍衣)雙腳勾著對方(白衣)以蝴蝶防禦牽制對手，右手往對策扣住對方右側的衣領。

接著防守者身體往後躺下用右腳撩起對手，同時扣住衣領把對方拉到自己頭部的位置，想像自己將對手瞬間鏟離地面，讓這一連串的動作一氣呵成。

突破者被對方往前撩起失去重心時，通常會反射性地用雙手撐著地面來維持平衡，此時防守者就可以趁機將左手也扣住對手衣領搶到十字勒的把位，這時防守者雙手手掌都朝向上方抵住對手。

接著防守者收回雙腳讓對方落下，同時回復到防禦取位。

待對手落定後，防守者身體側向對方，將對方頭部拉向自己的胸口，雙手手肘往後扯，讓對手兩側衣領交錯壓迫頸動脈，完成基本十字勒的動作。

18-9 正反十字勒

正反十字勒 (palm up-palm down choke) 在降伏的威力上與基本的十字勒不分軒輊 (譯註：基本十字勒雙手手掌都是朝上扣住對方衣領，正反十字勒雙手手掌則是一上一下)，甚至對某些人來說更容易上手，但如果採取與 18-8 相同的防守轉換策略通常不容易成功，所以這裡必須加入一點假動作，來誘使對方誤以為有機會突破，讓自己可以趁機扣到更深處的衣領把位增加降伏成功率，同時也要確保自己能確實做好蝴蝶防禦，雙腳牽制對方的動作，才能避免在使用假動作時，真的被對手突破或逃脫。

相同的起始情境，防守者以蝴蝶防禦牽制對手，同時右手往對側扣住對方右側衣領。

防守者以左側著地往後倒下，並刻意讓對方的重心落在自己的膝蓋位置。

突破者會趁機想順勢控制對手雙腳來往前突破，此時防守者快速伸出左手往深處扣到對方左肩位置的衣領，配合右手把位讓雙手手掌一上一下交錯抓住對方衣領。

突破者察覺事態不對，放棄雙腳的壓制試圖往後逃脫。

防守者接著將右腳往後撤到外側，用腳踝勾住對方臀部與腿後的位置，避免對手往後逃脫，並將他牽制在原地，繼續用正反十字勒來降伏對方。

19-0 蜘蛛防禦

　　蜘蛛防禦 (spider guard) 在柔術中是屬於較為後期才衍生的防禦取位，配合雙手衣袖把位的控制，使牽制對手的意圖更加強烈，同時又能具備許多絆摔或降伏的連接組合選擇，能在突破端造成攻擊者相當大的壓力。好好練習並活用這項防禦技巧，讓你可以像熟練的操偶師一樣擺佈你的對手。

　　另外蜘蛛防禦很重要的一個特點是雙手扣住對方衣袖的控制把位。基本上柔術中一般的襟勒和拉住對方衣袖破勢的動作，即使在沒有道服的情況下都還是有配套的動作或直接扣住對方手腕來替代，但蜘蛛防禦在沒有道服的情況下，無法藉由衣袖把位的拉扯來牽制對方，即使直接扣住對方手腕，控制的效果也不及道服穩固，更容易被對手掙脫，所以蜘蛛防禦很難轉換到綜合格鬥與摔角競賽中使用，但在柔術中仍是非常強力的防守取位，需要注意的只是避免自己在練習蜘蛛防禦後，變得過度依賴道服把位。

19-1 控制技巧與身體擺位

　　完成蜘蛛防禦的關鍵，在於防守者必須有技巧地逐步控制對手，千萬不要想著一口氣搶到所有把位直接完成取位，操之過急往往只會讓對手更有機會突破防線，試著靈活地用雙腳繞圓來撥開並干擾對手突破的把位，在進入蜘蛛防禦取位後，再運用雙腳推蹬與雙手拉扯的剪力組合使對方破勢，便可以銜接絆摔或降伏等技巧組合。

防守者(白衣)先採取基本的開放式防禦，雙腳踩在對方髖部同時雙手抓住對方衣袖，這裡防守者必須將髖部抬離地面，才能靈活地移動雙腳封阻對手。

防守者為了轉換到蜘蛛型防禦，左腳逆時針繞到內側往前抵住對方右手二頭肌的位置，過程中左腳同樣繼續抵住髖部直到右腳完全踩穩把位。

接著防守者右腳以相同的方式順時針繞到內側抵住對方左臂二頭肌,到這裡防守者已經成功搶到蜘蛛防禦所需的控制把位。

當突破者試圖搶到左側時,防守者順勢彎曲右腳並伸直左腳,並藉由左腳推蹬將對方右肘轉向上方使對手失去平衡。

突破者不得已只好暫時回到正面,避免被對手破勢。

這次突破者試圖從右側搶攻。

但防守者只需要配合手腳控制對方雙手把位,就可以輕易的跟上對手的動線,讓防禦取位回到正面。

圖解 19.1 雙腳畫圓勾住把位的技巧

這裡特別說明防守者如何搶到蜘蛛防禦中雙腳控制把位的方式。同樣從開放式防禦的情境開始,突破者雙手抓住防守者雙腳褲管準備突破。

防守者雙手分別扣住對方衣袖牽制對方手臂動作,右腳持續往前抵住對方髖部,同時左腳鬆開以逆時針方向往上繞圓。

防守者左腳往上繞到對方右手肘窩的位置,並用腳掌外側卡住把位。

防守者藉由左手與左腳的配合將對方右手往外撐開,在對手忙於抵禦時,防守者的右腳順時針往內繞上另一側肘窩的位置。

藉由腳掌繞圓的動作勾住對方的肘關節,並踩在二頭肌的遠端接點。

最後,防守者右腳同樣伸直,完全牽制對方雙手的動作完成蜘蛛防禦取位。

19-2 蜘蛛防禦常見錯誤動作

　　如果你發現對手試圖將手臂由上繞過脛骨或者往下繞過小腿，就必須留意對方可能要試圖脫離蜘蛛防禦的牽制把位，防守者可以藉由髖部左右的移動、雙腳腳掌畫圓與前後屈伸推拉的力量來牽制對方，避免對手脫離掌控。如果你不能立即反應對方的意圖，就很容易陷入下列兩種情況。要記住！進入任何防禦取位仍要保持靈活的流動性，才能達到動態防禦的效果。

錯誤動作1：雙腳屈伸反應不及

防守者(白衣)完成蜘蛛防禦的把位控制。

突破者瞬間放低身體重心，同時兩手手肘快速轉向下方，防守者錯失在第一時間運用雙腳前後屈伸的方式牽制，雙腳腳跟從對方二頭肌位置滑脫。

一旦突破者雙肘往下脫離對手腳掌，就可以順勢抵住對方跟腱往前強壓，將防守者雙腳壓向身體準備繼續往前突破。

錯誤動作2：雙腳把位不確實

同樣從蜘蛛防禦取位開始。

由於防守者雙腳腳掌沒有持續給予對手二頭肌穩定的壓迫，突破者有機會直接扣住防守者雙腳褲管，將對方的雙膝併攏，讓雙手順勢脫離腳掌的控制。

突破者繼續將對手雙腳壓向地面，接著便可以立即採取鬥牛突破支開對方雙腳往前挺進。

防禦技術

19-3 蜘蛛防禦絆摔組合

　　多數柔術選手在面對蜘蛛防禦時會保持一定距離，並以站姿的狀態設法突破，基本上算是非常安全有效的突破策略，但接下來介紹的絆摔組合就是特別用來對付這類型的突破方式，讓對手誤以為自己可以順利往前突破來縮短雙方距離，以便進一步困著對手，在對方察覺事態不對時已經為時已晚，接著便可以順勢發動絆摔來逆轉形勢。

突破者(藍衣)試圖尋找破口來突破對方的蜘蛛防禦取位。

防守者(白衣)放開右腳與右手的牽制，同時突破者也趁機往前跨步壓縮距離，防守者順勢用右手抓住對方左腳褲管，過程中持續維持左手與左腳的牽制動作。

接著防守者屈曲左膝讓突破者有機會往前彎腰，運用體重往前強壓。

突破者試圖往下壓制對手，但此時防守者伸直左腳往外推蹬，使對手瞬間失去重心。

在突破者往前撲倒的同時，防守者用右手扣住褲管把位，撩起對方左腳來增加絆摔的動力。

防守者借著絆摔的動力順勢起身搶回上位。

20-0 交叉防禦

交叉防禦 (cross-grip guard) 同樣也是柔術發展到後期才出現的防禦取位，Marcia "Pe de Pano" Cruz、Roberto "Roleta" Maghalaes 與 Robson Moura 等著名柔術選手都非常擅長使用這項防禦技巧。交叉防禦主要的特色在於同時抓住對手同側手腳道服把位做牽制，並用雙腳分別推抵對方髖部與肱二頭肌來造成破勢，特別適合用來抵禦身材高挑的對手，同時也適合銜接足肩胛固、三角勒或其他絆摔組合。

20-1 交叉防禦基本動作

雖然許多人會把雙手分別控制對方同側褲管與衣袖，作為完成交叉防禦的要件，但就筆者個人的實戰經驗來說，單純控制這兩個把位其實並不足夠。在實際對抗中，突破者會不斷試圖壓下你的雙腳來向前挺進，所以除了控制最基本的把位之外，我還會用雙腳分別去抵住髖部與二頭肌的位置，這樣一來就可以讓整個防禦取位有更好的牽制效果，同時又可以影響對手的重心平衡來發動其他絆摔組合。

防守者(白衣)雙手分別扣住對方(藍衣)兩邊衣袖，同時雙腳抵住髖部採取開放式防禦取位。

接著防守者鬆開左手到右側，用雙手一起扣住突破者左手衣袖把位。

防守者做蝦式往左後方縮臀並讓頭部靠近對手,讓右手可以進一步往下抓到對方左腳褲管把位。

防守者搶到把位後,左腳逆時針往上繞到對方右手二頭肌的位置,配合右腳踩住對方臀部來更進一步限制對手的移動。

最後防守者右腳往下繞到對手左腳後方,用腳踝勾住膝窩位置讓牽制的效果更加穩定。

20-2 交叉防禦常見錯誤動作

這裡筆者還是得再次強調，在交叉防禦中雙腳最後抵住二頭肌與勾住膝窩位置的重要性，除了能更有效的牽制對方移動，確實扣好雙腳把位，更可以讓身體維持在一個不容易被對方突破的斜角。下面會演示防守者未能完成雙腳牽制的失誤情境。

防守者雖然已經用雙手搶到交叉防禦的把位，但雙腳並沒有配合牽制對方二頭肌與膝窩的控制把位。	只靠雙手的把位不足以完全控制對手，突破者將對方的右腳推向地面，同時左膝往前切入內側。	突破者用左膝壓制對方右腳，藉此讓防守者雙腳失去抵禦功能，突破者可以很輕易的繼續往前挺進。

20-3 交叉防禦轉三腳鼎絆摔

交叉防禦銜接三腳鼎絆摔 (tripod sweep) 是相當經典，同時也是筆者個人經常使用的反制組合，防守者運用其中一手扣住對方腳踝；下腳勾著對方膝窩，同時上腳推抵髖部這三個主要的接觸把位來執行絆摔。只要抓準施力點與時機，就可以讓絆摔的過程非常省力，所以在練習時試著專注體會如何運用雙腳一推一拉的剪力，帶動對手重心使對方破勢。

防守者(白衣)搶到交叉防禦把位後，右腳往前抵住突破者(藍衣)的髖部。

防守者左腳順時針往下勾，由內側勾住對方右腳膝窩，準備銜接三腳鼎絆摔組合。

防守者確定扣準絆摔把位後，不給對手任何反應機會，右手扣住對方褲腳卡位，同時右腳踩住對方髖部用力推蹬，並將勾住對方膝窩的左腳往上撩起使對方完全破勢往後倒地。

在突破者背部著地後，防守者收回右腳跪坐起身順勢回到上位。

右手持續扣住褲腳拉開對方左腳，並順勢將右膝往前壓住大腿，使對手無法採取防禦取位。

20-4 交叉防禦轉後滾絆摔

　　當然在實際對抗中，對手也有可能刻意壓近距離，來縮限防守者使用三腳鼎絆摔的空間，在這種情況下最好的配套組合就是採取後滾絆摔 (backroll sweep) 來應對。因為這兩種絆摔的動線前後相反，很適合相互彌補作為反制對方的變招。當防守者察覺對手刻意往前強壓時，便可順著對方的慣性將對手拉向自己採取後滾絆摔。訓練時可以配合三腳鼎絆摔一起練習，讓自己學會判斷正確的出手時機，並熟練兩種不同攻防情境下的絆摔動作轉換。

防守者(白衣)搶到交叉防禦把位後，突破者(藍衣)往前壓低重心提防防守者採取三腳鼎絆摔。

防守者左手扣住對方衣袖往自己方向拉扯，使對手往前趴到身上，並用右膝撐住對方體重。

接著，防守者帶著對方順勢往後滾翻。

順著滾翻的動力，防守者在對手背部著地後搶回半防禦取位中的上位優勢。

21-0 勾腿防禦的由來

　　勾腿防禦 De La Riva(DLA) 的命名取自傳奇柔術大師 Ricardo De La Riva，雖然勾腿防禦的起源更早出現，但最主要是由 Ricardo 在 1980 年代的活躍表現使其發揚光大。Ricardo 將勾腿防禦完美結合了許多絆摔與三角勒等降伏的技巧，讓這項防禦取位更具主動進擊的效果，其中防守者在應對站姿突破者時，更能有效干擾對手重心平衡來破勢並發動反制。

21-1 勾腿防禦基本結構

　　雖然運用腳踝由外而內勾住 (outside hook) 對方膝窩是勾腿防禦的標誌性動作，但扣住對方腳跟與上腳推抵髖部的組合也同樣關鍵。下面會示範如何在對抗中進入勾腿防禦取位，將對方前腳牽制在原地，並推動他的後腳，讓對手前後分腿失去平衡，這才是勾腿防禦最基本的功能架構。

防守者(白衣)在基本開放式防禦的狀態下扣住突破者(藍衣)雙手衣袖，同時雙腳抵住對手髖部。

接下來，防守者準備轉換到勾腿防禦取位，左腳由外側繞到對方右腳後側用腳踝勾著對手膝窩，過程中右腳繼續推抵對方髖部來維持足夠的活動空間。

最後，防守者在用左手扣住對方右腳腳踝，基本上就算是完成勾腿防禦取位的基本結構。

21-2 取位面向的重要性

　　防守者在搶到勾腿防禦的把位後也不能掉以輕心，因為對手會不斷試圖讓身體回到正面來設法擺脫被控制的前腳，這時防守者就必須靈活運用上腳推抵對方的髖部，讓對手無法輕易取得重心平衡。

防守者(白衣)試圖以勾腿防禦困住對方(藍衣)，但在取得控制把位的過程中，上腳沒有積極推開對方的髖部。

由於突破者的重心沒有受到太大的影響，右手可以直接往下推開對方左腳，同時右膝轉向外撤來脫離勾腿防禦的控制。

21-3 勾腿防禦轉前滾絆摔

　　前滾絆摔 (rollover sweep) 是勾腿防禦最適合的反制組合之一，最大的優勢在於可在不放開雙手把位的情況下直接發動絆摔，防守者只需移動身體的軸心並將推住髖部的上腳往下延伸，強迫對手前後腳分開，再同時帶動衣袖把位往內，就可以讓對方失去平衡往前肩部著地滾翻完成絆摔。記住成功的絆摔組合建立在前面取得的把位，避免不必要的把位調整讓自己錯失良機。

防守者(白衣)採取勾腿防禦箝制突破者(藍衣)。

防守者將原本抵住髖部的右腳往下移動，踩住對方左大腿，準備發動前滾絆摔組合。

防守者接著將對方的左腿往後推開，同時扣住對方的左手往身上拉扯，藉由一前一後的分力讓突破者破勢往前倒下，突破者只能勉強用右手撐地來維持平衡。

但防守者延續拉扯與推蹬的力量，讓對手繼續往前左肩著地滾翻。

順應突破者滾翻的慣性，防守者順勢回到上位完成絆摔。

圖解 21.3 收回推蹬腳的時機

注意當防守者採取前滾絆摔時，拉扯對方衣袖與推蹬後腳的破勢動作，必須持續到突破者肩膀著地 (1)，當上下推拉的分力無法繼續讓對方往前滾翻時再將右腳收回 (2)，防守者藉此才能有足夠的施力空間繼續讓對方往前滾翻到背部著地。

21-4 勾腿防禦轉巴投絆摔

　　如同前面所提過的，所有絆摔組合在遇到對手頑強抵抗時，都可以搭配反向的絆摔技巧來作為變招，其中巴投絆摔 (Tomoe-Nage sweep) 就是前滾絆摔受到阻礙時最好的變化組合。當突破者往前靠近以避免被分腿破勢的同時，就是發動巴投絆摔最好的取位。成功的巴投絆摔在於可以靈活的將髖部移動到對手下方，同時運用勾腿與推抵髖部的雙腳將對方撐過身體上方。剛開始與同伴練習時，務必先確保手腳各個把位的控制，以穩定的速度完成以避免摔傷對方。

防守者（白衣）同樣採取勾腿防禦牽制突破者(藍衣)，但這次選擇同時扣住突破者雙手衣袖把位。

防守者用右腳推開對手髖部，誘使突破者反射性地壓低上半身並將重心往前來抵抗，對防守者來說，這就是發動巴投絆摔最好的時機。

防守者配合對手往前的動力將身體往下移動，讓髖部深入到對手正下方，同時將對方衣袖往身上拉扯並彎曲膝蓋準備扛起對手體重。

防守者繼續往後將雙膝捲向腹部，配合左腳勾腿與右腳推髖的把位將對手帶過身體上方，突破者會感到瞬間往前失重被快速絆摔。

突破者往前背部著地摔落，同時防守者藉由後滾的動力順勢搶回上位。

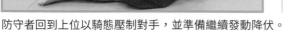

防守者回到上位以騎態壓制對手，並準備繼續發動降伏。

22-0 坐式防禦

　　坐式防禦 (sit-up guard) 是勾腿防禦的延續變化取位，通常會在防守者迫使對手後退（或者對手自己選擇往後移動）的情況下，順勢跟著對方動態起身到坐姿。基本上和抵禦鬥牛突破的防守方式較為相似（參考 17-10），雖然相較之下可以搭配的降伏組合較少，但在坐式防禦下還是有許多絆摔與破勢技巧可以結合應用。

22-1 坐式防禦基本結構

　　從勾腿防禦到坐式防禦的取位轉換是非常關鍵的入門技巧，下面演示的練習方式可以作為基本的暖身流程，並試著練習從仰臥到坐姿與反向的流程，讓自己更熟練兩種防禦取位間的關聯。初學者在轉換到坐式防禦時，很常會直接放開衣袖把位雙手往前抱住對手前腳，但在沒有控制對方手臂與推開後腳的情況下，對方並沒有受到太大的牽制，可以很輕易的將防守者往前推倒突破防禦，所以在練習時務必熟練每個控制把位的轉換時機。

防守者(白衣)先從勾腿防禦取位開始練習。

防守者為了轉換到坐式防禦，將原本推抵突破者(藍衣)髖部的右腳下放到對方左腿內側，並將對手左腳往後推開。

防守者在對手後腳往後退開的同時，起身並用左手扣住對方前腳，左腳順勢往下屈膝環繞對手前腳將對方牽制在原地，右手在過程中持續扣住對方衣袖控制手臂，同時右腳繼續將後腳往後推開。

22-2 坐式防禦基本絆摔技巧

　　坐式防禦基本的絆摔組合和前面勾腿防禦的前滾絆摔結構相似，絆摔後也會呈現相同的壓制取位。當然下面介紹的是筆者個人使用上最自然的絆摔組合，因應個人柔術策略與對手反應，也可以變化出許多不同的絆摔組合，只要確保控制住對方前腳把位，就可以衍生出許多單腿抱摔的相關組合變化。

防守者(白衣)採取坐式防禦，並確實困住突破者(藍衣)的前腳。

防守者左腳推蹬地面讓身體傾向右側，突破者被帶動往前趴倒並用右手撐著地面來維持平衡。

防守者繼續拉扯左手衣袖讓突破者左肩著地往前滾翻，同時將右腳順勢收回身體下方準備起身回到上位。

突破者倒地後，防守者持續拉住左手衣袖讓突破者轉到背部著地，防守者完成絆摔後回到上位採取側向壓制。

22-3 坐式防禦反向絆摔技巧

　　在坐式防禦中另一種可能，對方會試圖用空出的手伸到防守者背部來影響防禦取位結構，這種情況下比起勉強發動前滾絆摔，直接順勢扣住突破者手臂把位，往外側滾翻做反向絆摔 (reverse roll sweep) 更能有出其不意的效果。柔術的精髓在於順應力量的走向加以反制，而非硬碰硬的抗力，反向絆摔的組合正是體現了這項特點，配合對方的意圖借力使力，以更有效率的方式反制對手。

防守者(白衣)採取坐式防禦牽制突破者(藍衣)。

突破者右手往前延伸扣到對方左肩後側，試圖破壞防守者平衡，讓防守者無法輕易發動基本絆摔組合。

防守者與其強行發動前滾絆摔，不如選擇順勢用右手扣住對方右手手腕把位，來改變絆摔策略。

防守者在扣好把位後，立即往左側轉到對手背後做反向絆摔動作。

防守者扣住對方手腳繼續往左側滾倒突破者背後，運用身體慣性讓使對方破勢往後跌坐到地面。

防守者側滾到右側軀幹著地，讓對方徹底被絆摔倒地。

防守者順者滾翻的動力回到半防禦的上位優勢。

22-4 反向絆摔常見錯誤動作

　　從坐式防禦進行反向絆摔的時候，防守者必須一路往後將軀幹轉到對手髖部下方，才能有足夠的扭力絆摔對手。初學者常見的錯誤是沒有徹底完成完整的絆摔動線，突破者可以很輕易的從中阻斷你的絆摔動作再繼續突破，所以在練習時務必相信自己所學的技術，並確實做好每一個動作環節。

防守者(白衣)扣到突破者(藍衣)右手空出的衣袖把位，準備往對方身後滾翻作反向絆摔。

但這次防守者沒有徹底將身體轉到對手髖部下方，只靠拉扯衣袖的力量不足以使對方破勢進行絆摔。

由於防守者絆摔動作不夠到位，突破者順勢坐下放低重心切入到半防禦的突破取位。

23-0 反向勾腿防禦

反向勾腿防禦 (reverse De La Riva guard) 是屬於柔術發展近期才出現的防禦取位，主要是作為典型勾腿防禦的備案，來避免越來越多的柔術選手專精破解原本勾腿的控制把位的策略。藉由反向勾腿防禦的轉換，可以讓防守者有機會繼續發動絆摔或者和典型勾腿防禦相互切換，增加防守策略的多變性。

活用勾腿防禦與反向勾腿防禦的變化與絆摔組合的搭配，可以更有效提升反制成功機會，當然最重要的是將各種組合變化，熟練到可以自然反應的程度才能讓對方措手不及。

23-1 反向勾腿防禦基本結構

練習反向勾腿防禦一樣得從基本的勾腿防禦開始變化，如同前面從勾腿到坐式防禦的切換方式，防守者必須學習如何在兩種防禦間自由轉換。從取位的方向性來區分，勾腿與坐式防禦屬於前後方向的取位變化；而勾腿到反向勾腿防禦則是屬於左右方向間的切換。防守者在切換到反向勾腿防禦時，要先確保控制腳踝把位後再放下原本勾住膝窩的腳踝，此外在轉換過程中很重要的一點，是維持另一腳膝蓋往上伸展卡位的角度，如此才能避免自己在取位轉換時被對手乘隙突破防禦。

防守者(白衣)以勾腿防禦牽制突破者(藍衣)，但突破者雙手抓住防守者膝蓋試圖破解勾腿控制。

突破者右腳向外，同時右手將防守者勾腿的左膝推向地面，防守者立即用右手扣住突破者對側衣領把位，來準備切換到反向防禦取位。

防守者身體軸心往左轉動，用右腳往內勾著對手右腿內側，左手扣住對方右踝採取反向勾腿防禦取位，繼續牽制對手。

23-2 反向勾腿防禦練習方式

　　反向勾腿防禦可以非常有效的牽制突破者的行動，透過下面介紹的練習方式可以讓你更了解這項特點。首先在防守者扣好反向勾腿防禦地把位後，請你的對練夥伴試著將身體轉向外側來掙脫被控制的前腳，這同時也是實戰中對手陷入反向勾腿防禦可能的反射動作。此時防守者就必須善用上腳踝的腳勾、下腳繞腿與扣住對方腳踝的三個把位來繼續纏住對手，設法讓對方無法逃脫並運用雙腳、腹部與下手拉扯的力量，將對手拉回有效發動絆摔的攻擊範圍內。

防守者(白衣)直接從反向勾腿防禦開始練習。

突破者(藍衣)模擬陷入反向勾腿防禦的反應，試圖轉開身體讓前腳脫離掌控，這時防守者就必須學習如何善用腳勾與扣住對方前腳踝的控制把位來繼續牽制對手。

當突破者無法掙脫只能回到原位時，防守者順勢用右手扣住對方左側衣領拉近距離。

接著，防守者將腳踝與膝蓋收往臉部方向，同時右手繼續將對方前腳踝往身上拉近，藉由將自己的髖部擠到對手身體下方卡位，使對方破勢以便後續的絆摔攻勢。

23-3 反向勾腿防禦常見錯誤動作

　　反向勾腿防禦在牽制對方的過程中，常見的錯誤是防守者沒有維持上腳腳勾往上積極卡住對方大腿內側的動作，這樣一來在雙方距離拉近時，突破者可以很輕易的把防守者膝蓋往下推開並壓制對方，接著在用自己的髖部往下做壓制，就有很大的機會可以突破防禦。

在反向勾腿防禦中，突破者找到機會直接將對方的右膝往下推開。

由於防守者在牽制的過程中，沒有積極維持上腳往上卡位的角度，所以突破者可以很輕易的將對方雙膝壓迫靠攏，繼續發動突破。

23-4 推膝絆摔

　　推膝絆摔 (knee push sweep) 大概是筆者最常使用的絆摔技巧之一。這項絆摔技巧結合了許多力學槓桿的運用，能將力量準確施加在對手動作結構的弱鍊來提高絆摔成功率。與針對站姿突破者常用的下圈臂撩腿絆摔技巧 (underhook sweep) 有異曲同工之處。因為突破者在站姿的情況下，膝關節可以活動的角度有限，防守者只要將對方的膝蓋推向外側就可以破壞對方身體重心，因此接下來的關鍵就在於防守者如何拉近距離來執行絆摔。要特別注意的是，有別於前面扣住對側衣領把位的方式，在推膝絆摔中建議可以直接扣住同側衣領，將對手整個身體往前拉動，相對可以留給自己更好的絆摔空間。

防守者(白衣)採取反向勾腿防禦牽制突破者(藍衣)，右手往前扣住對方左側衣領設法拉近距離。

防守者配合下肢縮腿與拉扯衣領的力量，將髖部移動到對手下方。

接著，防守者放開右手往下繞過對方左腳膝窩，以下圈臂方向扣住對方左膝。

防守者左手繼續扣住對方右腳踝同時伸展雙腳，並用左手臂將對方左膝擠向外側，讓對手的重心偏向右腳，就可以輕鬆撩起左腳讓對方破勢倒地。

突破者單腳無法維持平衡往後倒下背部著地。

突破者倒地呈開放式防禦取位，防守者順勢回到跪姿完成絆摔。

24-0 半防禦取位

　　半防禦 (half guard) 是柔術對抗中最常見也備受討論的防禦取位之一。有些人把半防禦視為積極發動絆摔的攻擊取位；有些人則認為半防禦是被對手突破的過渡階段。筆者的觀點是把半防禦視為一個觀察對手的中繼站，如果對方刻意防備絆摔或拖延戰局，我便會從半防禦回復到更完備的防禦取位；反之如果對手積極搶攻，我則會選擇從半防禦直接乘隙發動絆摔反制對方。

　　此外半防禦也非常適合體能或柔軟度相對較差的防守者。因為半防禦不全然是為了搶攻絆摔，好的防禦取位就是可以兼具降伏、逃脫、求生與絆摔等組合特質，讓防守者處於易守難攻的位置，或許在降伏的連接上攻勢不如其他取位凌厲，但半防禦在組合的變化與靈活性上，絕對是任何柔術家都必須熟練的利器。

24-1 半防禦的回復與牽制策略

　　多數人第一次接觸半防禦取位，通常是在對手突破的過程中被迫進入這個防禦狀態。雖然在實際的柔術對抗中，很常會在這個時間點發動絆摔或降伏反擊，但初學者首要學習的是如何從相對危險的情況下回復到完整的防禦取位，這項轉換練習雖然看似保守，但對日後學習絆摔與降伏組合會有很大的幫助，畢竟在實際的對抗中先學會如何求生才能有機會發動所有的攻擊策略。(譯註：此處攻守角色互換)

防守者(藍衣)進入半防禦取位，突破者(白衣)右手以下圈臂方向繞住防守者左手。

防守者將左腳往上縮並踩到身體後方準備推蹬發力。

接著防守者用力推蹬左腳、挺起髖部做橋，同時左手順勢往右側延伸，運用全身瞬間發力將對方頭部推離中線，給自己製造足夠的逃脫空間。

防守者藉由做橋撐出的空間，立即往左後方屈髖做蝦式。

防守者藉由蝦式後退拉開的距離，提起左膝將脛骨抵住對方腹部做卡位。

防守者用左腳脛骨頂開對手，再接著擺動頭部方向調整身體面向，讓雙方重新回到面對面的軸線上，最後防守者左膝繼續維持卡位在雙方之間，抵禦對方往前的壓力。

24-2 半防禦常見錯誤動作

　　下面會列舉出有關半防禦取位常見的潛在風險與錯誤動作，在練習的過程中讓自己了解每個環節背後的意義，才能真正發揮出這項防禦技巧的威力。

上手被對方下圈臂控制

　　上手 (圖中的左手) 在做橋逃脫扮演重要角色，如果防守者消極放任對方以下圈臂纏住左手，同時背部完全貼地，對手便可進一步控制上半身，同時左手也會受到對方關節技控制的威脅。

上手被對方上圈臂控制

　　防守者右手抵住對方左臂，避免臉部被壓制，但突破者右手以上圈臂的方向繞住防守者左臂，即使防守者挺起上半身也很難掙脫，還有面對被肘關節技或勒頸降伏的風險。

上半身過度往下延伸

這次防守者雖然成功用左手下圈臂牽制著對方右臂，但右手為了往下扣到對方左腳膝窩把位使上半身過度往下方延伸。

對手可以趁防守者往下探的同時，趁機將左手往前加強臉部壓制，突破者並不需要擔心膝窩把位被對方控制，因為即使防守者在這種劣勢下勉強扣到把位，也可以藉由雙腳後撤來輕鬆掙脫。

突破者穩定住己方的控制，讓防守者不得不退回到半防禦取位來自保，但基本上突破者已經取得非常完整的壓制，接下來就可以慢慢發揮自己的突破策略。

24-3 深入型半防禦

深入型半防禦 (deep half guard) 通常是筆者從半防禦取位發動絆摔時經常採用的前置取位。藉由將身體更深入往前潛到對手下方，讓對手無法往後移動髖部，同時也讓對方臉部壓制的把位失效。深入的取位更能有效在絆摔時使對方破勢，而要進入深入型半防禦取位的關鍵在於如何巧妙地在迫使對方重心往前的同時，順勢讓身體往前滑動到對方身體下方完成取位。

圖中防守者(藍衣)採取半防禦取位牽制突破者(白衣)，並藉由左腳脛骨與雙手的卡位來控制雙方的距離。

防守者稍微放鬆脛骨卡位的力量讓對手重心往前，同時將自己的上半身轉向內側準備往下滑動。

在突破者往前壓進的同時，防守者繼續往對手方向轉動到雙方軀幹接近互相垂直的位置。

最後，防守者右手往後扣住對方腰帶，牽制對手完成深入型半防禦取位，由於防守者完全鑽到對手髖部下方，更容易使對方破勢，發動接下來的絆摔攻勢。

24-4 強化深入型半防禦

　　防守者在實戰中即使搶到深入型半防禦取位，對方還是有可能設法繼續往後移動髖部來脫離牽制。防守者對此就必須做出更極致的將身體徹底潛到對手下方，這裡就需要用到擺腿技巧的輔助 (pendulum swing)，藉由雙腳打直由內往外大範圍弧線的擺動，帶動髖部往更下方滑動，透過下肢的慣性使身體可以更進一步鑽到對手髖部下方。

防守者(藍衣)從深入型半防禦取位開始，試圖更徹底深入來強化牽制效果。

首先防守者將雙腳伸直，準備由右側開始做擺腿動作。

藉由雙腳往左側弧線擺腿的慣性，讓髖部沿著突破者的右腳往下移動。

防守者順勢讓整個身體位置往下鑽到更深入的半防禦取位。

接著防守者順勢抱住對方右腿，防守者至此已經進入非常有利的絆摔階段。

24-5 深入型半防禦絆摔技巧

基本上一旦防守者進入深入型半防禦取位，最終的目的就是發動絆摔，這也是此防禦取位下最有利的選項。最常見的做法就是運用腳踝背側勾開對方原本被牽制的那隻腳，同時配合身體轉動用肩膀將對方的體重頂到身體前方，讓自己可以順勢移動搶到對手背側並回復到跪姿完成絆摔。

圖中防守者(藍衣)以深入型半防禦牽制突破者(白衣)。

防守者準備發動絆摔，用右腳踝背側勾住對方右腳腳踝，配合膝蓋與雙手的卡位和牽制讓對手無法將腳抽回。

防守者用右腳將對方右腿勾開，往前頂到身體左側，同時將自己的左腳往後撤開準備回到跪姿。

防守者搶到對手背後，膝蓋著地後順勢用肩膀抵住對方將對手繼續往前推開。

接著防守者持續移動直到頭部脫離對手下方後，雙手繼續控制對方的右腿。

突破者右腿受到牽制又被對方搶到背側控制，只好先放低重心跪地採取龜型防禦(turtle position)，防守者身體往前壓制對方完成絆摔。

圖解 24.5 絆摔時腳勾與肩膀發力的重點

防守者在勾開對方右腳搶到背側的過程中，運用肩膀將對手重心往前抵開是非常關鍵的技巧。這個動作主要是為了幫防守者創造足夠的空間回到跪姿來完成絆摔，如果少了這個技巧拉開距離，防守者即使推開對方的右腳，對手還是可以順勢轉動身體軸心，維持在上位的優勢。

24-6 半防禦轉木村鎖降伏

　　雖然多數的柔術教學者會教你如何從封閉式防禦搶到木村鎖做降伏，但筆者的觀點是在半防禦取位下更適合使用這項降伏技巧，從半防禦開始發動降伏，更能有效率地幫助自己搶到適合的把位。其中關鍵的要點有兩項：確保雙腳穩定鎖住對手避免對方軀幹轉動逃脫或反制；防守者上半身必須往內側轉動到接近與對手身體垂直的角度。這樣即使對手試圖將手扣住大腿來抵抗木村鎖，防守者也可以運用整個軀幹的扭力輕鬆反向化解，讓對手無法抵禦降伏。

防守者(藍衣)採取半防禦，並用左手扣住突破者(白衣)右手手腕。

接著，防守者上半身往左延伸，右手繞過對方右肘後方，扣住自己左手手腕形成4字型的控制結構。

防守者繼續將上半身往左延伸到對方身體接近垂直的角度，讓木村鎖控制的把位可以更深入，此時對手右手扣住自己大腿內側來抵禦避免關節被反折。

防守者將上半身往左延伸到極致後，運用軀幹的力量往回擰轉脫開對方扣住大腿的右手，對手到這個階段很難再抵抗肩關節反折的疼痛，只能拍地投降。

24-7 木村鎖降伏常見錯誤動作

在半防禦取位轉木村鎖降伏的技巧中，這是筆者最常看見的錯誤之一，防守者往往會在剛扣到自己手腕形成 4 字型把位時，想立刻靠雙手的臂力往後發動降伏，但操之過急反而無法讓降伏結構的技巧更加穩固，而使成功率大幅下降。記住在柔術對抗中，任何時刻都必須保持耐性，讓所有的細節一一到位。

圖中防守者(藍衣)右手剛扣到自己的左腕形成初步降伏結構，但卻操之過急想立刻用雙手的力量發動木村鎖降伏對方。

由於防守者並沒有徹底將上半身延伸到左側來借助軀幹的扭力，在單純依靠臂力來執行降伏技巧的情況下，對手只需將右手扣住大腿就可以抵抗，避免肩關節被強迫內旋，反而讓對方有時間設法逃脫與反擊。

棕帶階段的首要課題：突破技術

> 再堅硬的岩石也會被重力束縛，這才是凌駕於意念之上的力量。
>
> **Isidore Ducasse Lautreamont** 19世紀著名法國詩人

一、突破技術基本原則

在不考慮個人技術能力的前提下，突破方與防守方在柔術對抗中永遠不會是完全對等的抗衡，因為突破方在取位關係上有個相對有利的優勢——「重力」，除了運用後面介紹的所有突破技術，重力更可作為突破方強力的外援，讓防守方陷入二打一的局面。所以，在棕帶階段除了精進柔術突破技巧，更要學習如何善用這項攻防的先天優勢。

所以在筆者的突破策略中會設法避免被對方牽制絆摔，並不斷配合重力將自己的重心層層突破挺進，讓對手從掙扎到逐漸放棄抵抗。要如何不被對方的取位纏住並不斷將自己的重量壓向對手，這就是柔術突破最單純的目的。

二、突破策略的基石

就如同筆者對求生、逃脫或降伏的概念一樣，這些柔術元素在本質上都有最根本的技術要領與原理，筆者在柔術傳承上的價值不在於傳授成千上萬種的攻防取位，而在於教授學生變通與串連這些取位技巧間的核心能力。

突破策略中的求生要領，在於藉由適當的取位角度與動作，避免自己被對手的絆摔或降伏反制。在高階的突破攻防中，如果你只能一昧被動抵禦對手的絆摔，那再好的突破策略也無從發揮，攻防也只會陷入僵局。所以具備基於求生概念建立的姿勢取位，才能作為自己發動突破攻勢最根本的基石。

同樣地，逃脫要領是指在突破過程中，如何安全脫離對方的絆摔或降伏反制，這裡很重要的一點就是別忘了突破方最有力的助攻夥伴——重力。在逃脫對方牽制的過程中，試著善用身體重心轉移與上位優勢，讓自己可以更有效率地化解對手的絆摔意圖，讓突破策略得以繼續進行。

當然，突破的最後一環與目標就是破解對方的防禦取位，這裡所指的不單只是降伏對手，更重要的是從突破到完全控制對方的能力，柔術基本上就是互相爭奪主導權的競技藝術。

三、防範未然的突破策略

當你面對到對方最有把握的防禦取位，在發動突破前就要做好準備，避免對手搶到任何有

柔術小檔案 4.0

選擇適合自己的突破策略

攝影：Catarina Monnier

雖然我在道館教學或練習時，非常偏好採取防守戰，但在實際競賽中為了能讓比賽按照自己的策略與節奏進行，未必每次都能花大把的時間等待對手進攻再做反制，因此我在比賽時會將個人習慣與喜好擺在其次，專注在如何發揮出更精準有效的柔術戰略，這點和柔術個人的美學或技巧展現無關，踏入賽場上就必須認清競賽講求的是勝負與成果。

筆者在瑪瑙茲（位於巴西的大城）開始白帶學生時期，就察覺到自己很喜歡扮演突破方的角色，雖然我在柔術訓練的過程中也將自己的防禦技巧提升到頂尖的水準，但我的天性還是比較傾向積極突破的攻擊策略，所以在競賽中會盡量讓自己維持在上位，讓我可以屏除拘束、順應自己的天性與直覺，來做出更有攻擊性的佈局。

試著在練習與比賽過程中察覺自己的性格與習慣，並找到自己在柔術中最舒適的取位，接著再透過每次訓練發展出適合自己的策略與佈局，讓自己可以更接近勝利。

利的把位或取位角度，如果不先設想對方的防守策略，僅自顧自的發動突破只會讓雙方攻防陷入僵局，更有可能讓對方趁勢完成絆摔反制。筆者認為最好的柔術策略必須要能防範未然，如果能在阻礙成形前就加以排除，那問題自然就不是問題。

當然，無論你經歷過多少的模擬對練或比賽，還是會遇到自己完全沒遇過的攻防策略。你當然不能預期自己每次都剛好有可以破解對方策略的招式，更何況所有的策略都需要反覆演練才能完整發揮，這也是筆者必須一再強調「防患未然」在柔術戰略中的重要性。

最常遇到學生問「如果對手扣住某個把位或者搶到什麼取位做什麼動作，該怎麼破解？」我的回答一定是「如果你不加以防範，讓對手一口氣完成這些步驟，代表你主動陷入對方的比賽節奏，在他的策略完成後，你只能選擇拍地認輸，這就是沒有防患未然的結果。」

所以，最好的策略永遠要考量到對手的意圖並加以防範，學習如何理解每個舉動的意義並加強對整體競賽節奏的掌控，不讓對方搶到把位，就不需要面對絆摔的威脅。還是回歸到那句老話：「柔術是爭奪主控權的競技」。

四、先發制人的突破策略

擬定好適合自己的突破策略後，接下來的關鍵就是出手的時機。你必須全神貫注感受雙方節奏的變化，突破對方的防禦取位並且完成最後的壓制與降伏。你必須確保每個環節都在自己的掌控之下進行，任何一個環節的失誤都會導致與對手更多的糾纏，甚至會面臨被反制的危機，而所有環節的成功都仰賴每一個動作啟動的時機，用屬於自己的策略與節奏來發動這一系列的突破攻勢，

五、突破技巧訓練

練習突破技巧與前面防禦技巧訓練的準則相同，可以試著給予特定的條件限制來讓訓練更有針對性，這樣的做法可以避免初學者在學習新技巧時，過度依賴之前已經熟練的技術。如果沒有給予雙方一定的條件限制，突破者可能為了要提防對手的絆摔或降伏反制，無法先將心思集中在練習突破技巧方面，這樣反而會降低學習效率。

舉例來說，可先請扮演防守方的同伴採取特定幾種需要加強練習突破的防禦取位，突破者可以將所學的全部突破技巧一一驗證，找出適合自己的的組合順序。而防守者在初期先採取相對保守消極的防禦，等突破方開始熟練技術後再增加更多絆摔與反制的選項，以循序漸進的方式提升難度並熟練各種突破技術。

六、棕帶階段的突破技術

突破能力在棕帶階段的對抗裡扮演非常關鍵的一環，同時這也是晉升到黑帶前最後的試煉。棕帶柔術學員必須學習提升自己對於柔術戰略的理解、協調與感知能力，來將上述的突破原則應用來面對不同類型的防守取位與對手。當然這一切都是建立在邁向棕帶階段前，你已經對求生、逃脫與最重要的防禦有更深入的理解。

到了棕帶階段強調突破技術的原因，是因為學員必須先建立良好的防禦概念與經驗，才能成為一名好的突破者，也就是知己知彼百戰不殆的道理。所以擅長防禦戰的人往往也會有水準之上的突破技術，如果你知道做好一個防禦取位的關鍵，自然就知道如何瓦解它。

A. 跪姿全防禦突破技巧

　　從跪姿開始要突破全防禦取位，是需要相當程度的策略與技術，為了排除其中的困難，首先可以從防守者的觀點切入，配合前面章節內容可知防守者的首要目標就是設法造成突破方破勢，這樣可以提高防守取位中絆摔或降伏組合的成功機會。當然在實戰中即使沒有造成突破方的破勢，防守者還是有可能發動這些反制組合，這也是突破方必須嚴加提防的要點。

　　接下來談到突破方的要點，在突破的過程中維持姿勢與下盤的穩定，保護頸部與手臂可能的把位並設法牽制對手的髖部重心與姿勢，這些都是避免被對方絆摔反制的基本條件，避免對方任意坐起上半身將你拉倒破勢。在往前突破的過程中，手臂與頸部都是容易暴露的危險把位，主動做好防範讓對手無隙可乘。留意對方髖部的移動來讓自己隨時處於最有利的相對位置，並在對方試圖逃脫時快速反應跟進，逐步控制對方的手腳來限縮對手的活動範圍，讓自己可以更精準的完成突破與控制。

　　以跪姿突破全防禦時，除了運用應有的技術，更要有耐性隨時重新調整回到最初的攻防取位，要讓自己對對手的所有絆摔意圖保持警惕，在不躁進落入對手圈套的前提下穩扎穩打完成突破。

25-0 阻止對手搶到衣領把位

　　柔術對抗一旦進入相對主動的突破取位時，就要極力避免再讓對方有扳回一城的機會。筆者個人的柔術策略更是以只進不退的進攻節奏為主，因此更要避免對手在防守取位搶到任何對他有利的把位。下面會演示如何藉由簡單的姿勢與取位調整，來避免對方輕易取得衣領把位，運用簡單有效的動作配合只進不退的原則，來維持自己上位的突破優勢。

圖中防守者(白衣)以全防禦抵禦採取跪姿的突破者(藍衣)，突破者雙手上下錯開往前扣住對方道服來限制對方移動。

防守者試圖將左手越過對方右手上方扣住對方衣領。

突破者察覺對手意圖，右手手肘往上將對方左手架開，同時頭部與上半身順勢往左側傾，來保持安全的距離繼續控制對手。

由於突破者右肘抬高，防守者決定將左手穿過下方繼續搶攻衣領把位，但這個變招就是突破者反擊的開始。

突破者抓準對方的失誤將身體回正，右手手肘下沉順勢困住對方左手。

突破者控制對方左手後，左腳往後撤開讓身體往右轉擠開對方右腳膝蓋。

突破者藉由身體的扭力，進一步將重心往前撐開對手全防禦取位雙腳的控制，破解對方防禦後就可以繼續往前加強控制。

25-1 阻止對手搶到對側衣領把位

防守者在全防禦取位下,也有可能在某些情況下選擇直接搶攻對側的衣領把位。當然,突破者首先仍必須保持冷靜,並配合雙方取位相對關係與對手動態作出應對。通常防守者搶奪對側衣領把位有兩個可能目的:想將突破者上半身拉低破勢或者發動十字襟勒等降伏組合,因此突破方就必須保持警覺,不讓對方破壞自己身體重心,同時調整特定的取位角度來避開可能的降伏威脅。突破方稍微調整身體角度,絕對會比大費周章地阻擋或逃脫來得更有效率,也相對不會失去原本的突破優勢。

在進行下面的練習流程時,同樣要讓自己熟練左右兩邊不同的方向。即使是我,也會有其中一邊相對反應較慢,但我還是會盡量將兩側的取位調整,都提昇到可以實戰應用的熟練程度,切記將身體轉向遠離對方攻擊手的方向,以免不小心轉錯反而讓對方更容易取得控制。

突破者(藍衣)以跪姿面對對方的全防禦取位,雙手擺在前方上位作出進一步控制。

防守者左手往前往上扣住突破方對側衣領把位。

突破者立即將身體轉向右側來避免被對方往前拉,同時左手往前抵住對方卡位,右手移到對手左膝的位置,右腳往側邊踩開提高全身穩定性。

突破者右手推住對方左膝，並將身體重心往左後方偏移，用全身的力量準備撬開全防禦取位的雙腿。

接著雙方回到原本全防禦取位的牽制狀態，突破者換進行另一側的動作練習，讓防守者以右手扣住自己左邊衣領。

突破方採取相同的應對策略，將身體轉向左側遠離對方攻擊手，並將右手抵在防守者身體中段，左手順勢卡住對方右腳膝蓋，並將左腳往後踩開維持姿勢穩固。

接著，突破者將身體回正，配合左手推抵來撐開對方雙腿，破解全防禦取位。

25-2 被上圈臂控制的逃脫方式

　　全防禦搭配上圈臂固定是控制效果非常好的防禦取位，突破者要破解這個組合同樣得從防守者的意圖開始分析。防守者最首要的目的，是藉由全防禦雙腳的牽制與上圈臂的控制進一步壓低突破者的身體，更有利於接下來銜接十字襟勒或直臂肘關節技等降伏組合。此外，防守者更可以因應突破者不同的反應快速調整變招，例如突破者如果直接往後抽離手臂，防守者便順勢搶攻肘關節技把位；如果突破者往另一側抽手或甚至往前推開防守者，則防守者可以視情況採取足肩胛固(omoplata) 或十字襟勒降伏。所以突破者最安全的做法，就是先控制對方另一隻空出的攻擊手，並同時調整身體角度來完成逃脫。切記要保持耐性來脫離對方的控制，避免躁進陷入更大的危機。

防守者(白衣)左手上圈臂纏住突破者(藍衣)右手，並搭配全防禦取位牽制對方。突破者必須立即設法逃脫，避免防守者進一步轉換降伏組合。

突破者借助上半身重心往前用左手壓住對方右手，這樣可以暫時避免防守者進一步使用十字襟勒的降伏組合。

接著突破者將頭鑽向對方右側髖部外側，讓上半身往左轉到雙方軀幹接近互相垂直的位置，右腳膝蓋往前用大腿外側卡住對手髖部，藉由限制對方髖部移動來避免對方作出足肩胛固的降伏變招。

突破者接著藉由右腳推蹬地面調整身體角度讓右手放鬆，順勢抽離對方上圈臂的控制。

突破者抽離右手後，繼續用右腳卡住對方髖部，並將右手收回到對手左髖的位置。

突破者脫離對方上圈臂控制後將身體回正，重新準備突破剩下的全防禦取位。

25-3 被過肩扣住背側腰帶的逃脫方式

在全防禦取位中，如果防守者單手越過突破者肩膀扣到背後的腰帶，會對突破方造成非常大的限制，防守者可以藉著腰帶把位固定對手，同時也能在突破者試圖往後或失誤時快速銜接三角勒降伏組合。突破者可以先專注將身體轉向對方扣住腰帶手的另一側，讓被壓住的肩膀繞出對方手臂下方，接下來要掙脫腰帶把位，就會變得相對容易且安全。

防守者(白衣)在突破者(藍衣)破勢重心前傾的同時，將右手越過肩膀扣到突破者背後的腰帶把位。突破者必須設法盡快逃脫回復姿勢，剛開始先將雙手抵在防守者胸前避免他進一步的降伏搶攻。

接著突破者保持重心壓低，先將右腳往外踩開加強穩定性。

突破者將身體往右側轉動，同時左手伸直撐起上半身，直到左肩脫離對方右手下方。

接著突破者身體回正，同時右手推住對方左腿內側順勢撐開全防禦的雙腳。

圖解 25.3 不要輕易起身

全防禦搭配過肩扣住背側腰帶，對防守方來說是相當有利的控制組合，所以突破者要避免過度消耗不必要的體力 (圖 1)。體力消耗是柔術對抗常見的致命傷，尤其突破者在這種控制組合下，如果想要強行挺起上半身 (圖 2) 更是非常費力的動作，突破者必須保持冷靜將體力留給必要的逃脫動作，等到脫離險境後就輪到對手必須花更多的力氣來爭奪主控權。

25-4 全防禦突破基本開腿技巧

　　全防禦突破基本開腿技巧 (guard opening，意指撐開防守者雙腳的牽制) 通常是筆者第一個教導學生練習，也是個人最常使用的突破起手式。動作本身並不困難，但要注意剛開始練習時避免直接用手肘去敲擊防守者，在實戰中這對突破防禦沒有幫助反而容易惹毛對手。柔術的目的不在於直接傷害對方，更重要的應該是在練習過程中用正確的技術保護同伴，藉由身體取位軸心的轉動，壓迫對方固定的雙腳，再藉由身體往後的力量脫開全防禦的固定結構。

突破者(藍衣)採取跪姿應對防守者(白衣)的全防禦取位，右手抵住對方胸口、左手扣住腰帶。右手做為支撐點可以避免對手試圖起身或將自己往下拉動，左手扣住腰帶的目的在於牽制對方髖部的移動，避免對手發動絆摔或降伏反制。

突破者接著將身體略為側向左邊，並將左手肘往後抽，順勢把左手肘塞到對方右膝內側位置。

突破技術

突破者左腳往左後方踩開，右腳高跪姿撐起身體，在確保重心平衡的情況下，讓身體軸心面向切往左邊。

接著突破者壓低上半身並靠往左邊膝蓋方向。

藉由左手抵住對方右膝內側，同時將身體往後的力量，撐開防守者雙腳的控制破解全防禦取位。但要注意提防對手有可能順著突破方往後的動力，發動絆摔或降伏組合反制。

25-5 三角勒預防性卡位技巧

　　當突破者撐開對方全防禦取位的雙腳時，都要特別留意防守者可能順勢扣住自己留在前方的手臂把位做三角勒反擊，所以在撐開對方雙腿後突破者必須繼續用前臂與手掌卡住大腿內側，再將手肘往下收抵在對腿後位置，讓防守者無法輕易將你往前拉動使用三角勒降伏。

防守者(白衣)以全防禦牽制突破者(藍衣)並用右手扣住對側衣領把位，突破者立即作出反應將右手往前抵住對方，左手往下卡在髖部的位置。

接著突破者將左腳往後撤開，讓身體面向轉到左邊。

圖解 25.5 手部卡位細節

　　如果突破者想要更積極地避免對方雙腳靠攏，可以將左手肘卡在自己左膝外側來作為更穩固的支點，如果對方移動右腿試圖脫開卡位，基本上突破者也可以立即調整膝蓋與手臂位置繼續抵住大腿內側，一旦採取這種方式卡位，防守者就很難靠蠻力掙脫反擊。

突破者將身體往後移動撐開對方雙腿破解防禦，同時用左手扣對方右腿，並用前臂抵住大腿內側持續往下壓迫，藉由身體重心維持撐開對方雙腿的力量，讓防守者無法輕易併攏做三角勒反擊。

25-6 三角勒預防性卡位常見錯誤動作

　　許多經驗不足的學員在撐開對方雙腳後，下手會直接抓住對方大腿褲管做牽制，但褲管的把位控制力道不如用前臂與膝蓋卡位來得穩固，防守者只需靠腿部移動的力量就可以輕鬆掙脫，反而更容易被對手使出三角勒反制。

防守者(白衣)採取全防禦，同時右手扣住突破者對側衣領，突破者整身體取位準備轉向左邊遠離對方扣住衣領的右手。	突破者在身體轉向左邊的同時，將左手手肘收到對方右腿內側。	但由於突破者並沒有用左手與前臂抵住大腿內側卡位，只是單純抓住對方褲管，防守者可以很輕易的將右腿繞過突破者的左臂到肩膀上方，準備採取三角勒來進行反擊。	突破者要補救已經為時已晚，防守者左手扣到右腳腳背完成三角勒結構準備降伏對手。

25-7 如何應對防守者保護雙手把位

　　在實戰中有些防守者會將雙手藏在後腦勺，來避免站姿突破者搶奪把位，雖然這種消極防守的做法確實保護了雙手把位，但突破者就可以用更簡易的方式破解全防禦取位的結構。當你遇到對手採取類似的消極防禦做法，就可以使用下面的技巧突破防禦。

防守者(白衣)採取全防禦取位，同時為了保護自己雙手的把位，選擇將雙手直接背到頸後。	既然防守者主動放棄雙手的其他功用，突破者就可以在沒有干擾的情況下直接突破。首先，將左手前臂抵住對方髖部位置。	接著，突破者將身體側向右邊，左腳做高跪姿撐高上半身，右手前臂抵住對方左膝內側。	最後，突破者身體往後並配合右手將對方左腳推向地墊，用全身力量撐開對方雙腿破解全防禦取位。

25-8 單邊下圈臂開腿突破技巧

　　單手下圈臂撩腳的方式，也是對付全防禦相當基礎的突破開腿技巧之一。某些人會認為這項技巧相對過時、不實用或者容易被對手抓到三角勒的反制機會，但以筆者的經驗來說，只要能讓每個環節確實到位，還是能對防守者造成威脅且不容易被搶到三角勒把位。其中的關鍵在於突破者不要想著用肩膀直接扛起對手大腿，反而應該保持重心穩定後藉由下圈臂的手做卡位，再配合身體的力量撐開對方的雙腳。筆者認為這項技巧雖然傳統，但也並不失在現代競技場上的威力。

同樣在全防禦取位中，突破者(藍衣)右手往前抵住對方腹部，同時左手在下方牽制對手髖部。

接著，突破者左腳往外踩開，身體側向左邊同時左手前臂抵住對方右腿內側，右手推住對方胸口限制對手起身。

當突破者試圖以之前的方式開腿時，防守者死命抵抗夾緊雙腳。

突破者為了不和防守者硬碰硬消耗體力，將左手滑到對方右膝與自己身體的空隙間，這裡特別注意只需要將手掌穿過空隙即可，手肘留在膝蓋以上的位置。

接著，突破者左腳上前，讓左手可以搭在左膝上做支點，藉此將對方的右腳往上卡到自己身體前方。

最後，配合身體重心往後與左膝左手往外頂的力量撐開對方雙腳。

25-9 單邊下圈臂突破技巧

　　單邊下圈臂突破通常會是許多人第一個學習從開腿突破到壓制的完整突破技術，因為其中包含許多突破最基本的要素：控制對方髖部以及往前壓腿控制的技巧 (stacking)，突破者以下圈臂的方式由下往上撩起對手其中一條腿，來限制對方髖部的移動，並限制對手防禦取位的方向，接著在配合身體重心往前壓腿，進一步強化壓制效果。記住前面提過突破方除了技術以外還有一個重要的優勢，那就是重力。

　　上面的基本要素會應用在後面許多突破技巧中，經由反覆練習讓動作更加流暢。雖然某些人會質疑這種突破方式容易被對手抓到三角勒反擊的把位，但只要在突破時調整身體面向，就可以讓對手無法輕易發動降伏反制。如果你還是有所疑慮，可以參考 Roger Gracie 與 Xande Riberio 等人在黑帶高階的柔術賽事裡，就有很多下圈臂突破的應用方式。

突破者(藍衣)以前面介紹過的單邊下圈臂開腿技巧，撐開防守者(白衣)雙腿後，準備繼續往前突破壓制。

突破者身體壓低前撲，讓右手穿到對方左腿下方摸到地面，為了預先避免對手做三角勒反制，突破者將身體重心壓低，並將髖部往左後方偏移調整身體中線位置。

突破者右腳往前踏並順勢用右手將對方左腳撩到肩上，同樣為了避免對方的反制組合，突破者頭部挺高收好左手手肘，避免對手將自己往前拉倒做三角勒固定。

接著,突破者右手往前扣住對方右側衣領牽制對方上半身與頸部,右膝配合往前和手肘一起卡住對方髖部加強控制,過程中左手繼續收在後方提防對手三角勒反擊。

突破方接著雙腳推蹬,用全身的力量往前將對方右腳壓向他的頭部方向,過程中右手持續固定對方避免對手往後逃脫。

運用髖關節與腿部的力量用腳尖推蹬地面,將身體繼續往前把右腳壓過對方左腿,到這裡突破者的頭部已經脫離對手雙腳內的危險範圍。

最後,突破者順勢進入側向壓制的控制取位。

25-10 髖部被對方阻擋的破解技巧

　　經過前面的練習，基本上就可以掌握單邊下圈臂突破的動作流程，接下來要針對防守者可能作出的反應作出應對。即使雙方都是初學者，在經過幾次突破練習後，防守者也會開始試圖用手伸直推住對方髖部，來阻止突破者往前的動力，這種做法在高階的對抗中也很常出現，動作簡單卻也能影響突破的節奏，但只要突破者持冷靜還是可以輕鬆破解。關鍵在於不要強行往前和對方伸直的手臂互相抗力，這樣有可能會導致髖部抬高，讓防守者有機會再次搶回全防禦取位。突破者正確的做法應該是改變身體前進的角度，讓同側膝蓋鑽到對方伸直手臂的內側，使對方手掌從髖部滑開，在動作流暢的情況下，最後可以順勢控制住對方伸直手臂。

突破者(藍衣)採取單邊下圈臂的方式撩起防守者(白衣)左腿，但防守者立即用左手伸直抵住突破者的髖部，阻擋其往前的動力。

突破者改變前進方向角度，讓右膝塞到對方左手內側避開對方推髖的阻力。

配合前面教過的做法，突破者將右手手肘撐在右腳膝蓋外側，形成更加穩定的結構將防守者的右手與軀幹隔開。

最後，突破者將右膝完全卡到對方左邊腋下完成側向壓制。

25-11 基本下圈臂突破變化動作

　　頑強的防守者會試圖在被下圈臂突破的過程中，移動髖部到側邊設法逃脫。這種逃脫方式會使突破者偏離原本的突破動線，同時也會拉開雙方的距離，如果突破方沒有調整直接強行往前，很有可能會加速對手的逃脫或者讓對方有機會發動絆摔反制，所以必須藉由下圈臂突破的變化動作來避開風險。主要的目的在於將防守者壓平繼續控制髖部，突破者依照對手髖部的移動調整身體角度牽制對方髖部，再配合雙腳推蹬離地的方式快速突破壓制。

突破者(藍衣)以下圈臂突破，但防守者(白衣)將髖部往左側移動，並將右腳塞到突破者兩腿間試圖逃脫。

突破者將雙手放下撐在對方髖部兩側的地面。

突破者藉由雙手將對方髖部卡在原位後，就可以往右移動雙腳調整最好的突破路徑，過程中務必繼續將防守者背部壓在地面。

接著，突破者小腿推蹬起腳尖將臀部往上推高，製造足夠的空間將對手原本卡在自己雙腿間的右腳推到身體下方，讓雙腳不要受到牽制，過程中右肩持續頂著對方左腳將對手壓在地面。

突破者在雙腳自由後，將重心放低重新將髖部往前壓住對方，從對手右邊進行側向壓制，右手右腳並用牽制住對方的雙腳讓對手無法再次逃脫。

25-12 雙手下圈臂突破技巧

　　雙手下圈臂突破技巧與前面的單側下圈臂突破，基本上是以相同的邏輯互相變化。某些雙手下圈臂突破的做法，突破者會將大腿擠到防守者髖部下方，雙手分別撩起對方雙腿後左右手互扣往前壓迫。但依照筆者與許多柔軟度較佳的對手應對的經驗來看，這種方式通常不容易成功，所以在我的版本裡，其中一手會採取和單側下圈臂相同的做法，另一手則是牽制下腳避免對手回復防禦。最重要的關鍵在於將雙手牢牢鎖住對方雙腳，不要刻意往前去扣住對方衣領，雙手往前伸的動作反而容易使雙肘開掉，讓對方有機會逃脫或反制。這時你會質疑如果雙手都鎖在對方腳上，那該如何強壓完成突破？答案很簡單，往前強壓突破的力量應該來自髖關節伸展與腿部的推蹬，這樣就可以更安全省力的完成突破與壓制。

突破者(藍衣)雙手下圈臂扣住防守者(白衣)雙腳準備突破，防守者雙腳往下撐住抵抗突破者往前的力量。

突破者不直接往前和對方強碰，身體往右繞圈將對方的右腳下放到地面，並用右肩扛著對方左腳。這裡的重點在於突破方必須依靠身體動線去牽制對方雙腿，避免自己過度依賴雙手臂力。

突破者將雙膝卡住對方雙腳，並將右側髖部往前抵住對方加強固定。

突破者藉由後腳推蹬與髖關節伸展爆發的力量，將對方右腳頂向遠方。

突破者將對方雙腳都排除到身體另一側後，就可以繼續往前座側向壓制完成突破。

25-13 雙手下圈臂突破變化動作

　　這裡介紹一個雙手下圈臂突破常用的變化動作，通常防守者被對手撩起雙腳時，會將雙腿分開往下採向地面來抵抗突破方往前壓腿的意圖，同樣這裡突破者也不需要和防守者互相抗力，反而可以順勢讓對方雙腳往下踩到地墊，再配合適當的時機輕鬆跳躍跨過對方雙腿的阻礙完成突破。

突破者(藍衣)雙手以下圈臂方式固定防守者(白衣)雙腳準備突破，防守者試圖將雙腳往下踩並將髖部往後移動來抵禦。

這次突破方選擇進攻速度較快的變化動作，左手往內用前臂將對方右腳推向地面。

突破者趁對方還來不及反應時，快速用左腳輕鬆彈跳跨過對方右腿。

落地時直接卡住對方髖部，搶到側向壓制取位。

25-14 戰鬥姿基本突破技巧

在戰鬥姿 (combat base) 狀態下做基本突破的技巧,是所有柔術家必須非常熟練的技術。首先來解釋戰鬥姿的做法與定義,不管是站姿版本或跪姿版本的戰鬥姿都是基於相同的動作策略,突破者會讓前腳形成一個穩定的屏障來限制對方的移動,並且讓對手無法扣上雙腳回復全防禦,同時配合前手手肘靠住膝蓋連成一體,若防守者試圖拉手破勢時,突破方前腳就能快速跟上施壓。

同時這裡也是第一次使用到腿對腿的牽制技巧 (leg-on-leg trapping),做法是用前腳壓住固定防守者下腳,讓後腳可以有機會移動,讓身體越過對方的防禦取位完成突破。如果沒有前腳牽制的協助,防守者有可能會進展到半防禦取位互相僵持。

突破者(藍衣)以基本全防禦開腿技巧,撐開對方雙腿準備繼續往前突破。

突破者右手前臂將對方左腳壓向地面後,右腳跟著往前穿到對方左腿內側,並讓右肘靠在右膝上形成屏障,突破者以戰鬥姿的方式卡位,讓對手無法再次合上雙腿回復防禦。

突破者接著將膝蓋繼續往前挺進壓制,防守者會反射性想將對方膝蓋推開。

突破者配合對方手推的力道,右膝順勢滑向外側將對方左腿壓平在地面,同時髖部繼續往前挺進。

突破者用右腳腳勾，將對方左腿固定在地面，同時身體上用右手上臂做臉部壓制(cross face)。

讓防守者難以動彈後，突破者左手推住對方右邊髖部，左腳往右後方延伸使身體轉到側面越過對方雙腿防禦。

突破者身體轉到側面後，左膝往前滑動抵住對方髖部完成側向壓制。

圖解 25.14 前腳牽制動作

突破者搶到戰鬥姿要繼續往前突破時，對方通常會用手推住前腳膝蓋做抵抗，這時同樣不需要和對手互相抗力，最好的做法就是順勢將前腳膝蓋滑到外側，用腳踝腳背形成的腳勾將防守者下腳固定在地面。如果少了這一道牽制，對方很有機會再次移動雙腳搶回半防禦甚至全防禦的取位。

B. 站姿全防禦突破技巧

　　站姿突破基本上和跪姿的方式有不同的優勢與風險，所以在這裡獨立出來延伸討論。先從風險來說，採取站姿突破相對更考驗突破者的平衡能力，因為身體重心較高，所以防守者確實能有更多執行絆摔的機會，雖然因為雙方距離較遠比較不容易直接發動降伏，但還是有少數的組合技巧可以做到降伏反制而必須嚴加防範。接著說到站姿突破的優勢，最關鍵的一點就是站姿相對於跪姿，可以有更大的力矩空間，運用重力由上往下發動更猛烈的突破攻勢。下面會介紹站姿突破基本的訓練方式，來提升自己面對絆摔與降伏的平衡與協調能力，熟練後搭配跪姿突破就能有更多變的突破策略。

25-15 站姿突破基礎暖身流程

　　如果你完全沒接觸過站姿突破或者全防禦開腿的技巧，那下面的暖身流程會是很好的入門練習。起始動作踩站姿，雙腿分開超過肩膀寬度，雙手手肘靠在大腿上方，上半身維持在這個高度左右擺動，讓重心在雙腳間來回互換。在過程中仔細調整身體平衡並感受如何用雙腳抓地維持穩定，熟練後其中一腳往後退來模擬實際突破中，前後腳分開的戰鬥姿勢繼續來回擺動，這個暖身流程可以幫助你放鬆身體並掌握站姿突破所需的平衡。

首先雙腳張開站立距離略大於肩寬，膝蓋微曲、身體前傾將雙手手肘靠在膝蓋內側。

雙腳腳掌不離開地面，將重心搖擺到右側髖部，讓重量轉移到右腳並維持身體姿勢穩定。

依個人能力偏移到最右側後，再回到起始位置。

接著以相同的做法將重心搖擺到左側，過程中專注在體會身體如何維持平衡。

回到中間後開始模擬突破戰鬥姿勢的狀態，右腳與右手往前並將手肘繼續靠在膝蓋上方。

雙腳前後分開讓身體側向左邊模擬實戰突破狀態，同樣練習讓身體重心在雙腳間來回擺盪並維持平衡。

25-16 進入站姿突破的正確 VS 錯誤作法

　　突破者要從對手全防禦取位雙腳的牽制中，由跪姿進入站姿是需要一定程度的技術與練習。要知道進入站姿的過程，對防守者來說是設法破勢與發動絆摔的大好時機，因此突破者必須採取一系列的防範策略來封阻對手反擊的意圖。因此下面這一連串由跪到站的連續動作務必反覆熟練協調，讓自己在過程中不會感到有任何失衡的瞬間。

　　下面會分別介紹正確的練習方式與常見的錯誤動作，注意筆者是在起身的過程避免被對方破勢扳倒，這裡的關鍵同樣在於維持最適合的取位角度。

正確站立流程

突破者(藍衣)在防守者全防禦取位中，雙手抵住防守者維持穩定跪姿。

突破者藉由頭部帶動身體往左傾倒，讓右腳有足夠的空間繞到外側。

突破者保持身體傾向左邊，直到右腳完全繞到外側膝蓋朝上踩地。這裡的關鍵在於運用身體傾斜的調整，讓右腳有更大的活動空間踩穩地面。

接著，突破者身體軸心往右轉面向45度斜角，讓左腳可以順勢往後撐開準備踩地。

全
防
禦
突
破

雙手在全部的過程中都還是繼續在前方牽制防守者，突破者接著將左腳往後蹬直呈弓箭步起身。

突破者起身後縮短雙腳間距，調整身體面向準備以站姿突破取位面對防守者。

錯誤起身動作

突破者在對手的全防禦雙腿牽制之中，但這次突破者身體前傾，想直接依靠蠻力讓右腳踩住地面。

由於突破者身體過度前傾，防守者扣住突破者衣領，雙腳夾住他的腰部捲腹收腿，讓突破者往前破勢。

但即使突破者成功踩住右腳，由於身體面向還是維持正面對著防守者，少了前面轉身面向45度斜角的調整讓左腳往左後方支撐，很容易會因為對手干擾而往左側失衡。

防守者察覺對方取位結構失衡，將突破者往前拉向身體右側，便可以讓對方破勢倒向左邊。

25-17 站姿全防禦的推髖開腿技巧

　　雖然同樣是面對全防禦取位，站姿和跪姿在開腿突破的技術上有完全不同的策略和應用。這裡介紹的站姿推髖開腿技巧可以應用在下列幾個情境條件：首先，防守者是運用身體重量配合全防禦的雙腿拖住突破方（像是將身體用雙腳掛在對方身上），再來防守方鎖住雙腿的動作要比突破者設法站穩身體更為費力，換句話說就是防守者維持現在這個位置受到重力的影響比突破方更大。所以在這兩個條件下，突破者可以調整到適當的身體角度用雙手將對方推向地面，配合手推的反作用力，同時將髖部往後頂開對方雙腳完成開腿的動作。

突破者(藍衣)採取站姿，受到防守者全防禦雙腿的牽制。

突破者左腳往後踩開調整到適當的斜角，雙手往前抵住對方身體中段。

突破者雙手往下將對方推向地面，同時配合反作用力將身體往後用髖部壓迫對方雙腳，直到防守者因為雙腿負荷過大只好分開雙腳。

突破者撐開對方雙腳後屈膝放低重心，並將右膝往前卡到對方雙腿之間進入戰鬥姿(combat base)準備繼續突破。

25-18 突破過程中的防禦性深蹲&站姿開腿技巧

雖然柔術講求的是力量流動與技巧之美,但在競賽的框架之下還是有身體素質與體力的考量,尤其在突破階段可能會消耗大量的體能,這時候最重要的就是保持冷靜,並採取適合的防禦性技巧來等待更好的突破時機。這裡要介紹的防禦性深蹲 (defensive squatting),就是一個可以讓突破者在相對安全的情況下恢復體力的取位。許多人在難以突破又感到疲勞時,容易停滯在當下的動作不知所措,但同樣是消耗時間倒不如盡快切換到防禦性深蹲來讓自己可以更有效率地恢復,同時也能避免僵持在原地讓防守者有機會發動絆摔。

突破者(藍衣)採取站姿被對方的全防禦取位牽制,突破方體力消耗過多暫時無法繼續進攻。

突破者雙腳往後往下做深蹲動作,並將雙手手肘靠向膝蓋內側,將對方雙腿鎖住限制髖部的移動,過程中保持頭部挺高、維持上半身穩定並避免被對方勒頸反制。

防守者試圖扭動髖部向後逃脫，但突破方繼續夾緊膝蓋和手肘來牽制對方動作。

當防守者不得已鬆開雙腳想逃脫時，就是突破者起身最好的時機。突破者起身將髖部往後撐開對方雙腳，同時雙手繼續壓制對手避免對方回復防禦取位。

 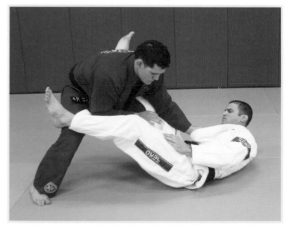

接著，突破者立即將左腳往前用左膝卡住對方大腿內側，讓對手無法再次合上雙腿進入戰鬥姿準備繼續突破。

25-19 控制單手把位的開腿突破技巧

這是筆者個人最愛用的站姿開腿突破技巧之一，在撐開對方雙腿的過程中控制對方其中一手的把位，來減少被防守者趁機下圈臂絆摔的風險。此外牽制防守者的手臂，也能讓他無法順暢移動髖部位置來發動絆摔或者逃脫，因此這種做法能有效提升突破方整體的主控權。

防守者(白衣)以全防禦取位雙腿牽制住突破者(藍衣)，突破者採取跪姿左手往前扣住對方胸前衣領，同時右手扣住防守者左手腕把位。

突破者試圖切換到站姿進攻，如圖先將對方的左手往內塞到自己左手下方。

突破者左手往下用手肘夾住對方左臂，同時上半身往左側傾準備起身，過程中都不要放開雙手控制的把位。

接著，突破者面向往右轉45度，同時右腳往前踩住地面呈高跪姿，由跪到站的流程和前面 25-16 的做法相同。

突破者接著左腳踩地順利雙腳站立起身。

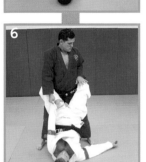

突破者髖部向前挺並站直身體，同時鬆開左手扣住衣領的把位，移動到對方右腳膝蓋的位置。

接著，突破者左腳往後，並用左手將對方的右膝推向地面使雙腳錯開。

最後，突破者髖部往後推抵，撐開對方雙腿準備繼續往前突破壓制。

圖解 25.19 控制防守者手臂的重要性

在執行上述的突破開腿方式時，一定要確實將對方其中一隻手臂塞到自己扣住胸前的手肘下方做壓制，避免對方有空出的手來干擾你的姿勢穩定 (圖 1)，如果對手試圖將手臂藏到自己頭部後方來迴避突破方的牽制，突破者就可以採取其他的突破方式 (圖 2，譯註：圖 2 動作可參考 25-7 的做法)。

25-20 如何應對長腿防守者

在競賽中難免會遇到天生四肢比例修長又強壯有力的柔術選手，對手這種極端的先天優勢可能讓前面介紹過的所有開腿突破技巧都難以發揮，這時就需要採取不同的開腿策略。突破者在站立往後挺身的同時，主動放開雙手原本牽制對方的把位，兩手同時按住對方同側腳的膝蓋內側，以和前面開腿方向相同但力量更集中的方式把對手的膝蓋強壓向地面，即使對方腿部肌力再強，膝關節的先天結構也很難承受強大的側向壓力。

雖然突破者(藍衣)已經搶到適當站姿開腿位置，但防守者得利於先天修長的腿部繼續扣住牽制突破方。

突破者為了應對對方的先天優勢，放開牽制上半身把位的雙手一起抵住對方右腳膝蓋內側，同時將左腳往後撤側過身體取得更好的施力角度。

突破者雙手同時往下壓迫，配合髖部往後頂開對方雙腿。

25-21 扣住腋下的開腿技巧 & 如何避免防守者做橋逃脫

　　扣住腋下把位的開腿策略，也是破解全防禦必備的武器之一，即使在無道服柔術的競賽中也能有效發揮。巧妙運用由跪到站的變化，結合膝蓋的卡位完成開腿動作。其中開腿成功的關鍵在於用雙手卡住對方上肢的所有功能，並將前腳壓平使膝蓋可以輕鬆的滑到對方雙腿之間卡位，在完成開腿後要立即配合上肢把位的轉換，去阻止防守者做橋逃脫或反制。

防守者(白衣)以全防禦取位，雙腳牽制住採取跪姿的突破者。

突破者上半身往前傾，用雙手分別抵住對方左右手的二頭肌起點位置，限制對方上肢動作，並將雙手手肘壓低，避免對方有空隙繞手逃脫。這種方式可以避免掉對方由上肢發動的降伏技巧。

接著，突破方右腳踩地並將身體面向轉到右側呈高跪姿。

與前面的站姿開腿流程相似，突破者左腳踩地後準備回復到站姿。

突破者將身體面轉回正面，並將重心持續透過雙手壓制對方上臂，防守者通常會順勢將髖部挺高來維持雙腿牽制的效果，並設法發動肘關節技等反擊策略。

突破者收回右手來用前臂抵住對方髖部，阻擋防守者挺髖做橋的動作，同時右膝往前擠到對方雙腿之間準備撐開對方雙腿。

突破者右腳跟踩穩下蹲讓臀部坐到左腳小腿，順勢把右膝繼續往對方雙腿間挺進。

突破者將右腳留在前方卡位，並配合把髖部往後頂開對方雙腳完成開腿動作。

圖解 25.21 阻止對方做橋的原因

某些攻擊性較強的柔術選手在採取全防禦遭到對方突破時，會做橋挺起髖部來加深雙腿的牽制，防守者甚至會將雙手過頭往後推來加強挺髖的動作，如果這時突破者沒有立即收回壓住腋下的雙手，就很容易被對方逮到機會絆摔，這也是為何這裡會教各位在起身後要用單手甚至雙手前臂卡住對方髖部 (圖 1)，預先使防守者無法順利做橋繼續完成開腿動作 (圖 2)。

25-22 雙手下圈臂環抱的開腿技巧

　　全防禦取位搭配雙手下圈臂環抱的方式，是綜合格鬥非常實用的防禦組合，在柔術對抗中也能看得到它的應用。按照筆者實戰的觀點來看，防守方採取全防禦與下圈臂環抱組合的目的不外乎兩點：拖延情勢來讓自己恢復體力並設法搶到上位者的背後控制把位，突破方要克服這兩點必須用雙腳卡住對方髖部，加上雙手手臂往下撐住地面限制對手讓他無法翻身搶到背側，接著立即設法回到站姿讓防守者必須花更多的力氣抱住突破方，藉由限制動作與體力消耗的策略，來讓對方失去這個防守組合的優勢。

防守者(白衣)採取全防禦雙腳夾住對方，同時雙手穿過突破者兩邊腋下到背後相扣環抱。突破者為了避免防守者移動髖部搶到背後，立即將右膝往前卡住對方髖部。

突破方接著雙手往下撐在對方肩膀兩側，左腳往前踩地徹底卡住對方髖部讓對手無法繞到背後。

接著，突破者右腳跟上踩住地面準備回復到站姿，過程中雙腳膝蓋往內確實夾住對方髖部。

突破者雙腳發力連帶對手一起站起身，注意維持核心穩定主要依賴下肢力量，避免過度使用背部肌肉。突破者確實站起身穩定後雙手抵住肩膀，上半身重心可以略微往前避免對方乘勢將自己往後推倒。

突破者接下來只需要借助重力與對方體重順勢把對方肩膀往下推，防守者難以抵抗只能鬆開雙腿落下背部著地，突破方可以從站姿繼續往下壓制。

圖解 25.22 雙手撐地的目的

在執行突破的過程中，突破方必須維持雙方攻防的主導權，設法阻止防守者任何干擾突破節奏或絆摔反制的意圖。當防守者採取全防禦與下圈臂環抱牽制時，突破方如果只用單手撐地來逃脫就會非常危險 (圖 1)，防守者很有可能會順勢繞到另一側搶到背後控制 (圖 2)，切記在這種情況下防守者能做的反擊變招非常有限，只要突破方能沉著應對不要主動失誤送出把位，就能成功脫離並繼續突破。

26-0 開放式防禦突破核心策略

開放式防禦 (open guard) 是柔術中最難纏的幾個防禦取位之一，突破者必須具備良好的空間感知與牽制對方雙腳髖部的技巧。接下來我會請同伴採取最基本的開放式防禦取位，來示範最核心的三種突破變化，分別是繞腿突破 (leg weave pass)、滑膝突破 (cross knee pass) 以及鬥牛突破 (torreando pass)。這三大主要突破技巧與其衍生的變化，構成開放式防禦突破的主要核心策略，接下來的內容會一一詳述。

26-1 前繞腿突破技巧

許多突破技巧都強調限制防守者雙腿的動作來完成突破，其中繞腿突破就是很典型的代表。繞腿突破的原文為 leg rope 或更常聽到的 leg weave，都是來自於突破者將外側手如同繩子般穿針引線繞著對方雙腿的動作。當然招式的名稱通常只能代表動作部分的特色，真正重要的還是在後續突破者如何將重心挺進壓迫對方雙腳與髖部。練習後你會發現繞腿動作的功能只能暫時牽制對手，真正需要熟練的還是運用重心轉移突破與壓制的技巧。

突破者(藍衣)原本打算採取下圈臂突破，但防守者(白衣)立即做蝦式往後縮髖，並用雙手抵住突破者肩膀。

突破者立即改變策略，將外側手(右手)繞過防守者左腿後側，穿到前方扣在對手右腿褲管上，藉由繞腿動作將對方雙腳膝蓋靠攏纏在一起。

開
放
式
防
禦
突
破

突破者固定住對方雙腳後，雙腳前後分開踩住地面維持穩定，並將肩膀和軀幹往前挺進把重心轉移到對手左腿上方。

接著，突破者左手往前越過對方左肩，繞到背後扣住準備轉換取位。

右腳往後往上甩來跨過防守者雙腳，讓身體完全過到對方右側。

突破者順著跨腿的動力，左右腳前後互換將髖部轉到面對防守者的方向。

右手換成圈臂抱住對方左腿，並使防守者背部著地穩固側向壓制取位。

26-2 後繞腿突破技巧

實戰中反應較快的防守者，可能會用下腳擋住對方正常繞腿的動線，或者做蝦式逃脫來迴避。這時就需要考驗突破方見招拆招的應變能力，改成以內側手做繞腿動作，從相反的方向搶到防守者背部完成側向壓制。因此在平時練習時，就必須將前後的繞腿突破作為配套的組合。

突破者(藍衣)試圖採取前繞腿突破進攻，但防守者做蝦式縮髖往後拉開距離。

突破者不強行採取原本的進攻動線，改成將左手往下撐住地面，並卡住對方左腳脛骨來替換右手繞腿的功能。

突破者左手固定後，就可以鬆開原本繞腿的右手伸到防守者背後扣住道服。

突破者順著右手的動作，將身體往右轉準備繞到對方背後，過程中左手持續固定對方左腳。

突破者持續往對手身體後側移動，直到雙腳都越過對方雙腿來到背面，拉開一定距離避免對方勾腿反擊。

突破方確定雙腳完全脫離後，就可以繼續完成側向壓制。

突破技術

26-3 翻面突破技巧

在突破者以繞腿動作牽制防守者以往前突破時，防守者有可能會反射性想張開雙腿阻擋突破者的動線，這裡就可以用上繞腿突破中一個快速翻轉防守者面向 (switch side) 繼續進攻的技巧。在柔術對抗的拉鋸中，防守者越輕鬆就代表突破者越費力，反之亦然，因此突破者必須避免掉進攻防過程中讓防守者搶回穩固取位的機會，而最快的變招方式就是直接改變取位的面向。要特別注意的是，在繞腿突破中要翻轉對方面向時，突破者得先用空出的手固定住對方的下腳，直到自己的雙腿成功繞到另一側遠離對方雙腳的牽制。熟練這項翻轉進攻的技巧，可以讓你的突破更加行雲流水。

突破者(藍衣)同樣以繞腿突破牽制住防守者準備往前挺進。

但這次突破者想先翻轉防守者取位面向再繼續突破。首先，先用左手往下扣住對方右腳膝蓋替代右手繞腿牽制的功能。

接著，突破者放開右手到防守者背後撐住地面，並用左手將對方右膝拉到正面朝上的位置，這個動作可以配合左腳往內一起完成。

持續手腳牽動的力量，將對方身體完全翻轉到對側。

接著,突破者用腳尖移動使左側髖部往下壓制防守者雙腿,右腳持續往前,同時鬆開左手撐到對方髖部後方卡位避免對手逃脫。

突破者在轉換到最後的側向壓制前,先用右手上臂壓制對方臉部。

突破者將對方臉部壓到另一側後,左腳繞過對方雙腳讓身體完全過到側面,左膝往前抵住對方髖部避免對方回復防禦。

圖解 26.3 翻轉過程中讓上腳脫離對方雙腿牽制

雖然突破方成功把對手翻轉到另一側,但右腳還在對方雙腿包夾之中。

這時突破者只需要將右腳往上側抬並略微往後伸展,就可以輕易從對方雙腳間滑脫。

接著,右腳就可以繼續往前來帶動身體方向完成突破。

26-4 滑膝突破

　　滑膝突破 (knee cross 或 knee slide) 是競賽中實用性高，且能發揮主導優勢的突破技術。從以下兩個觀點切入，可以讓你在滑膝突破的學習上更加順利。第一點，不要直接將膝蓋往中間瞄準對方腹部，反而應該用將膝蓋抵住對方大腿往外側滑動，目的是為了將對方的大腿壓向地面，讓突破方的後腳可以跟上往前，並藉由滑膝的動作使身體側轉到可以髖對髖壓制的方向，這才是滑膝動作真正的用意。第二點是你如何在滑膝過程中運用內側手來輔助，如同前面許多突破技巧的做法，突破方必須將內側手收好貼緊身體、靠緊大腿來形成一個屏障，避免對方在突破過程中有任何反擊或逃脫的機會。在滑膝突破中確實完成上述兩個要點，將會使你的突破威力倍增。

防守者(白衣)採取開放式防禦，等待突破者主動出擊。

突破者右腳往前切入對方兩腿之間，用脛骨卡住對方左大腿內側，接著右手往上扣住對方衣領，左手在對方髖部附近保持動態靈活防禦。

接著，突破者準備進入滑膝突破，先用左手將防守者右腿下壓，同時突破方右腳膝蓋轉向內側準備做滑膝動作。

突破者用右腳膝蓋抵住對方左腿內側往下滑動，讓對方左腿完全貼地並順勢將身體側邊靠上防守者做壓制。

突破者在繼續往下滑動的過程中，用左手控制對方右手上臂，並準備將身體繞到對方右側進入側向壓制。過程中，突破方的右手收在身體側邊並確保將對方完全壓平在地面。

在完全轉到側面後，直接進入側向壓制取位。

26-5 如何避免防守者扣住衣領

有經驗的防守者會在突破者往前切入時坐起上半身，扣住突破者的衣領來阻擋滑膝突破的動線，但突破方只需要保持冷靜還是有反制的做法。首先，先暫時停止原本的滑膝動作，並用外側手往上掀起對方的下腳，藉由拉高對方的下腳，配合突破方的膝蓋往前再次將對方坐起的上半身壓回地面，這樣同時也能脫開對方扣住衣領的把位。如果在防守者扣到衣領時，強行採取原本的滑膝突破而不將對手壓回地面，反而更容易被對手逮到機會發動反制絆摔。

防守者（白衣）進入開放式防禦，並等待突破者主動出擊。

突破者右腳往前踩到防守者雙腳之間，右手扣住對方左邊衣領，同時左手抓到對方右腳膝蓋褲管。

3

突破者左腳往後撤出對方右腳牽制範圍，左手將對方膝蓋往下推往地面。

4

接著，突破者右膝往內準備壓住對方左腳做滑膝動作，但防守者立即用右手撐起上半身試圖阻擋滑膝動線。

5

突破方立即停止滑膝，用左手拉高對方右腳膝蓋，同時右膝往前將防守者壓回地面，讓防守者背部貼地，避免他有任何反制的機會。

6

突破者再次壓制住防守者後，抬高髖部將右膝轉向左邊。

7

突破者再次用右膝將對方左腳壓回地面，並立即將身體往上髖對髖壓制防守者。

開
放
式
防
禦
突
破

突破者準備將身體移動到防守者右側，過程中左手壓住對手左肩繼續把他壓在地面。

最後，突破者搶到右邊以側向壓制完成突破。

26-6 切換滑膝突破的攻擊角度

　　如果你越熟練頻繁的使用滑膝突破，防守者也有可能採取策略性的卡位，預先阻擋你突破的慣用邊。在下面的練習中，防守者會用脛骨卡位保持距離，阻擋原本的突破動線。每當突破者要往前挺進時，防守者的膝蓋就會在腹部的位置卡位，突破者最簡單有效的策略就是改變突破的角度，面對防守者預先設立的屏障不需要硬碰硬強攻，設法改變突破路徑從另一側將防守者帶出舒適圈。

防守者(白衣)在開放式防禦取位中，以左手往對側扣住突破者的衣領，並用左腳脛骨在前方卡住對手突破動線。

突破者雙腳踩地，準備移動到右側來越過防守者左腳的卡位。

接下來，突破者將對方的左膝推向地面，同時右腳快速跨越到另一邊。

越過對方左腳後，左膝順勢往下切，用左邊軀幹側身壓制對方。

突破者一邊壓制防守者，一邊繼續轉向右側，最後搶到側向壓制完成突破。

26-7 鬥牛突破基本流程

　　鬥牛突破 (或稱作牛角突破，原文為 torreando 或 bull fighter pass) 是許多柔術選手愛用的突破技巧之一，其特點在於有相對更快的突破速度與較低的絆摔風險。由於突破者在主要的進攻過程中，雙腳都是完全站立的狀態，相較其他跪姿系列的突破技巧在移動上更加敏捷，而速度所產生的時間差往往就是成功突破的關鍵。此外也因為站姿取位的關係，和防守者可以保持相對較遠的安全距離，可以不用過度警戒絆摔或降伏的反制組合。只要能培養出對防守者採取襟勒、手臂衣領把位或下肢關節技等動作的觀察力，就能讓你的鬥牛突破更具威脅性。

　　在練習下面的基本突破流程時，攻防雙方務必確實遵循作用與反作用的原則，如果突破者沒有確實到位，防守者就不需要迎合對方作出反應。反之對防守者也是如此，防守者必須確實感受到對方前腳脛骨往前切入的威脅，再抵抗回推。而突破者也要確實感受到對方抵抗推回的力量，才能順勢閃到側邊繞過雙腿完成突破。這樣一來才能讓攻防雙方都在練習時模擬實戰真正的感受與啟動的時機。

防守者(白衣)採取開放式防禦，等待對方主動出擊。

突破者右腳往前切入抵向防守者左腿，採取站立的戰鬥姿態(combat base)。

突破者配合身體重心往前，用右腳脛骨將對方左腿壓向地面。

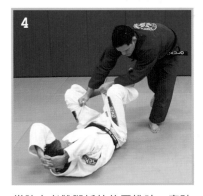

當防守者雙腿抵抗往回推時，突破者算準時機將右腳往後撤開，並順勢將對方雙腿甩向右側，空出側邊的突破動線。

突破者右腳快速往前跨出一大步搶到防守者左側，右膝往下壓制對方，採取浮固完成突破。

26-8 鬥牛突破應對腳勾的變化動作

下面介紹的鬥牛突破變化，是針對擅長蜘蛛防禦或腳勾等下肢牽制動作的防守者。流程是設法先孤立防守者其中一腳的功能後，再執行鬥牛突破。這裡就需要使用到前腳脛骨對脛骨的壓迫牽制，突破的時機點同樣是等待防守者反抗回推的力量，再順勢撥開對方雙腳。

防守者(白衣)以開放式防禦應對站姿突破者(1)。

和之前直接切入兩腿之間的方式不同，這次突破者右腳往前以脛骨對脛骨壓迫對方左腿，同時雙手往前扣住對方雙腳加強控制(2)。

在防守者雙腳抵抗的同時，突破方左手收回扣住對方左腳腳踝，雙手合力順著對方抵抗的力道把對方左腳推到左側，讓右腳可以繼續往前(3)。

突破者撥開對方雙腳後，立即跨步往前搶到側面用左腳膝蓋往下做浮固壓制(4)。

26-9 配合髖部牽制的鬥牛突破練習方式

藉由牽制防守者髖部來配合鬥牛突破的做法，是許多人用來對付開放式防禦取位的首選。其特點在於突破方會在過程中，以單手壓制住對方骨盆位置，移動時墊起腳尖，藉由自身體重穩定牽制住防守者髖部的任何動靜，確保這兩點後，突破者要做的就是開始練習如何分別移動到對方左右兩側突破並完成壓制。移動時用空出的另一隻手排除動線上防守者雙腿的阻礙，最好能熟練到在不需要變換牽制髖部手的把位的前提下，左右移動完成突破。

突破者(藍衣)採取跪姿在防守者的防守範圍內，先用左手抵住對方髖部做固定，同時右手在防守者右腿內側警戒。

接著，突破者雙腳墊
高配合抵在防守者髖
部的手，形成三點支撐
的結構，並將重心往前，使
體重透過支撐手壓制固定住對方髖
部的移動。

突破者保持前手控制往左側
移動，並用右手抓住防守者右
腳腳踝。

突破者用右手推開防守者右腳腳勾
的牽制，往左邊繼續移動。

突破者用右手排除障礙後，讓自己
完全繞到防守者右側。

搶到右側後，左手不放開，直接往下
做側向壓制完成突破。

回到起始位置，同樣用左手固定對
方髖部，準備做另一側的突破練
習。

突破者開始往右邊移動，並讓自己
的雙腳擺脫對方的牽制，過程中左
手同樣配合體重壓住對方髖部做牽
制。

同樣地，突破者用空出的右手排除
防守者左腳腳勾的糾纏。

清出動線移動到防守者左側，直接
左膝往下壓迫，採取浮固壓制完成
突破。

26-10 雙手抓腿突破技巧

　　這裡介紹一個同樣是以鬥牛突破為原型的變化技巧，許多學生在練習了多種不同的突破動作後，容易陷入進退兩難的混淆階段，需要花時間思考整合適合自己的突破策略。但雙手抓腿的突破技巧可以幫助大家再次認知到，最精簡的動作往往是最有效的手段，做法就是用雙手控制防守者靠近自己的內側腳或下腳，並將它往上拉高，藉由一拉一推的力量帶動防守者下腳，破壞對手防禦取位再順勢繞到側面完成突破。

防守者(白衣)採取開放式防禦面對站立的突破者。

突破者左腳往前踩到防守者右腳外側，同時雙手扣住對方右腳褲管末端。

突破方雙手扣穩後，開始往防守者的右邊移動，過程中將對方的右腳往上拉直。

突破者接著把拉直的右腳推往防守者左側，破壞對方取位結構。

突破者持續把對方雙腳都推到對面後，直接往下採取側向壓制完成突破。

27-0 蝴蝶防禦突破策略

　　蝴蝶防禦 (或腳勾防禦，butterfly guard 或 hooks guard) 是柔術中最適合銜接絆摔組合的防禦取位之一。要突破蝴蝶防禦，你必須學會如何妥善分配身體重心，並以正確的突破技巧在取位中移動。過程中也要時刻留意對方可能用來發動絆摔的腳勾，並保護好上肢可能被反制的把位。

　　下面會一一說明突破者在應對蝴蝶防禦時，如何避免防守者腳勾絆摔、維持姿勢平衡與主導權來完成突破策略。

27-1 突破者基本姿勢與取位平衡

　　第一次面對善用蝴蝶防禦的防守者時，難免會時常被對方反制或絆摔倒地，主要是因為突破者還不夠熟悉取位的結構與應有的應對姿勢。下面會介紹兩種對抗蝴蝶防禦的基本取位技巧，並善用髖部的移動來排除防守者的牽制動作。

勾腿抗摔技巧

　　這是面對蝴蝶防禦非常實用的抗絆摔技巧。突破者順應防守者將自己拖向前方的力量順勢抬高髖部，勾起小腿並用雙手撐地，讓自己在防守者正上方維持平衡，使防守者無法順利完成絆摔。練習時可以反覆請對方配合，來回將自己往前拖動，以找到自己適合穩定的平衡點。

防守者(白衣)雙手下圈臂到突破方背後扣住腰帶，採取蝴蝶防禦取位牽制突破者。

防守者藉由身體搖擺慣性直接往後倒，並用雙腳腳勾帶起對方，突破者為了避免被對手完成絆摔，立即用雙手撐住防守者肩膀兩側地面。

突破者配合髖部往上的動力勾起小腿，在這個姿勢下暫時維持平衡，讓對手無法順利絆摔。

沉髖抗摔技巧

沉髖抗摔 (wet blanket) 是和上一個勾腿抗摔動向相反的蝴蝶防禦突破技巧。當防守者試圖往將自己往前拖動絆摔的瞬間，立即將髖部往下沉，撐開雙膝增加底面積來將自己穩定在原地，使防守者無法輕易完成破勢。練習時可以專注在啟動抗摔的時間點，突破者用全力抵抗的同時，防守者也要盡力把對手往前拖倒。

防守者(白衣)雙手下圈臂扣住突破者後側腰帶，採取蝴蝶防禦牽制對方。

在防守者準備發動絆摔時，突破者立即撐開雙腳膝蓋使髖部下沉，這個抗摔動作在英文俗稱濕毛毯 wet blanket，如同泡過水的毛毯般沉重，讓防守者下雙腳腳勾難以拖動，同時也能反過來牽制住防守者。

只要突破者能即時完成沉髖抗摔的動作，防守者就很難繼續發動絆摔。

27-2 碾壓側繞突破技巧

在應對蝴蝶防禦，最基本的突破策略就是將防守者碾壓攤平在地上 (flat butterfly-walk-around pass)。將對手壓平可以更容易用體重控制對方，同時也能減少對方發動絆摔所需的槓桿空間。在碾壓控制防守者後，接著最簡單的就是移動到側面完成突破。練習如何利用髖部重心向下壓制對方其中一側腳勾，並移動身體轉到側面遠離另一側腳勾的牽制，移動過程中維持壓制的力道，並靈活運用腳尖讓自己可以快速搶到側面完成突破壓制。

防守者(白衣)採取蝴蝶防禦牽制突破者(藍衣)，但突破者重心往前壓迫使防守者背部著地，藉由壓平防守者的取位結構來發動突破，同時雙腳膝蓋往前配合手肘包夾限制防守者髖部動作。

蝴蝶防禦突破

突破者右腳往後伸，將重心偏到右側髖部，將防守者屈膝的左腿壓向地面，控制蝴蝶防禦左側腳勾。

突破者同時左手往下扣住對方右腳腳踝，來牽制另一側的腳勾。

接著，突破者墊起腳尖讓上半身稍微離開地面，往右側繞過對方左膝來到下腹部的位置。

成功繞到側面後，突破者左腳膝蓋往前抵住防守者左髖，來防止對方有機會逃脫回復防禦。

最後，突破者往前用體重壓住對方完成側向壓制。

圖解 27.2 壓平蝴蝶防禦結構的重要性

蝴蝶防禦的優勢在於可藉由雙腳腳勾發動許多絆摔組合，因此藉由將防守者壓平在地面上，就可以大幅限縮對方發動絆摔的空間 (圖 1)。雖然如 Fernando 等極少數優秀的柔術選手還是能在這個取位下成功絆摔反制，但對多數防守者來說，這都是相當不利的情況。防守者在背部著地的情況下無法運用身體的慣性，只能靠股四頭肌的力量移動下肢 (圖 2)，因此即使防守者強行做出絆摔動作，威力也會大打折扣，突破者可以很輕易的抵禦並繼續進攻。

27-3 碾壓側繞突破 (Wallid Ismael 版本)

　　這裡介紹另一個碾壓側繞突破技巧的變化版本，是因知名綜合格鬥與柔術家 Wallid Ismael 而聞名。主要以雙腳動作為主，牽制防守者其中一側腳勾來越過完成突破。其中，下腳後踢掙脫對方腳勾與雙膝往前卡位的技巧，在其他突破技巧中也能派上用場。

突破者(藍衣)同樣向前碾壓使防守者背部著地，來減少對方從蝴蝶防禦發動絆摔的可能性，接著雙手手肘與膝蓋靠近包夾卡住對方大腿，限制防守者髖部的移動。

接著，突破者右腳直接往身體後方踢，藉此來脫開對方左腳腳勾的牽制。

在右腳自由後立即往前和左腳靠攏，雙腳膝蓋同時往前抵住防守者右腳脛骨，讓對方右腳動彈不得。

接著，突破者前後分腿側過身體用右側髖部繼續抵住對方脛骨，雙手維持在原本的位置保持平衡。

蝴蝶防禦突破

突破者左腳往前越過對方膝蓋，挺髖讓身體轉回正面，繼續用髖部壓住防守者右腳。

最後，突破者讓右腳也繞過對方膝蓋，完全搶到防守者右邊以側向壓制收尾。

27-4 繞腿突破技巧

在開放式防禦突破說明過的繞腿技巧 (wrap-the-legs pass) 也可以應用來突破蝴蝶防禦，只要纏住防守者雙腿使膝蓋併攏，就能降低對方發動絆摔的風險。和前面針對開放式防禦的做法相同，突破者必須搭配軀幹與肩膀來確保繞腿控制足夠確實，如果只單純依賴雙手的力量固定，防守者就有很高的機會可以抽回雙腳回復防禦。

防守者(白衣)以蝴蝶防禦牽制對手，在坐姿的情況下相對更容易發動絆摔組合。

突破方搶先立即雙手抱著對方小腿，使防守者膝蓋互相靠攏。

突破者接著用右手協助，把對方左腳褲管把位塞到左手扣住，讓雙手環抱得更緊，同時頭部往中間切入對手中線。

突破者配合右肩往下抵住對方雙腿，將防守者雙腳擠到自己左側。

接著，突破者將身體中側移到右邊臀部，並將防守者雙腳抽離自己左腿下方，左腳可以配合稍微抬離地面，避免過程中被防守者雙腳卡住。

突破者只要將防守者雙腳排除到外側，就可以採取側向壓制完成突破。

27-5 穿腿突破技巧

在針對蝴蝶防禦的突破策略中，穿腿突破 (hand plant pass) 是可以同時抵禦對方絆摔並完成突破的一舉兩得之選。將手臂穿過防守者大腿內側撐住地面，能夠有效卡位對手同側腳勾的絆摔動作，即使對方強行發動絆摔，也會因為手臂的卡位無法有足夠的槓桿空間，同時藉由卡位的動作讓突破方取得更好的攻擊角度。記住所有的突破技巧都會讓身體與頭部維持在同一軸線上，去面對目標突破側的防禦腳，過程中頭部壓低往前帶動身體挺進完成動作。

防守者(白衣)以蝴蝶防禦牽制對手，同時雙手分別上下圈臂扣住突破者的背後腰帶與手臂把位，在這個取位條件下非常有利於防守者發動絆摔組合。

突破者為了降低被絆摔的風險，左手繞過防守者右臂往下穿過右腳大腿內側，同時右手也直接往下撐住地面維持穩定。

突破者持續延伸左手直到手掌穩定撐住地面，讓整隻手臂卡在對方雙腿之間。

接著，突破者壓低髖部重心，並將右手手掌卡到防守者左邊臀部的位置。

突破者雙腳往後伸直，配合左右手的卡位脫離防守者腳勾的牽制，同時抬高髖部增加身體下方空間，將對方左腳排除到外側。

突破者在少了防守者雙腳的糾纏後，可以立即往下搶到側向壓制，同樣地左腳膝蓋往前抵住髖部避免對方逃脫回復防禦。

27-6 高低差突破技巧

　　如果你還是覺得自己很容易在蝴蝶防禦中被防守者絆摔，不妨嘗試看看調整突破動作平面的高低差 (level change pass)，突破者可以從跪姿，快速雙腿後撤、墊起腳尖，藉此脫離對方腳勾的牽制繞到側面突破。可以留意下面示範中，筆者髖部腿部快速伸直挺起的動作與時機，破解防守者前腳的牽制。注意柔術中取位的高低位置，對攻防雙方都是相當關鍵的策略重點。

防守者(白衣)採取坐姿以蝴蝶防禦牽制突破者，防守者前腳腳踝勾住突破者搶到有利的絆摔位置。

突破者立即將髖部重心放低，來避免對方發動絆摔暫時爭取時間，左手抵住對方右腳膝蓋右手越過對方肩膀扣住背後道服。

突破者接著借助右手支撐，快速伸直雙腿挺高髖部，藉此快速脫離防守者前腳腳勾。

突破者起身後，左腳交叉踩到右腳前方，讓身體逆時針繞過對方屈膝的左腳。

突破者右腳順勢側邊踩開，讓身體完全搶到防守者側面。

突破者為了完全破壞掉防禦取位的結構，左肩往前將防守者壓倒至背部著地。

防守者倒地後，突破者右臂往前壓住臉部以側向壓制完成突破。

蝴蝶防禦突破

27-7 前腳壓膝突破

接下來介紹以下肢動作為主要武器的前腳壓膝突破技巧 (forward knee press pass)。舉例來說，如果防守者以蝴蝶防禦搭配雙手下圈臂牽制，突破者就可運用前腳膝蓋將對方同側腳勾往內頂開，清出一條突破的動線，同時配合前腳膝蓋壓迫動作，轉身脫開後腳搶攻到對方側邊。練習時務必加強髖關節控制的靈活度，讓前腳壓膝動作更加乾淨利落，並讓自己可以熟練地從防守者左右任一側進行突破，來提高實戰應用性。

防守者(白衣)採取蝴蝶防禦，同時雙手下圈臂往後扣到突破者背後腰帶，將對手往前拉動牽制住上半身的行動。

突破者抬起右膝往前踩到防守者左腳外側卡位。

突破者接著左腳也跟著踩地讓身體轉到側面，右手扣到背後道服，左手著抓住防守者左腳褲管。

突破者前腳膝蓋往內壓迫防守者左腳大腿外側，並配合左手一起將對方左膝推向地面，隨後立即用體重壓制使對方雙腳併攏清出突破空間。

持續左膝與左手往下壓迫的方向，順勢將身體往下完成側向壓制。

27-8 破解交叉把位牽制

　　蝴蝶防禦如果搭配上下交叉把位的牽制 (cross-grip)，可以讓防守者有更多絆摔反制的選項，對突破方來說說是相對危險的情勢。但同樣也可以應用上一個前腳壓膝突破的技巧來解危，突破方先改變身體取位的高度干擾防守方的掌控再運用壓膝突破的技巧搶攻到對手側邊，注意避免從防守者正面突破反而容易增加對方絆摔成功的機會。

防守者(白衣)右手控制突破者手腕，同時左手伸過肩膀扣住其背後道服，上下的把位完全控制突破方右臂，並配合蝴蝶防禦取位，有利於防守者發動絆摔或直接搶攻對方背後控制。突破者立即用左手抵住對方右膝，避免對手進一步加強牽制。

2 比照前面壓膝突破的做法，突破方將右腳往前踩到防守方左腳大腿外側，卡位的同時避免對手搶到背後位或發動絆摔。

3 突破者接下來的動作必須連貫一氣呵成，右膝往內配合左手一起將防守者左腳往內壓向地面，同時突破者左腳往後撐開，運用全身的力量將對方的雙腳強壓併攏。

4 接著，突破者左腳往前併步踩到右腳前方，協助壓制對方大腿，讓右腳可以繼續往後搶到側面壓制。

5 突破者右腳繼續往對方頭部後方前進，讓身體完全搶到側邊採取側向壓制，這裡可以控制對方左臂做降伏或者在轉換到更強的控制取位。

27-9 跳換髖突破技巧

　　在熟練壓膝突破與相關的變化應用後，就可以繼續進階到更挑戰動態穩定的技巧——跳換髖突破 (floating hip-switch pass)。而這項技巧基本上和壓膝突破有相同的原理，但多數動作會在下半身懸空的狀態下完成，所以這裡就必須用到 27-1 的勾腿抗摔技巧，用雙手撐地配合雙腳勾腿懸空維持平衡，讓防守者無法發動絆摔，接著再將其中一腳膝蓋，向內頂開對方同側的大腿在空中做壓膝突破，並配合往內壓膝的動作讓髖部翻轉左右互換，壓膝腳向前的同時另一腳會順勢分腿往後，如果動作正確連貫的話，髖部翻轉後會安全落到防守者側邊來完成側向壓制。雖然動作本身相對需要更好的動態協調能力，但在高階的柔術競賽中是非常實用的突破技術。

防守者(白衣)採取蝴蝶防禦，同時雙手下圈臂繞到突破者背後扣住腰帶，並將其往前拉動避免突破者降低重心。

防守者快速後倒準備發動絆摔，突破者雙腳離地時立即用雙手撐在對方肩膀兩側維持平衡。

突破者雙腳勾腿在空中維持平衡後，收起左腳膝蓋往前抵住對方右腳大腿，同時右腳往後往上延伸。

突破者左腳膝蓋往內壓迫頂開對方右腳，同時自己的右腿繼續往上延伸脫離對方腳勾牽制。

蝴蝶防禦突破

突破者左腳持續將對方右腳擠向內側，並配合自己右腳往後分腿的動作讓髖部翻轉換邊。

順著髖部轉動的方向落到防守者側邊，直接搶到側向壓制取位。

27-10 褲管被扣住的跳換髖突破應變技巧

　　某些時候在實戰對抗中會遇到經驗豐富或反應夠快的防守者，會用手扣住褲管來阻止突破者空中髖部翻轉換邊的動作，如果突破方不作出任何應對一意孤行，防守者就有很大的機會可以發動絆摔，所以這時就需要將受制腳小腿繞出對方蝴蝶防禦的牽制，再設法從另一側進行突破。如果順利將受制腳繞出並卡住對方腳踝，便可以製造新的施力點來翻轉髖部回到原本的突破方式，讓身體滑落到側邊完成側向壓制。

防守者(白衣)採取蝴蝶防禦，但這次他的左手直接扣到突破方的右腳褲管，來避免對方髖部的移動。

同樣地，防守者身體快速往後，用腳勾帶起對手準備發動絆摔，突破者雙手立即撐住兩側地面讓下半身暫時懸空維持平衡。

突破者為了擺脫防守者扣住褲管的把位，左腳踩地並將膝蓋往內頂，同時右腳小腿逆時針環繞，用脛骨卡住對方雙腳腳踝。

突破者雙腳都找到支撐點後，用力伸展挺起髖關節脫開對手褲管的控制，讓身體落到側邊。

藉由挺髖的力量完全推開防守者雙腳，準備做側向壓制完成突破。

27-11 星型突破技巧

　　柔術中有部分別具命名巧思的技巧，例如接下來要介紹的星型突破 (star pass) 就是如此。星型突破的關鍵在於發動的時機，必須抓準防守者拉起突破方髖部，並將上半身往下扯，準備做蝴蝶防禦基本絆摔的瞬間。而突破者抗摔的關鍵，是運用額頭與手掌撐住地面，接近頭頂地倒立的方式將雙腳膝蓋往上方延伸，並配合重心轉移讓雙腳脫離腳勾牽制，再落到側邊完成突破。練習時可以提升頭手頂地（三角頂）的穩定度，來避免被對手輕易拉倒。

防守者(白衣)採取蝴蝶防禦，雙手分別上下圈臂控制對手的手臂與背後把位，突破者可以從把位組合，判斷對手有可能發動基本蝴蝶防禦絆摔。

257

蝴蝶防禦突破

2

當防守者準備發動絆摔時,突破者立即放低重心,並用右手扣到防守者背部。

3

防守者用左腳腳勾將突破者右腳掀離地面,突破者為了避免被完全翻轉絆摔,用額頭與左手分別撐住地面,左腳也往外側踩開維持平衡來爭取時間。

4

防守者持續往下拉動腰帶,並將左腳腳勾往頂起對方右側髖部。

5

突破者在對方絆摔動線的最高點時,額頭與左手穩定撐住地面,左腳瞬間離地往上,同時右腳往內頂開對方腳勾。

突破者順著右腳內頂的動作，翻轉髖部落到對方左邊。

突破者落到地面後，左膝立即往前卡住對方髖部採取側向壓制完成突破。

27-12 突破後轉騎態壓制

　　這項技巧同樣也需要抓準防守者準備絆摔的瞬間發動，所以非常適合與星型突破互相搭配，可以在搶到對手側邊後，依照情勢決定是否要進一步搶攻更穩固的騎態控制，而取位的轉換主要是配合髖部翻轉，帶動上腳卡到適合的位置。所以練習時可以特別留意髖部翻轉的運用，靈活的移動髖部來壓制對手腳勾的功能完成騎態轉換。

防守者(白衣)採取蝴蝶防禦，雙手分別上下圈臂控制突破者手臂與背後的把位，突破者可以從把位組合，判斷對手有可能發動基本蝴蝶防禦絆摔。

防守者上半身快速倒向右後方準備發動絆摔，突破者立即雙手撐地並將左腳往外踩開維持平衡並爭取時間。

蝴蝶防禦突破

突破者右膝擠向左側讓髖部往右邊翻轉，將防守者的左腳壓向地面，並讓自己的右腳膝蓋卡到對方雙腿之間，左腳繼續踩在外側維持穩定。

突破者身體回正面對防守者，左手扳起防守者右臂，用左膝往前卡到防守者右邊腋下，過程中壓低髖部避免對方有機會逃脫。

最後，將右腳往外踩到防守者左邊臀部外側進入騎態控制。注意！轉換時務必確實用左膝卡住對方腋下，避免對手有機會搶回半防禦取位。

27-13 站姿輪轉突破

輪轉突破 (wheel pass) 主要有站姿與跪姿的兩種變化版本。簡單來說，突破的原理就是把對方拉到自己原本的位置直接換位突破。這樣可能還是有點抽象，但讀者可以先想像基本的蝴蝶防禦絆摔，兩種動作的運作邏輯其實非常類似。蝴蝶防禦的絆摔中，防守者先做縮髖逃脫空出距離，再將對方帶動摔到原本的位置。同樣地，輪轉突破是在站姿的情況下將防守者的取位轉到自己原本的位置加以突破。兩者在表面上是絆摔與突破的不同，但執行的原理其實一樣。

在練習的時候可以先專注思考，如何互相交換把對手拉到自己原本的取位，在過程中會自然克服與學習到一些技巧，並在不知不覺中完成突破。

防守者(白衣)採取蝴蝶防禦，同時雙手下圈臂扣到突破者背後腰帶，突破者雙手分別扣住防守者左邊衣領與右腳褲管互相抵制。

突破方藉由雙手把位的支撐，雙腳站立挺高髖部。

右手拉住衣領往下，同時左手將褲管往上拉扯，使防守者往左邊破勢，以防守者的臀部為軸心，像車輪或方向盤般轉動對方的取位角度。

將防守者轉到接近互相垂直的位置後，右肩直接往下抵住對方胸口。

扣住原本雙手把位繼續往下，將防守者壓平在地面採取側向壓制。

27-14 X 型突破

　　X 型突破 (X pass) 是鬥牛突破衍生的變化技巧，特別適合用來攻克蝴蝶防禦。在實際應用上，突破者必須先採取假動作佯攻其中一側誘使防守者防禦反應，當防守者轉身面向突破者時，再立刻改變方向搶攻另一側突破。動作名稱由來是完成突破後雙手前臂會在前方交錯呈 X 型。X 型交叉控制的優點在於左右移動時可以不用鬆開原本的把位，同時在完成突破後也能避免對手搶回防禦取位。

突破者(藍衣)以站姿應對蝴蝶防禦，準備用前面的輪轉突破技巧佯攻。

當突破者右腳往前上步，防守者立即縮髖往右後方拉開空間並用左手撐住地面，讓突破者無法取得好的突破角度。

突破者改變策略將右腳收回到左腳旁，右手扣住褲管將防守者左腳往內推開，開始形成雙手交叉的把位，接下來會一直維持這個交叉動作到完成突破。

突破者右腳繼續踩到左腳前方，讓身體移動到防守者右邊。

突破者完全移動到側面後，膝蓋可以直接往下進入浮固壓制。

圖解 27.14 X 型突破動作細節

雙手交叉的把位，可以在移動過程中持續牽制對方肩膀與膝蓋，同時用前臂做一定程度的卡位，讓防守者無法輕易回復防禦 (圖 1)。在突破過程中變換把位，即使動作再快也很容易給對方脫逃的機會，所以只要善用 X 型突破的把位牽制，就可以在移動過程中維持控制的強度。

蝴蝶防禦突破

27-15 脛骨對壓突破技巧

　　這裡筆者請我的學生 Diego Moraes（突破者）和 Joe Van Brackle（防守者）來為讀者示範脛骨對壓突破技巧 (shin-to-shin pass)。突破者藉由前腳向前壓迫防守方脛骨互相抗力，在防守方反抗時鬆開壓迫，順勢把對方膝蓋塞到另一側清出突破動線，壓迫腳的腳掌以腳勾結構圈住對方脛骨，避免防守者回復到半防禦取位。可以請同伴配合以坐姿的蝴蝶防禦開始練習脛骨對壓的突破技巧，讓他成為你攻克蝴蝶防禦的重要利器。

突破者(藍衣)雙手扣住防守者蝴蝶防禦取位的雙腳膝蓋褲管。

突破者扣穩把位後，右腳膝蓋往對方雙腿間挺進，用右腳腳踝做腳勾卡住對方右腳脛骨。

突破者開始將重心往前壓迫，同時右手往上移到髖部位置。

突破者左腳外撐開，更進一步將防守者壓倒到地面縮短雙方距離。

突破者手肘貼緊身體將頭部頂向地面，左手持續控制對方右膝把位幫助自己往前挺進。

接著頭部抵住對方身體並抬高臀部，左手往內推開對方膝蓋後，往上繼續控制髖部避免對方逃脫回復防禦。

突破者將防守者的雙腳都排除到另一側後，放開右腳腳勾與脛骨的卡位，將右膝塞到防守者右大腿下方。

突破者接著左手往上穿到防守者頸後，右手扣住對方左臂，左肩往前抵住對方臉部，雙腳膝蓋著地進入側向壓制取位。

圖解 27.15 脛骨對脛骨的壓迫

在突破方右膝往前挺進時，配合背屈腳掌形成腳勾結構卡住對方脛骨 (圖 1)，接著膝蓋著地後將對方右腳完全鎖在地面，即使防守者想抽離右腿，突破者只需要配合脛骨的壓力與扣住膝蓋褲管的把位，就可以輕鬆維持壓制 (圖 2)。

28-0 蜘蛛防禦突破策略

　　蜘蛛防禦 (spider guard) 算是近代柔術最流行的開放型防禦取位之一，你一旦陷入蜘蛛防禦之中，就必須留意對方控制的把位與自己姿勢的穩定性，一不小心頭壓得太低或者身體過度靠近，防守者就有機會搶攻絆摔或三角勒降伏。所以在脫開對方把位的過程中，必須保持身體重心的穩定才能不讓對方有機可乘。

　　為了有效突破這個難纏的防禦，可以先從防守者的角度思考。蜘蛛防禦雖然有牽制效果很好的把位控制，但換言之，只要防守者失去其中一個把位，他就必須立刻轉換其他取位或者設法盡快搶回把位，這就是蜘蛛防禦相對不利的一點，所以突破方首要的策略就是設法脫開對方的牽制，迫使對手作出反應。

28-1 蜘蛛防禦基本拆解突破技巧

　　面對蜘蛛防禦，基本的拆解突破是最簡單卻也最有效率的方式之一。首先突破者擺動雙手繞到對方雙腳下方來脫離腳掌的控制，再用前臂往前將對方雙腳頂到側邊清出突破動線。這個技巧的優點在於只需要破壞對方部分的把位控制就能進行突破，空出雙手用前臂加上身體往前的動力就能搶到側向壓制，防守者會一直扣住衣袖，直到發現自己被突破時已經為時已晚。

防守者(白衣)搶到蜘蛛防禦取位，突破者立即右腳上前踩開維持穩定。

突破者接著雙手手掌翻向外側，準備繞開對方的雙腳牽制。

突破者雙手往外繞到對方雙腳下方，讓對手無法繼續用雙腳推蹬牽制。

突破者接著右膝往前採取前面提過的戰鬥姿（combat base），並用前臂強壓對方雙腿。

強壓到底後，再配合手肘帶動將對方雙腳推到側面。

持續壓迫直到防守者雙腳完全被排除到他的右邊。

最後順勢往下用身體壓住對方髖部完成突破。

28-2 腳索防禦突破技巧

　　當然在實戰中有經驗的防守者，雙腳會不斷繞圈來積極維持把位的牽制，不讓突破方輕易拆解，同時尋找發動絆摔反制的機會，這是蜘蛛防禦衍生的變化型技巧，通稱腳索防禦取位 (leg lasso pass，lasso 為繩圈的意思)。這時突破者可以用背後把位作為誘餌，但主要的目的是用背部去壓迫對方的牽制腳來清開突破空間，而通常多數的防守者不會錯過可以搶攻背後控制的機會，突破者必須抓準對方上鉤鬆懈的瞬間，快速轉身往前挺進突破防禦。

突破者(藍衣)右手剛脫離對方牽制，左腳準備上前挺進，但防守者右腳立即繞圈做腳索纏著突破者右手，讓突破者無法順利往左側突破。

突破者雙腳站高準備改變策略，將身體重心傾向左腿準備翻身。

突破者以左腳為軸心將右腳甩向後方。

藉由右腳擺動的力量翻身朝上，壓在防守者右腿與髖部上方。

這時防守者為了搶奪背後控制，右腳往右側擺動準備調整方向。

但這樣一來，防守者的雙腳已失去原本的牽制效果，突破者算準對方嘗試反擊的時機，在對方右腳畫過頭頂的同時立即往左翻轉回正面，右手直接往上越過對方肩膀。

順著翻身的動力一口氣轉到側向壓制的位置，右手控制肩部左手卡住對方髖部。

29-0 破解交叉把位牽制

　　蜘蛛防禦搭配上下把位交叉牽制 (cross grip) 是許多突破者的惡夢，尤其當不慎判斷錯突破方向時更是難纏。防守者會利用上下把位完全限制突破方某一側的行動，等待突破者用自由側的手，去做下圈臂控制自己的下腳或者自由腳上前卡位，但突破者這兩種錯誤反應都可能會讓防守者有機會完成絆摔，因此突破者必須更謹慎考量對方的企圖。

　　在此與其與防守者互相爭奪把位，不如善用前面提過的作用與反作用原則，以更省力的方式完成突破。下面示範會告訴你，如何以最有效率的方式突破交叉把位的蜘蛛防禦。

29-1 同側突破技巧

　　同側突破技巧 (same side pass) 是針對交叉把位牽制最有效的方式，防守者控制單邊上下把位的目的，是為了引誘突破方從另一側發動攻擊再加以絆摔反制，因此突破者與其硬碰硬掙脫對方的交叉控制，不如順應防守者拉扯的方向，直接將重心壓向被牽制的同一側加以突破，借助對手的力量以最有效率的方式搶到側面進行壓制。

防守者(白衣)採取上下交叉把位牽制突破方左半邊，突破者右手扣住對方左腳腳踝，同時左膝向前往對方雙腳間作卡位。

突破者兩手在對方雙腳內側，左腳脛骨往下用體重壓迫對方右腳大腿內側。

接著，突破者用左腳腳勾固定對方右腳，同時右手手肘卡住對方髖部位置。

突破者右腳往後帶動翻身往左側離開對方雙腳中間，過程中維持左腳腳勾固定對方右腳，以免對手搶回半防禦取位。

身體成功繞到側面後，再放開腳以側向壓制完成突破。

30-0 勾腿防禦突破策略

在早年勾腿防禦 (De La Riva guard) 技巧開始在賽場出現時，突破者經常出其不意的被搶到背後位、被絆摔或者被防守者以三角勒或足肩胛固降伏。但經過時間的考驗到現代，勾腿防禦還是對突破方有相當大的威脅性。

要破解勾腿防禦有兩個必備的條件：設法控制對方推蹬腳與脫離對手腳勾的牽制，控制對方的推蹬腳可以幫自己爭取足夠的時間來脫離腳勾，也能降低被對手絆摔的機會；同時防守方所有的絆摔、破勢或搶奪背後控制的組合都仰賴腳勾來發動，所以脫離腳勾牽制是突破策略成功與否的關鍵。

30-1 基本解鎖與突破技巧

下面介紹一個速度較慢卻相對穩健的基本勾腿防禦突破技巧。這項技巧的優點讓突破者在逐步掌控對手的過程中完成突破，防守者會慢慢失去所有牽制的優勢，因此在沒有失誤的情況下被對手反制的風險會降低很多。其中的關鍵動作是深蹲挺進壓迫的技巧，突破者先往前縮短雙方距離，用手肘靠住膝蓋形成穩定結構，以前臂抵住對方腿部，再藉由往下深蹲的力量自然撐開對方腳勾的牽制，繼續往前完成突破。

防守者(白衣)以勾腿防禦控制突破者下腳，突破者先挺高上半身避免防守者搶到手臂把位。

突破者前後腳分開進入戰鬥姿，右手往下靠在右腿外側，左手前臂抵住對方右腿。

接著左腳往前協助手肘撐著對方大腿，雙腳在同一平面後開始往下深蹲，配合身體向下的力量用前臂將對方雙腿推向地面。

突破者下蹲後，右膝側滑壓住對方左膝，同時左手往前扣住對方軀幹。

突破者右腳腳勾將對方左腳固定在地面，右手往上到肩部做臉部壓制，使對手無法重新調整身體面向。

接著，突破者左腳後勾離開對方雙腿中間讓身體搶到側面。

最後，突破者左膝往前抵住對方髖部外側完成側向壓制。

30-2 破解腳勾的突破技巧

　　接下來介紹的技巧比起上一個方式能更快速的破解勾腿防禦。首先藉由前面下蹲壓迫的方式控制防守者的推蹬腳，接著將自己被牽制的腳轉向外側，擰轉防守者的腳勾結構讓它自然脫開。牽制腳擰轉的技巧在應對腳勾類型的牽制都可以派上用場，在脫開對方腳勾後立即往前挺進就能完成突破。

防守者(白衣)以勾腿防禦纏著對方，突破者第一時間立即扣住對方膝蓋褲管抵抗。

接著，突破者以腳跟為軸，右腳掌向外轉動90度，藉由扭轉的力量自然脫開防守者腳勾的牽制。

脫開後，右腳順勢往下用脛骨壓制對方左腿，右手推住膝蓋避免對方逃脫。

右腳以腳勾將對方左腳固定在地面後，右手往前伸到肩膀準備做臉部壓制。

接著，突破者左腳往後帶動翻轉髖部，讓身體轉到防守者左側，過程中左手推住對方膝蓋，右手維持臉部壓制，避免對方重新調整身體面向。

左腳繞到後方後，向右側做一個小範圍的蝦式縮髖並推開對方下腳，讓身體完全搶到側面做側向壓制完成突破。

圖解 30.2 錯誤的防禦反應

陷入勾腿防禦時，過度執著於擺脫防守者控制，往往會讓情勢更為嚴峻，雖然突破者必須設法擺脫被對方牽制的該側把位 (圖 1)，但如果只是單純想把被牽制的腳往回拉扯 (圖 2)，反而更容易讓防守者趁機破壞支撐腳的重心平衡。沒有配合適當技巧策略的動作通常都只會造成反效果，學習如何應用適當的身體慣性與動作角度，讓自己可以更有效率的完成目標動作。

30-3 深入型勾腿防禦的突破技巧

　　如果防守者搶到更穩固的深入型勾腿防禦 (deep De La Riva guard)，在突破策略上又得多費一番巧思。防守者在深入型防禦中，會配合雙腳近距離的擰轉來搶奪背後的控制，突破者可以用前臂往內側卡住對方的推蹬腳，同時順勢轉身強迫進入反向的半防禦取位 (reverse half guard，正常半防禦取位是一腳在內、一腳在外，反向是因為突破者背對防守方)。前臂卡位的目的，主要是避免防守者用外側腳纏著搶奪背後控制，同時也能將對方固定在半防禦的姿勢加以突破。這個突破技巧的巧妙之處在於突破者順應對方意圖，主動背對對手，再以更省力的做法完成突破。

防守者(白衣)加深勾腿防禦的牽制，將左腳往上攀到突破者髖部的高度，突破者必須留意對手搶奪背後控制的意圖。

突破者轉身面向對方，雙手往下用前臂抵住防守者大腿內側。

接著，突破者左腳後踩，將背部轉向防守者的方向，但過程中左手必須卡住對方右腳讓其無法趁機搶奪背後控制。

突破者接著直接往下用右邊臀部壓制對方左肩。

同時左手扣住對方右腳膝蓋，並用左腳踩住對方左膝內側。

固定兩個把位，合力撐開對方雙腳，讓右腳可以脫離牽制。

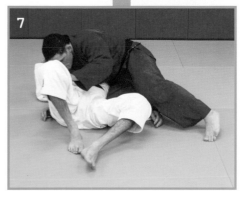

右腳逃脫後順勢轉身，以側向壓制完成突破。

31-0 坐式防禦突破策略

　　坐式防禦 (sit-up guard) 作為勾腿防禦的變化取位，非常適合用來對突破者發動絆摔、搶奪背後控制或銜接單腿的抱摔動作。筆者個人很喜歡挑戰坐式防禦取位，藉由下面的技巧可以讓你在牽制中自由移動，並取得攻防兩端的主導權。當然還是要留意保護手臂把位，以免被防守者抓到機會發動絆摔，並將前腳膝蓋稍微往前壓迫，讓防守者無法輕易滑動髖部或者起身搶攻單腳抱摔。

31-1 上步環繞突破技巧

　　上步環繞的突破技巧 (step-around pass) 是應對坐式防禦最簡單有效的做法，首要目的是讓前腳脫離防守者控制，並在逃脫後立即上步突破。為此，突破者前腳膝蓋往前壓迫，同時伸手往下拉扯對方外側腳膝蓋，在對方回推抵抗的同時，將前腳後勾繞到防守者雙腳外側，另一腳跟著後踩讓身體完全站到對手側面完成突破。這個技巧同樣也是運用到作用與反作用的策略，以及前面突破蜘蛛防禦所使用的繞腿逃脫動作。

防守者(白衣)採取坐式防禦，並用左手扣住對方大腿褲管。

突破者上半身壓低，右手搭到對方左肩，並用左手抓住防守者右腳膝蓋褲管。

接著配合雙手把位拉住對方，再將前腳膝蓋往前頂向防守者。

在防守者試圖抵抗突破者把位控制與膝蓋壓迫時，突破者趁機勾起右腳繞到對方左腿外側。

右腳踩在靠近對方大腿外側地面後，過程中持續拉扯對方肩部並將右膝推向外側，只要右腳脫離到防守方雙腳外側，就能讓褲管被扣住的把位失去作用。

接著，突破者左腳往後也繞到對方左側。

讓身體完全踩到對方側面。

繼續扣住雙手把位，直接往下完成側向壓制。

31-2 下圈臂突破轉換到騎態

在鑽研各種防禦取位的突破時，筆者都會考量是否有機會可以順勢轉換到騎態壓制，當然會有某些防禦取位特別適合這個選項，其中坐式防禦突破就有一個相對簡單有效的騎態轉換技巧。突破的重點在於如何調整取位的角度，來轉移防守者牽制的力量，這裡就可以搭配下圈臂控制防守方的手臂來提高突破的成功率，隨時調整取位方向的角度，讓自己處於相對有利的槓桿位置，是任何柔術攻防技巧的精髓。

防守者(白衣)採取坐式防禦並扣住突破者前腳大腿褲管，突破者右手往下搭著對方左肩。

突破者接著壓低重心，將右手前臂靠上右大腿形成站立的戰鬥姿勢。

突破者接著左腳往前踩到對方右腿旁，將左膝單跪面向對方右臀外側。

配合左膝位置讓身體轉到適合下圈臂的方向，右手下圈臂控制對方左臂，同時左手繞過對方右肩在背後相扣，重心往前壓向對手。

將對方推倒背部著地後,已經完成一半的騎態控制。

用右手下圈臂將對方的左手撐高清出空間,讓右腳可以往上滑到腰際位置完成騎態控制。注意要確實控制對方左臂,以免防守者阻擋轉換為騎態。

31-3 下圈臂突破的膝切中線變化

接下來介紹上一個下圈臂突破的配套變化動作。在局勢多變的實戰中,任何人都需要盡可能增加自己進攻手段的選項,防守者有可能會移動髖部,讓突破方無法順利切到有利轉換騎態的角度,這時候立即變招用前腳膝蓋切過對方防守中線 (knee-up-the-middle pass),在對手來不及反應的情況下切到側面完成突破。

突破者(藍衣)先採取前面的突破方式,右手下圈臂控制對方左臂。

但假設無法順利轉換到騎態突破,突破者重新站起雙腳改變進攻策略。

突破者直接將右膝往左越過雙方中線，切過對方右側髖部。

突破者順著膝蓋往前切的方向，身體往前將防守者壓向地面，頭部往前靠在對方臉部右側，同時左手扣住對方右手手肘。

左手將對方右臂拉到自己身上，右腳順勢往前滑到腋下旁完成袈裟固定。

32-0 反向勾腿防禦突破策略

　　我們在前面防禦技術章節介紹過反向勾腿防禦 (reverse De La Riva guard) 是勾腿防禦的一種延伸取位，通常在突破者將腳掌與膝蓋轉向外側來破解勾腿防禦的腳勾牽制時，防守者就有可能會立即翻轉軀幹採取反向勾腿防禦。但在取位變換的同時，防守者會自然移動微調髖部的位置，突破者這時候只要看準對方髖部移動的方向，繼續採取和勾腿防禦突破相同的做法往前挺進，不用猶豫！抓準對方取位轉換的空擋快速反應來延續自己的突破優勢。

32-1 強壓髖部的突破技巧

　　當對手進入完整的反向勾腿防禦時，防守者會抬高內側腳的膝蓋來阻擋突破方進攻的動線，這是他第一道同時卻也是最後一道的防線，因此突破方最直覺的策略就是排除膝蓋的卡位繼續往前完成突破。但當然要避免只靠雙手蠻力硬推，最好的做法是配合膝蓋往前壓制並順勢移動到側面，藉由側向的移動調整到更省力的角度，將對方的膝蓋固定到地面，之後突破者就可以很輕易地往上繼續控制髖部完成突破。

防守者(白衣)進入反向勾腿防禦取位，突破者上半身重心往前，雙手扣住防守者膝蓋相互牽制。

突破者配合身體重心往右，將防守者右腳推向地面。

突破者接著髖部跟著往下，將防守者雙腳壓制在地面，左手往上下圈臂穿過對方右手腋下。基本上到這裡已經瓦解反向勾腿防禦的結構。

突破者接著雙腳往後延伸，完全脫離對方腳勾的牽制。

最後左腳往後延伸前後分腿採取側向壓制，右手抵住對方臉部加強固定。

32-2 浮動突破技巧

　　如同前面 27-9 中配合蝴蝶防禦絆摔的突破技巧，面對反向勾腿防禦也有類似原理的突破方式，也就是在往前壓開防守者膝蓋後，讓髖部往前的動力持續不中斷，到轉身往下坐，如果過程中有任何停滯，都有可以能被防守者搶到反向勾腿防禦最常見的基本絆摔，所以抓準時機，就一路專注將髖部往前挺進到完全壓制對方完成突破。

防守者(白衣)採取反向勾腿防禦，突破者重心往前雙手搭住對方膝蓋。

接著左腳往前踩到靠近對方頭部的位置。

突破者髖部接著連貫往前往下壓迫，撐開對方右腳膝蓋。

配合髖部往前的動作，左腳跨過對方頭部將全身體重直接坐到對方胸口。

接著看向對方膝蓋方向將軀幹轉向右邊，過程中持續用體重固定防守者。

髖部順勢往下滑到地面完成突破，準備搶攻更有利的壓制取位。

33-0 反式防禦突破策略

反式防禦取位 (inverted guard 或 upside-down guard) 即便對征戰多年的柔術老手來說還是非常難纏的取位之一，貿然往前突破容易被防守者搶到三角勒、肘關節技或直升機絆摔的反制組合；但往後退開，對方又可以趁機快速搶攻腳鎖或者順勢回復正面防禦取位，所以突破者最保險的做法是，雙手在對方雙腳外側牽制，保持自己雙腿與對方取位間的安全距離。特別小心！只要自己有任何一腳在對方雙腿之間，就有可能被對手搶到把位發動絆摔或降伏的反制組合。

33-1 轉髖突破技巧

筆者第一次在實戰中看到這個髖突破技巧 (hip pass)，是在泛美航空主辦柔術賽事由 Rigan Machado 突破 Roberto Magalhaes(擅長反式防禦的柔術家，甚至有 Roleta Guard 的美稱) 的經典對決。在當時 Roberto 極具柔韌性的防禦技術成功絆摔了無數好手，是足以名留柔術史的防禦達人，但 Rigan 藉由控制對方髖部與上腳把位來帶動翻轉 Roberto 的取位面向，將對方髖部重新轉向面對自己後，接著重心往前強壓突破，成功化解對方柔軟度與絆摔上的威脅並掌握攻防的主導權。

防守者(白衣)成功滾翻進入反式防禦取位，如果防守者完全精熟這個取位姿勢，他將有機會發動許多絆摔與降伏的組合並讓對手難以突破，因此突破者先用右手扣到防守方左側臀部後面準備牽制髖部。

在突破者後退的同時借力帶動對方髖部，使防守者右腳著地重新面向自己。

突破者讓防守者落地後，雙腳後撤將髖部壓在對方左腿上，右手往後控制對方背部。

突破者右腳跨過對方雙腿，讓身體完全搶到同一側完成側向壓制。

33-2 直接繞腿的風險

　　筆者曾經看許多人會在第一時間直接用手臂從內側繞腿來突破反式防禦，雖然面對經驗較少或柔軟度普通的對手能有機會誤打誤撞完成突破，但對於精熟反式防禦的防守者，主動將手臂伸到雙腿之間等於給他發動絆摔或降伏組合的大好機會，所以再次強調，最穩健的突破方式就是將雙手保持在對方雙腳外側，來牽制防守者髖部的面向。

防守者成功翻滾轉換到反式防禦(1)。

如果突破者沒有控制髖部，反而直接將手從雙腿側穿過試圖搶到上四方壓制(north/south position 又稱南北位，從防守者頭頂方向發動的壓制動作)，對於精熟反式防禦的防守者就是絆摔的大好機會(2)。

防守者扣住對方空出的手臂把位，並用右腳後撩抬起突破者(3)。

防守者一拉一抬的力矩，帶動突破者往前滾翻完成絆摔搶回上位(4)。

34-0 X 型防禦突破策略

　　X 型防禦 (X guard) 具備代表性的雙腳交錯的腳勾結構,是近代以絆摔反制為主導的新型防禦取位。要破解 X 型防禦,首先必須了解雙腳腳勾個別的力量作用。防守者會運用上腳腳勾往後推開對方體重,同時再配合下腳腳勾往前帶動突破者下腳,藉由一推一拉的剪力造成對方破勢;此外即便防守者只是前後分腿伸直雙腳,也能在下方大大影響突破者的平衡,這兩種做法就有可能迫使突破者躁進,試圖用雙手強行移除腳勾的牽制,但這樣一來,反而更容易讓防守者順勢搶到上肢的把位發動絆摔。

　　下面會介紹突破 X 型防禦取位的輔助訓練方式,記住!流暢有效的柔術動作力量都來自下肢與軀幹的配合,不會只有依賴上肢蠻力就能完成的突破技巧。

34-1 抗力球突破輔助訓練

　　在進入正式的突破對練之前,筆者非常推薦先使用抗力球做輔助,來學習如何做好髖部滑動的技巧。在過程中設法維持平衡,讓髖關節持續接觸在抗力球表面,模擬實戰中髖部緊貼對手移動與壓制的效果。在之後對練時,你會發現抗力球的輔助效果比想像中更貼近實際突破的感覺。

　　當然除了 X 型防禦,抗力球輔助的方式也可以作為反向勾腿防禦等其他突破技巧的輔助訓練,來增加軀幹與髖關節協調的活動。

突破者雙腳前後分開坐上抗力球,注意即使在分腿的情況下,還是得盡量讓兩腳髖關節都面向正前方。

接著重心往右傾倒右側臀部上,讓抗力球自然滾動使身體協調地倒向右側。

保持右側髖部接觸球面維持平衡,讓身體浮空翻轉到腳尖朝向地面。

突破者在抗力球滾過頭之前,立即將髖部翻正,雙腳後撤踩地壓住抗力球。

34-2 X型防禦突破練習

　　應對 X 型防禦最重要的是應用髖部往前的力量突破，因為防守者會運用身體相對強壯的下肢做腳勾牽制，所以即使突破者的臂力再大，也不應該用來作為主要突破的武器。相對地運用髖關節配合由上往下的重力來完成突破會更有效率，因為 X 型防禦腳勾最有力的牽制方向來自突破者的正下方，所以突破者藉由挺髖動作，將交叉腳勾結構壓向側邊，降低防守方的牽制效果。記住！不同防禦取位所使用的腳勾結構都會有最好的發力角度，突破者要做的就是將對方腳勾排除到失去牽制效果的位置，再順勢往前壓制往前突破。

防守者(白衣)採取 X 型防禦牽制對手。

突破者先將骨盆轉正面向前方，光是髖關節角度的調整，就已經開始讓防守者的腳勾偏離最好的牽制角度。

突破者接著開始將髖部往下並往右側滑動，配合身體重心的壓力與角度的變化，輕鬆脫開對方腳勾的牽制。

突破者在持續滑向往右滑的過程，抬起左腳越過對方頭部，並保持身體左側持續壓制住防守者避免對方逃脫。

接著，突破者臀部滑到地面，下半身都搶到防守者身體左側。

最後，突破者翻身以側向壓制完成突破。

圖解 34.2 常見錯誤策略

許多人會誤以為突破 X 型防禦的關鍵，在於如何控制對方雙腳的把位，但其實不然，如果突破者完全沒有將骨盆轉正調整髖關節面向，反而更容易被防守者腳勾前後帶動破勢（圖 1），同樣地即使突破者只扣到褲管的把位，其實對防守者腳勾結構並沒有造成太大的影響（圖 2），同時突破者雙手往下控制把位的動作，更有可能讓防守者更快發動絆摔動作（圖 3）。上述的這些風險在面對擅長 X 型防禦的對手更是致命，所以在實戰中，你必須把每位採取 X 型防禦的防守者都當作 Marcelo Garcia 看待，小心謹慎的擬定安全的突破策略。

35-0 半防禦突破策略

從下位防守者的角度來說，半防禦是可以搶攻絆摔與背後控制的攻擊性取位；而對上位突破者來說，可能會是突破進展到一半所面對的階段，但在擬定突破策略時，千萬不要低估半防禦潛在的威力。不過只要突破者能善用適當的技巧與由上往下的重力優勢，還是能給防守者帶來極大的壓力。

要突破半防禦取位基本上有三個策略要點：將防守者壓制攤平、放低身體重心以及避免對手搶到下圈臂把位。將對方壓平固定到地面是許多突破策略的第一步，如果防守者姿態較高，相對就有更多空間與力矩來發動絆摔。再來，突破者也需要穩固自身的進攻取位，不要過度依賴自己抗摔的能力，試著以更穩健的做法小心突破。最後，要隨時留意對方雙手的位置，如果對方搶到上肢的下圈臂控制就有可能是為了絆摔或搶奪背後位，同樣地如果被對方下圈臂扣到腿部，防守者就有機會拉近距離搶到更深的半防禦牽制。

35-1 將防守者壓制攤平

在半防禦取位中，如果防守者維持臀部支撐側坐臥的姿勢，他會有許多可以抵禦突破或搶攻背後控制的機會，因此突破者可以運用下面的技巧，將對手壓平固定在地面，讓自己可以更輕鬆地控制對方，並使整體突破流程進行得更加順利。

防守者(白衣)側坐臥採取半防禦牽制突破者，並用左手下圈臂控制試圖搶攻絆摔。

首先，突破者將左膝往上抵住對方右側髖部。

接著，將右腳往外側踩開。

最後，右膝往下貼地往前卡位，用重心將防守者背部壓在地面。

半
防
禦
突
破

35-2 膝蓋卡位的直腿突破技巧

　　基底轉換 (switch base) 是突破半防禦取位非常實用的小技巧，主要是藉由改變下半身支撐點的位置，讓自己可以從不同的角度抽離被對方牽制的那隻腳，藉由這種作法，防守者也很難強行繼續保持下肢的牽制。下面介紹的突破技巧就是運用基底轉換搭配膝蓋卡位與踢腿逃脫的動作組合，用手扣住防守者上腳，再配合伸腿一前一後的力量從對方雙腿間逃脫。

防守者(白衣)採取半防禦取位，突破者為了將對手壓平，立即用左手往上壓制臉部，避免對方逃脫或轉向內側。

突破者接著將重心換到左側髖部，並將左腳往前塞到對方右腳下方，右手扣住對方左膝褲子往上拉。

在對方左膝被拉高的同時右腳往前踢直。

突破者配合左腳膝蓋與髖部卡住防守者下腳，右腳伸直往後抽離，逃脫對方雙腿的牽制。

右腳自由後，直接往上採取側向壓制完成突破。

圖解 35.2 不要硬碰硬

柔術賽場上筆者最不樂見的情況，就是在逃脫時陷入只靠蠻力硬碰硬的僵局。如果對手在半防禦取位死命彎曲扣緊雙腳，那不管從什麼角度拉扯逃脫都不會比較輕鬆，更不用說連取位角度都沒有調整好的情況下 (圖1)，所以突破者能做的就是確保自己在任何逃脫動作前，先讓自己搶到最適合運用全身發力的取位角度再做行動。

半
防
禦
突
破

35-3 脛骨卡位的基底轉換突破技巧

　　接下來介紹的技巧雖然筆者個人已經行之有年，但在現代的柔術戰場上仍非常實用。突破者運用自由腳的脛骨往前卡位，同時將髖關節往上縮到對方腋下側邊，這麼做主要有兩個目的：往上縮髖可以讓脛骨向下卡位的力量更紮實，並且用身體直接擋著對方的內側手，避免防守者趁機搶攻絆摔，接著配合和前面相同的做法拉高對方上腳，讓自己的前腳可以後抽脫離牽制，這時後脛骨往下的卡位，就可以讓對方下腳無法跟上搶回牽制，讓自己的前腳可以輕鬆往後滑開。

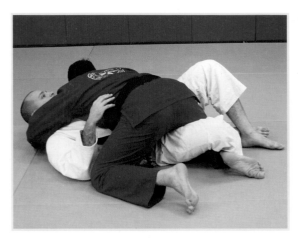

防守者(白衣)以半防禦牽制對手，突破者為了讓對方背部貼平，左手往上限制臉部方向讓對手無法逃脫或轉向內側。

接著，突破者雙腳踩地推蹬讓髖部往上縮高，藉此抽離右腳膝蓋並調整身體角度，讓左膝面對防守者右側髖部。

突破者髖部往後落地後，左腳脛骨往下抵住對手髖關節前側，同時右手往前扣住對方左腳膝蓋，接下來左腳脛骨的功能就是牢牢卡住對方下腳。

接著配合脛骨往下的力量將右腳往上抽出，脫離對方雙腿的牽制。

右腳抽離順勢往後撐開雙腿，直接進入反向袈裟固定。

35-4 手臂卡位突破技巧

　　接下來的技巧則是沿用前面脛骨卡位突破技巧的變化動作，唯一的不同是應用在當防守者試圖以下圈臂控制搶回主導權時使用。突破者把握機會順勢困住對方手臂並完成突破。注意這個技巧發揮的時機，是在防守者背部著地試圖搶到下圈臂把位將自己拉回側臥時使用，如果在尚未將防守者壓平時使用，有可能會被對手直接絆摔或搶到背後控制，切記在半防禦突破中將對手壓平是非常重要的前置功課。

防守者(白衣)採取半防禦取位，並試圖下圈臂控制突破者的右手。

突破者立即將左手往下困住對方左臂，並伸到其背後扣住腰帶，左腳往後伸直踩開，維持重心平衡。

3

突破者扣好腰帶後重心移到左臀，左腳脛骨往前卡在對方右側髖部前方，同時右手扣住對方左腳膝蓋往上拉高。

4

配合脛骨卡位的力量，將右腳往上抽出脫離半防禦的牽制，再順勢滑到身體後方。

5

最後，再次往下將對方壓平到地面，並把對方膝蓋推向另一側採取側向壓制完成突破。

35-5 Xande 教練獨門的壓平突破技巧

接下來的技巧是由 Xande Ribeiro 教練（圖中白衣示範者）結合前面一系列的動作所開發的獨門突破技術，可以應用在當防守者同時扣到較深的下圈臂把位，以及背部上位貼地的情況下。而 Xande 會運用臉部壓制搭配側向移動來將防守者壓回地面，一旦成功控制對方頭部將對手固定到地面，再立即將脛骨往上卡位抽離被牽制的前腳。

防守者(藍衣)重心壓在右側做半防禦，搭配下圈臂控制突破者(白衣)右手。

突破者右手往下卡住對方左側髖部，右手往前卡住臉部方向藉此將對手壓回地面。

突破者接著將重心轉到左側臀部，並將左腳往上塞到對方右腿下方，右手推住上腳膝蓋準備抽離被牽制的右腳。

突破者配合手推的力量，抽出右腳順勢滑到身體後方。

最後，突破者身體翻轉回到側向壓制完成突破。

半防禦突破

35-6 滑脛突破技巧

接下來介紹的滑脛突破 (shin slide pass) 是筆者個人非常偏好的半防禦突破技巧，配合脛骨往對側滑過防守者髖關節上方，讓突破者可以在切換突破角度的同時維持壓制效果。在突破後更可以搭配個人習慣選擇不同的壓制取位，如果決定以側向壓制收尾，就可以採取前面運用脛骨卡位的技巧，讓前腳抽離對方雙腿牽制；如果想轉換到騎態固定，則同樣可以用脛骨卡位協助將前腳抽離到腳踝位置後，直接跨步坐到對手身上。作為一個威力強大的突破技巧，突破者在滑動脛骨切換到對側時，仍要注意配合臉部壓制或下圈臂將防守者固定在原地，避免對方趁機反擊搶到背後控制。

側邊控制

防守者(白衣)以半防禦取位牽制對手。

突破者將重心微微偏向左側，以左膝為支撐抬高髖部，將右腳膝蓋往上抽離防守者雙腿。

接著，突破者身體回正以左膝支撐做半騎態的姿勢，右手下圈臂控制對方左臂，防守者知道自己有可能被突破，只能先扣緊雙腿拖延時間。

突破者左腳脛骨往內側橫切，從對方雙腳髖部連線滑過。

配合脛骨固定對方雙腳，將自己的右腳往後抽出，基本上有脛骨的壓制，抽腿不會過於費力。

右腳抽出後往前讓雙腳都搶到同一側，直接以側向壓制完成突破。

轉換騎態

在脛骨滑到對方髖部位置時，突破者決定採取不同的壓制取位。

由於防守者雙膝都被壓向左側，突破者可以將左腳回到半騎態位置並慢慢抽出右腳，過程中持續以下圈臂控制對方左手，避免對方伸手往下卡住自己的右腳。

右腳脫離後順勢膝蓋著地，完成完整的騎態壓制。

35-7 下圈臂突破技巧

　　對於熟練滑膝突破技巧的人要學習下圈臂突破（西班牙原文 esgrima 有擊劍穿刺的意思，英文用法則是 underhook pass）就不會有太大的困難，因為後者也是應用到滑膝的動作來讓內側腳脫離牽制，不同的地方是會需要配合額頭貼地形成三點支撐，完成對防守者外側手下圈臂的控制。其中額頭撐地與下圈臂的控制是這項技巧的兩大重點。首先，額頭撐地是為了將臀部往上抬高抽離牽制腳的膝蓋，但因為過程中雙手有各自的任務必須靠額頭來協助重心穩定；其次，下圈臂的目的是避免對方在轉換的過程中趁機搶奪背後控制，所以確保額頭支撐點的穩定與確實扣好下圈臂把位，基本上就能成功完成這項技巧。

防守者(白衣)採取半防禦取位，並用右手阻擋突破者左臂往下做臉部壓制的企圖。

突破者將重心往前壓迫，右手下圈臂繞過對方左邊腋下扣到衣領加深把位控制。

接著，額頭貼到對方頭部右側地面，同時左手往下抵住對方右腳膝蓋。

突破者接著腳尖點地將髖部挺高,配合雙腳與額頭三點支撐,並用左手卡住對方下腳,將右腿膝蓋從防守者雙腿間抽離。

膝蓋脫離後,左腳往外踩開維持平衡,左手往上扣住對方右肘把位。

接著,突破者往後用右側髖部壓住對方,拉高對方右手讓防守者背部貼地,右腳膝蓋繼續往前滑動牽制。

配合左腳往後,抵住對方左膝,協助右腳往前抽出,完全脫離對方雙腳牽制。

最後繼續拉高對方右手,順勢將身體往內貼緊採取袈裟固定。

35-8 下圈臂突破轉騎態壓制

接下來會由 Xande 教練（白衣突破者）來示範，如何運用下圈臂突破轉換到騎態壓制防守者。突破者必須運用牽制腳脛骨壓住防守者的髖部，讓膝蓋可以滑到接觸外側地面，再順勢抽離對方雙腳牽制直接進入騎態控制。靈活運用牽制腳的脛骨是這個技巧的一大重點。

前面基本上和原本下圈臂突破的流程相同，突破者（白衣）扣到穩固的下圈臂把位，並抽出牽制腳的膝蓋。

接下來不同的是，突破者左腳間踩在防守者右腳膝蓋前方。

接著左腳撐地將髖部往上挺高，並將右膝方向傾倒右側，準備從另一側將右腳抽離。

突破者配合左腳支撐的力量，將右膝往外切上對方髖部，持續往外滑動到膝蓋碰到防守者左邊臀部外的地面，同時抽離的力量使對手的髖部面向翻到左邊。

右腳膝蓋觸地後，髖關節順勢內轉讓腳掌往外甩脫牽制。

最後，雙腳膝蓋穩定跪在兩側直接完成騎態壓制。

圖解 35.8 脛骨切過髖關節前方的用意

在這項突破技巧中，運用牽制腳脛骨切過防守者髖關節前側，從另一側逃脫是非常關鍵的一環。如果你直覺想要將膝蓋往前直接突破，基本上以當下的姿勢和空間很難成功，所以採取膝蓋與脛骨往外滑過對方髖部的動作，能在逃脫過程中繼續壓制對方 (圖 1)，此外配合抽離的力道將對方的膝蓋帶到側邊，也可以順勢破壞防守者原本最有利的防禦方向，讓突破策略可以更順利完成 (圖 2)。

35-9 Fredson 式的下圈臂突破

接下來介紹筆者好友 Fredson Alves 擅長的下圈臂突破變化，比較特別的是 Fredson 會扣住防守者三頭肌把位，並將手肘往下壓迫對手，這種方式可以在防守者背部貼地的情況下進行半防禦的突破，因為突破者已經先用前臂卡住對方並加上下圈臂的牽制，讓防守者很難起身反擊或搶奪背後控制。簡單來說就是運用前臂卡位壓住對方身體，再配合滑膝技巧讓牽制腳脫離掌控。

防守者(藍衣)採取半防禦取位，並用右手阻擋突破者左手避免臉部被壓制，突破者以下圈臂控制防守者左臂。

以 Fredson 版本的下圈臂做法，突破者手掌包著對方左臂三頭肌，並將前臂往內卡到防守者胸口，以前臂壓迫的力量固定住對方。

突破者接著左腳往外踩開，並用左手推住防守者右腳膝蓋，往上抬高髖部，將牽制腳的膝蓋抽離防守者雙腿。

突破者繼續用左手固定對方右膝，在牽制腳膝蓋脫離後，開始往左邊將膝蓋滑向地面。

突破者右腳持續往內側滑向地面，直到腳掌完全脫離牽制。

脫離後順勢翻身搶到側向壓制完成突破。

35-10 佯攻關節技的上圈臂突破技巧

接下來介紹的是包含欺敵策略的突破技巧，在應對半防禦取位的過程中，如果防守者試圖伸手想搶奪下圈臂把位，突破者可以搶先以上圈臂控制，來避免防守者搶到背後控制，接著將身體重心往後，手肘往身體收緊，來壓迫對方被圈臂的肘關節。可能某些對手在被扣到肘關節技時就會拍擊投降，但如果防守者沒有投降認輸，突破者可以在對方還在設法掙脫手肘時立即變招繼續突破，這是一個搭配降伏技巧欺敵的突破策略。

防守者(白衣)側臥採取半防禦取位，並扣到對方右手的下圈臂控制。

突破者右手立即以上圈臂反扣回去來控制對方左手，這樣可以阻擋防守者繼續搶到背後控制。

突破者右手往內扣到對方衣領，加強上圈臂的控制。

突破者接著左腳往後踩開，並用左手推住對方右腳膝蓋，配合全身的力量做關節技壓迫對方左手肘關節。

如果防守者第一時間沒被降伏，突破者可以先將右腳膝蓋往左滑開脫離防守者雙腿。

右膝蓋持續往內滑到腳掌完全脫離牽制，過程中維持肘關節技的壓迫，讓對方無法阻擋自己逃脫。

在右腳逃脫後直接翻身回正，採取側向壓制控制對方。

35-11 跳換側突破技巧

筆者在賽場上第一次使用這個跳換側突破技巧 (opposite side pass)，就是面對當時擅長半防禦取位的 Roberto Correa 人稱 Gordo 的著名柔術家。藉由跳換側的突破技巧成功讓筆者脫離險境，安全地將身體換到對側，從另一個角度讓牽制腳成功脫困。

在練習的時候可以特別留意觀察對手防禦取位的面向，跳換側的要訣在於搶到防守取位的另一面脫困再繼續突破，如果讓防守者翻轉跟上自己換側的動作就會非常難脫困，此外當跨腳越過防守者身體時，可以運用空出的手協助推地，讓身體更快搶到對面，也能降低防守者在過程中趁機搶奪背後控制的風險。

防守者(白衣)在半防禦取位中維持穩固的側臥姿勢，並搶到下圈臂牽制的把位。突破者重心被往前帶動，必須小心對手會搶攻背後控制。

突破者左手撐住地面，右手越過對方肩膀扣到防守者背後的道服。

突破者配合左手推地，快速將左腳往後延伸越過對方身體搶到對側。

身體翻到對面後，立即用左手前臂卡住防守者右膝，避免對方跟著將取位方向翻轉過來。

5

突破者卡住防守者後，將左手往上抵住對方髖部，身體往後縮髖做蝦式，將被牽制的右腳抽離到腳踝位置。

6

再配合左腳踩住對方下腳膝蓋，一推一拉將右腳完全抽離防守者雙腿。

7

過程中左手持續控制對方右側髖部，避免對手逃脫或再次搶回防禦。

8

右腳脫困後立即身體回正，以側向壓制完成突破。

35-12 被防守者下圈臂的跳換側突破變化

接下來的技巧可以在半防禦取位中，當防守者維持穩定的側臥姿勢，並搶到更深的下圈臂牽制時使用。和上一個的差別，在於被圈臂的手臂直接在手肘水平高度往後繞扣到對方背後道服，接著再做跳換側動作。在越過對方身體到對面後，可以順勢搶到對方圈臂手的肘關節固定，這裡就可以依照當下情況判斷要採取降伏或者繼續突破到壓制的策略。

防守者(白衣)在半防禦取位中穩固側臥姿勢，並搶到更深的下圈臂把位。突破者重心被往前帶動，有被對手搶到背後控制的風險。

這次突破者將被圈臂的右手，直接包住對方左手肘到背後扣住道服，同時將身體重心沉到下肢。

接著配合左手撐地與左腳推蹬的力量挺高髖部，讓身體跨到防守者另一側。

突破者越過對方後，落在大概對手做側髖部旁的位置，左手抵住對方右腳膝蓋避免其翻身跟上。

突破者穩定姿勢後,便
將左手上移抵住髖部。

配合左手卡位往左後方
縮髖,準備將右腳往後
抽出。

反覆動作直到右腳脫離
牽制,過程中左手持續
抵住防守者避免其翻身
追擊。

右腳脫離後立即往後踩
開,以側向壓制控制對
方。

35-13 跳換側突破轉騎態壓制

　　這裡介紹 Xande 教練（白衣突破者）慣用的跳換側突破銜接騎態壓制組合。注意在 Xande 教練跨到防守者的另一側時，並不會急著直接搶攻騎態，雖然理論上可行，但防守者有可能會趁機抬高膝蓋回復防禦取位，因此 Xande 教練會在跳換側後將防守者膝蓋拉向自己，再騎到防守者雙腿上方。做好壓制確定防守者無法反擊後，再將牽制腳後撤抽出往上完成完整的騎態壓制。

同樣從半防禦取位開始，突破者(白衣)已經將左腳踩穩來抵抗牽制，並將重心坐到防守者左大腿上準備跳換側動作。

突破者左腳往後甩，將身體帶到防守者另一側，同時手去扣住對方右腳膝蓋一起翻向對側。

配合身體越過的慣性，落地後順勢將對方右膝拉向自己。

接著立即再次反向將左腳跨上防守者大腿，左腳抵住對方膝蓋後側。

半
防
禦
突
破

突破者坐穩後，雙腳直接往外側延伸，右腳順勢掙脫防守者雙腳的牽制。

維持身體重心向下壓制的力道，右腳掙脫後，膝蓋往上到對方腹部的位置。

最後左腿跟著往上轉正髖部，進入騎態壓制完成突破。

圖解 35.13 轉換騎態的要點

突破者(白衣)跨到防守者另一側後，務必將防守者膝蓋拉向自己，才能延續後面騎態與牽制腳的逃脫。

突破者配合左手壓住膝蓋，再將左腳跨坐到對方腿上。注意不要急著一口氣往上坐到騎態的高度位，這時候牽制腳還未完全脫困。

跨坐上後，用左腳往前卡住對方膝蓋後側，重心往下固定對方雙腿，再讓牽制腳後撤脫困。注意！整個過程突破者都不急著一口氣搶到騎態位置，必須時刻維持壓制防守者的力道，確保對方無法反擊。

35-14 半騎態突破技巧

　　半騎態 (half mount) 會是許多人在練習或比賽中，時不時會進入的一個取位，雖然上位者有相對的主導優勢，但如果沒有採取適當的技巧繼續突破，還是有可能被對方反制。這裡就需要再次用到前面提過的滑膝技巧來突破僵局，將牽制腳膝蓋切向外側滑動直到膝蓋接觸地面，接著就可以將牽制腳後撤伸直脫離半防禦雙腿牽制，再立即往上搶到完整的騎態壓制。

這裡直接從半防禦突破中，突破者(藍衣)進入半騎態的位置開始示範。

突破者立即將左腳往下抵在對方腿後位置固定對方雙腳，並將右腳膝蓋轉向外側準備逃脫。

半防禦突破

將膝蓋往外滑動到可以支撐在防守者下腳外側地面。

突破者配合膝蓋往外的角度，直接將右腳往後伸直，就能輕鬆脫開防守者雙腿牽制。

隨後立即將膝蓋往上坐穩，進入完整騎態壓制。

35-15 半騎態轉滑膝突破

　　基本上到這裡讀者應該有些概念，只要在半防禦攻防中有騎乘類型的動作，都可以搭配滑膝技巧來讓牽制腳脫困。從半騎態也可以銜接回原本滑膝突破的做法搶到側向壓制，突破者雙手抵住對方胸口做壓制後，雙腿直接站立拉開雙方髖部的距離，調整適當角度後，直接將膝蓋切到另一側脫離防守者牽制。

同樣從半騎態與半防禦取位的狀態開始演示。

突破者(藍衣)雙手往前分別扣住防守者右手衣袖與左邊衣領把位。

突破者配合雙手支撐，雙腳站起將身體角度轉向左側準備做滑膝動作。

接著突破者左腳往外側踩開，身體往下配合重心，將右膝往左邊滑動脫離對方雙腳牽制。

突破者繼續滑動膝蓋直到右腳脫困，過程中保持髖部接觸對方壓制，避免防守者逃脫或反制。

右腳脫困後立即翻身，右手往前卡住對方髖部採取側向壓制完成突破。

35-16 深入型半防禦脫困技巧

深入型半防禦 (deep half guard) 是指防守者在半防禦取位中，搭配下圈臂扣住對方其中一腳來加強控制。對防守者來說，這個把位可以很輕易影響突破者的重心平衡，所以突破者當務之急就是讓牽制腳盡快脫困，方法也非常單純有效，調整腳尖方向以最快的速度瞬間抽離逃脫。

防守者(白衣)搶到深入型半防禦取位，並將身體鑽到突破者下方，這個取位角度非常有利於發動絆摔組合(1)。

突破者左手撐住地面，並將右腳腳尖轉向地面(2)。

突破者蹲屈繃腳背調整好適合的角度，直接往上將牽制腳快速抽出，面對深入型半防禦這是最簡單有效的脫困方式(3)。

脫困後右腳往後著地(4)。

將對方右手困在自己雙腿間,直接
往下採取側向壓制。

常見錯誤

往前拖行

　　防守者搶到深入型半防禦取位 (圖 1),但突破者試圖轉身用爬行的方式來掙脫 (圖 2),但這樣的
速度不足以掙脫對方的把位,防守者只需要等待對手力竭或者趁機往上搶奪背後控制。

腳踝背屈

　　對方搶到深入型半防禦取位,但突破者腳踝背屈朝上 (圖 1),因此無法順利將牽制腳往上抽
離。注意脫困的過程中,必須讓腳踝蹠屈腳尖朝向地面,才能以最快的速度抽出右腳 (圖 2)。

35-17 半蝴蝶防禦突破技巧

在對抗纏鬥的過程中，防守者也有機會搶到半邊的蝴蝶防禦取位，即便只有單邊的腳勾牽制還是有機會撩起防守者的髖部，做到絆摔或回復更完整的防禦。但在突破策略上，筆者還是會應用前面提過的髖部翻轉技巧 (hip switch)，藉由翻轉髖部帶動膝蓋將對方的腳勾轉向下方脫困，反覆執行來擺脫對手下肢的牽制來完成突破。

防守者(白衣)搶到左半側的蝴蝶防禦把位，配合右手扣住突破者左大腿。

突破者右腳膝蓋往上抬到對方左膝旁邊準備翻轉髖部。

接著，突破者配合髖部向內翻轉的力量帶動右膝擠向內側，防守者左膝被頂向內側往下雙腳靠攏，突破者順勢用右大腿外側靠住並壓制對方髖部。

接著，突破者左手往下固定住對方左腳，左腿往後擺動讓準備讓身體搶到對方背側。

左腳踩到後方地面後，右腳跟著往後滑動脫離牽制。

完全脫離防守者牽制後，立即往前右手上臂抵住臉部進入側向壓制。

35-18 開放型半防禦的壓髖突破技巧

　　在半防禦取位中，如果雙腳沒有完全互相鎖死，就是屬於開放型的半防禦取位 (open half guard)，防守者用腳跟與脛骨牽制住突破方其中一條腿，突破者運用髖部翻轉改變角度，用重心往下壓迫對方上腳，連帶將下腳壓向地面，破壞雙腿牽制結構，讓自己受困腳膝蓋可以往下滑動逃脫，脫困後再立即往上搶到側向壓制完成突破。

防守者(藍衣)雙腿並未完全扣死，處於開放型半防禦取位，並配合左腳脛骨卡位與突破者保持距離。

突破者雙腿往後撤用腳尖踩地，將髖部重心壓在防守者上腳膝蓋，同時右手扣到對方背後左手壓住防守者右腳膝蓋。

但由於突破者右腳還未完全脫困,所以這裡突破者將髖部重心翻轉到右側,借力扭動錯開防守者雙腳,髖部翻轉的運用是許多突破策略的關鍵技巧。

突破者藉由髖部翻轉的技巧,將防守者左腳牢牢壓向地面,再抓準適當的時機將受困的右腳輕鬆向下滑出。

突破者右膝持續往下滑動到完全脫困,過程中髖部維持往下壓迫的力道讓防守者無法逃脫。

突破者右腳脫困後,立即往上採取側向壓制完成突破。

圖解 35.18 髖部翻轉的要點

任何時候遇到頑強且採取開放型半防禦或蝴蝶防禦的對手時,突破者都必須設法穩住陣腳,加強對防守者的掌控 (圖 1)。突破者都可以嘗試應用髖部翻轉的技巧來破解對方的腳勾或雙腿牽制,因為髖部翻轉造成取位角度的改變,會讓防守者很難繼續維持原本的防禦牽制 (圖 2)。多數的情況下,髖部翻轉都有用髖部外側往下切開對方取位牽制的效果,所以在進階的突破戰略中絕對是必備的進攻技巧。

35-19 擠檸檬突破技巧

　　接下來的擠檸檬突破技巧 (lemon squeeze pass) 在應對開放型半防禦雖然常見，但其實多數人的做法並不到位，許多人確實能做到雙手抱住對方雙腳，再將牽制腳往下抽出，卻忽略了先將身體搶到適合的角度，以致於讓脫困的過程相對較為費力。正確的方式是配合腳尖點地移動身體往牽制腳的方向，調整角度加上手臂圈住對方雙腿的方式，會讓防守者的雙腳受到更大的壓迫，像擠檸檬一般鉗住對方雙腿，再將牽制腳往下抽離脫困，這時對方也會因為髖部被固定無法立刻追擊。

在突破者(藍衣)挺進的同時，防守者立即轉換到開放型的半防禦取位。

突破者左肩往下抵住對方髖部，左手穿過雙腿下方準備環抱對方雙腿。

右手配合從外側往下繞過扣住自己左手腕，雙手環抱將對方雙腿靠攏。

接著，突破者腳尖點地移動將身體靠向牽制腳的方向，配合雙手環抱與軀幹位移，加強壓迫對方雙腿。

盡量移動到極限後，右腳往前踢直準備抽離，這時防守者下半身完全被鎖住動彈不得。

接著右腿往後抽出脫離防守者雙腳牽制。

雙腿搶到同側後，右腳膝蓋立即往前抵住對方髖部避免逃脫，採取側向壓制完成突破。

黑帶階段的關鍵課題：降伏技術

只要搶到肘關節技，再強的對手都有可能認輸。

Neil Adams 1981年世界柔道冠軍

一、在訓練中學會接受失敗

上面那段由前世界冠軍 Adams 所說的名言，代表了降伏技巧在實戰中不可撼動的重要性，即便是最簡單的肘關節技，也有機會降伏第一流的柔術選手。筆者認為柔術在眾多武術運動中，是少數在訓練時必須一直面對失敗的項目，自尊心較高的人在一開始練習時可能會感到難以適應，但很快就必須認知這件事會頻繁發生。當然最理想的情況是多數的失敗都能在訓練時解決，而不是發生在賽場或實戰中，所以試著將訓練中的失敗當作是學習的一環，被降伏就拍擊投降，學習改進再來過就沒問題。

由於筆者個人也是屬於好勝好鬥的性格，所以在練習時也需要不時和自己的尊嚴對抗，但我總是會提醒自己區分訓練與競賽的心境，這樣才能在道館訓練時虛心接受失敗並學習改進，將尊嚴與競爭的心態留在賽場上充分發揮。

二、上位腰帶學員如何面對失敗

拍擊認輸是任何人都不願意面對的選項，尤其對腰帶階級較高的學員更是如此。我總是會鼓勵學生學會放下一時的矜持，因為在筆者的認知中，柔術涵蓋有武士道的精神

(Samurai)，而武士道講求的是精神與技藝的傳承。以筆者道館中的紫帶學生為例，要讓位階比你低的學生在與你對練上有所收穫，最直接的方式就是適時給予對方應得的肯定，到位的降伏技巧就可以拍擊投降，讓低階腰帶的學員知道自己確實掌握正確的技術。與低階腰帶學員的對練，是為了讓高階學員能自我省視與提攜後進，而後低階學員心裡也會清楚自己的成長從何而來。相反地，如果一名白帶學員從一開始練習就沒有受到任何應得的肯定，只會更讓自尊受挫而難以向高階學員學習，對柔術的熱忱因此消磨。

即便是我，在教學或對練時，也時不時會對學員拍擊投降，而事實上許多教練也都會這麼做，教練的職責是引領學生的成長，而不是透過對抗來建立形式上的上下關係，健全的柔術發展與傳承，仰賴的就是每一位教練在學生心目中樹立的典範。

三、降伏技巧的正確觀念

站在運動員健康與傷害預防的角度來說，拍擊投降其實是很好的保險機制，因為有許多失誤造成的意外是無法彌補的，忍受疼痛並非柔術提倡的訓練目的，你的柔術造詣不是藉由用

蠻力抵抗肘關節技，或者死命扣住脖子來抵抗勒頸來展現。會陷入對方的降伏技巧，就代表自己的策略或判斷在某個環節上失誤，或者對方確實就是技高一籌，所以被對方扣到進入降伏階段，只要合理判斷無法逃脫時，不要抗拒拍擊投降，重新學習再來過就好。

所以挑戰、拍擊、檢討改進再繼續挑戰，每一次的拍擊都是為了讓自己可以安全地繼續訓練與突破，避免任何無謂的疼痛與傷害讓自己離訓練越來越遠。

對方的意圖並保持流動與變化。以側向壓制為例，如果對方試圖翻身逃脫，直接將對方壓回原地並不會讓你更快取勝，相反地藉由判斷對方的走向與意圖順勢搶攻背後位，接著背後裸絞降伏對手。

這一連貫的組合仰賴的就是預判的思維與靈活的流動性，只要能比對方多想一步，在對手還在思考逃脫的同時，自己已經設想到可行的降伏策略，比起墨守成規地死守原本的壓制取位，更能出其不意地讓對手陷入困境。

四、降伏技巧的流動性

好的降伏技巧必須保持流動性 (flowing)，一昧依賴蠻力降伏對手的人，代表他可能還不夠相信自己的技術或者尚未體認到柔術的本質。降伏技巧中最關鍵的是流動與應變的特質，一個只會將對手固定在原地的降伏技巧，通常很容易被對方掙脫反制。筆者時常教導學生不要只是牢牢扣死把位，要從中感受對方力量的變化並加以因應，被降伏者感受到前後變化的壓迫感絕對會有天壤之別。

當然任何的壓制固定都是如此，絕對沒有從頭到尾紋風不動的騎態或側向壓制，隨時感受

五、強化自己的終局之戰

在前面說明了許多降伏的策略與觀念後，回歸到實際執行層面上，選手的力量與體能還是降伏階段很重要的一環。在扣到降伏把位後，需要做的就是給予對方足夠的力量壓迫，等待對手投降，因此在以技巧為主的訓練之中，也不能完全忽略掉基礎力量輔助的重要性。

即便有人會將柔術過度曲解為完全不需要依靠力量的運動項目，但在實際對抗中還是會需要有足夠力量才能完成的階段，當然不是在逃脫、求生、防禦或突破，而是在最後降伏對手的那短暫卻關鍵的數秒鐘。

練習降伏技巧的重點

- 放下一時的自尊，學會用拍擊投降保護自己，避免無謂的傷害，讓自己可以不斷學習重新挑戰。

- 不需要執著於將對手牢牢固定在原地，學會順應對方的意圖順勢搶攻降伏把位。

- 求生、逃脫、突破或防禦都有對應的技巧與策略，所以把力量留給真正需要的時刻，也就是降伏的最後階段。

- 了解不同降伏技巧所需的槓桿結構、取位角度與動作順序，每一種降伏技巧都有最適合的發揮時機。

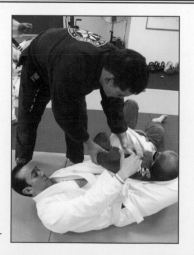

Saulo(筆者)指導學生正確練習降伏技巧。
攝影：Catarina Monnier

Leticia Ribeiro 練習用木村鎖在對練中降伏同伴。

六、制定自己的降伏策略

筆者總是教導學生以降伏對手作為整個對抗中的終極目標，再去一步步編排作戰策略。舉例來說，你得先用前面教過的技巧突破對方的防禦取位，先搶到浮固壓制再轉換到騎態固定，最後再進入降伏階段。

在這一連貫的流程中，你可以將騎態固定作為準備進入降伏階段前的分水嶺，因為搶到騎態就代表突破者已經排除了對方所有的抵禦選項，從一開始的防禦取位、浮固或側向壓制的抵禦到逃脫都已經被破解或封阻，能執行到這一步，就代表你已經掌握了整場對抗的流動，接下來就可以專心進入降伏階段。

在你掌握大局準備進入降伏階段時，必須先謹慎審視自己所處的控制取位，來掌握接下來要發動的降伏組合所需的細節。有些降伏組合講求迅雷不及掩耳的速度，有些則更重視啟動的時間點，而這些細節都需要在冷靜觀察判讀後作出決策。

接著就是依照不同降伏技巧的類別做區分，去找到適合的組合選項。不同的類型的降伏動作都有個別的要點，以勒頸降伏來說，關鍵就在於手腕把位的掌控與身體角度的調整；而肘關節技講求的是動作本身的完成度；再來十字固定需要的就是髖關節靈活的卡位與有效纏住對手的技巧。了解不同降伏技巧的動作結構，可以讓你在更有效率的打好這場終局之戰。

七、取位控制對降伏的重要性

多數教練會把重點放在如何執行降伏技巧本身，而忽略了教導學生如何維持取位控制的優勢，排除對方可能的抵禦動作讓降伏技巧可以順利完成。在筆者的認知裡，降伏技巧是上位者排除對方所有反制手段、完全掌握局勢時，用來使對手主動投降結束比賽的手段。技巧本身的精準度固然重要，但真正關鍵的是上位者如何維持上下取位的優勢讓對手無力回擊。有了這些基礎在進入降伏階段時，就可以按照自己的節奏與目的來完成這場比賽。

八、黑帶階段的降伏課題

對多數學生來說，練習降伏技巧很常是大家最期待的環節，但降伏在柔術所有的技巧中其實只佔了一小部分。從所有對練與競賽的時間來看，真正用上降伏技巧的時間也只有在每次進攻結束前的短短數秒鐘。這點跟衝浪運動其實非常相似，多數人期待能趕上最棒的浪頭好好來一招騰空技巧，但其實多數時間都必須有耐性地打水、觀測看浪與等待。

所以技術本身的重要性與優先順位其實與你當下所處的階段息息相關，低段位學生的首要任務就是打好基礎，在隨著能力的提升逐步切換不同的技術重點，而這也是為什麼降伏技巧會擺在黑帶章節的原因。

而作為黑帶學生在對前面所有的技術充分了解與掌握之後，進入高階賽事與對抗時才能藉由降伏策略來展現攻防的主導權。在高階柔術對抗中，降伏的攻防會更為頻繁，所以黑帶學生接下來的課題有兩個面向：保持流動讓對手的降伏策略無法奏效，再將對方帶入屬於自己的降伏節奏之中，掌握比賽的主導權再給予對方最後一擊。

36-0 背後位降伏策略

前面提過發動任何降伏攻勢，務必先做好取位控制的前置動作，當然從背後位降伏也不例外。配合腳跟往前勾住對方並搶攻手臂或頸部的把位，讓對手無法分心思考如何逃脫，如果對方忙於保護自身把位，就很難有多餘的心力應對下肢的牽制，因此掌控對方的注意力是取位控制非常關鍵的一環。此外，讓自己的胸口時刻緊貼對方背部，來避免對方往下滑動或轉身逃脫，做好萬全的取位控制再發動降伏技巧，這樣才能穩固自己的優勢並提高降伏的成功率。

下面會介紹一系列取位控制的技巧來應對試圖逃脫的對手，並配合許多種不同類型的降伏技巧，來化解對手能做出的抵禦策略，將控制與降伏兩者合而為一反覆練習，來發展屬於自己的背後降伏戰略。

36-1 控制衣領把位：弓箭勒降伏技巧

弓箭勒 (bow & arrow choke) 是筆者搶到背後位經常使用的降伏技巧，練習時可以留意以下兩點：對手在被搶到背後控制時，一定會阻擋你的雙手避免被勒頸，其次就是你的勒頸攻勢必須果決有力，因為對手絕對會用盡一切手段來避免自己拍擊投降。所以你必須將主要的勒頸手縮小接觸面積，以手刀的形式滑進對方下顎與鎖骨間的縫隙，可以讓自己扣到更深的勒頸把位。接著再將身體取位調整到和對方接近互相垂直的角度，扣住衣領與對方大腿的把位，並配合壓迫對方的軀幹讓雙方像拉滿弦的弓箭，用全身協調配合強化頸部壓迫的力道，這就是柔術降伏的精髓。

降伏者(藍衣)成功搶到防守者的背後位，並用雙腳勾住對方軀幹。

降伏者先用右手抓住對方右側衣領，準備之後送到左手做勒頸把位。

防守者舉起雙手防備勒頸，降伏者左手以猴爪抓握(monkey paw grip，譯註：五指指尖內扣，以末端指節背面抓握來保護指間關節的一種手型)的形式靠著對手耳下往內切入。

左手保持猴爪手型沿著對方頸部空隙切入，並用右手輔助將衣領把位送到左手上，藉由這種方式讓左手可以穿過對方雙手的勒頸防備扣到把位。

降伏者左手扣好後，將右手往下扣住對方右膝褲管。

接著降伏者身體往右傾與對手垂直，配合雙手把位往上與右腳將對方軀幹往下推開，雙方形成拉弓的取位姿勢來加強頸部壓迫的力道進入降伏階段，這也就是弓箭勒名稱的由來。

圖解 36.1 勒頸把位細節

在背後位的勒頸降伏中，輔助手將衣領把位送給主要勒頸手，是相當關鍵的技巧 (圖 1 與 3)，這樣可以讓勒頸把位扣得更快更紮實。

此外在訓練時，也需要讓自己習慣在背後勒頸的小範圍空間完成把位控制 (圖 2)。同時也因為對手會嚴加防備自己的頸部，所以你必須以猴爪的形式縮小勒頸手，像刀鋒一樣滑進對方頸部狹小的空隙。

36-2 破解勒頸防禦轉十字固定

接下來的技巧，是當防守者被搶到背後位為了保護頸部舉起手臂時，降伏者順勢搶攻到十字固定降伏。你會發現這種十字固定的降伏情境其實並不少見，因為多數人為了保護頸部，不會在第一時間就想到空出手臂把位的風險，而技巧的關鍵在於必須先用 4 字鎖 (figure 4 lock) 固定住對方手臂，再配合移開髖部的同時將對手壓向地面，這時必須隨時準備對方可能想用力反抗，但只要固定好手臂的 4 字鎖，就可以繼續往下切換到十字固定做降伏。

降伏者(藍衣)搶到防守者背後位，同時雙腳往前勾住對方身體，防守者舉起右手防備勒頸動作。

降伏者伸出右手準備搶攻衣領，卻被對方用左手擋住攻勢。

降伏者立即轉換策略，用右手圈住對方右手上臂。

接著左手扣住對方右手腕搶到4字鎖的把位。

接著以右邊臀部為軸心往後轉，讓防守方往下滑落到降伏者原本坐的位置。

等防守者落下後，降伏者立即將右腳往上壓住防守者腹部。

接著將左跨到對方頭部上方。

保持雙腳往下固定對方，同時配合上半身重心往後拉動對方右手，進入十字固定降伏取位。

36-3 圈臂襟勒

　　圈臂襟勒 (arm & collar choke) 的技巧，同樣也是用來應對防守者採取勒頸防禦的降伏變化。在搶到背後位搭配雙手上下圈臂控制，也非常適合銜接這個降伏技巧。多數防守者都會嚴加警戒對方從背後伸手試圖勒頸，其中大部分的人更會直覺提防從手臂上方靠近頸部的手掌，所以降伏者藉由從手臂下方連同手臂一起圈住的襟勒動作，可以讓防守者在第一時間沒有防範到對方勒頸的意圖，當降伏者扣到夠深的衣領把位後，再配合另一手往前扳動防守者被圈臂的手臂，進一步讓對方被自己的手臂限縮頸部的空間完成圈臂襟勒的降伏動作，基本上這個技巧的壓迫原理與三角勒非常相似。

降伏者(藍衣)搶到對方背後位並用雙腳勾著對手軀幹，防守者舉起右手防備勒頸動作。

降伏者左手抓到對方左邊衣領，從下方將把位送給右手。

將衣領把位送到右手後五指扣緊。

接著左手往上扳動對方被圈住的右手手肘。

接著將對方右手往內扳向臉部，配合右手扣到的衣領把位，徹底壓縮對方頸部的空間，以簡單卻有效的勒頸結構降伏對手。

36-4 背後袖車勒

從背後位發動袖車勒 (sleeve choke 或 Ezequiel choke，或稱雙臂剪刀絞) 是成功率相當高的降伏技巧。和前面的技巧同樣是採取背後上下圈臂的控制把位，在著名柔道與巴西柔術家 Ezequiel 不斷改良下成為柔術必備的降伏技巧之一。降伏者的前手必須從前方繞過伸到對方對側鎖骨位置，來扣住自己後手的衣袖，接著後手從後方完全包住對方頸部並穿到前面扣住前手前臂，縮小雙手間的空隙壓迫對方頸動脈，只要能確實扣到把位就有很高的機率降伏對手。

防守者(藍衣)被降伏者搶到背後位，立即舉起右手防備勒頸動作。

降伏者右手順勢從對方腋下穿過，手掌呈杯狀搭住對方左肩。

接著降伏者左手往上讓右手扣住衣袖完成前側的勒頸結構，右手四指必須扣到衣袖內側確保把位紮實。

扣好衣袖後，左手從防守者頸後往右繞到前側。

左手往前扣住自己右手前臂完成袖車勒頸結構，降伏者身體微傾向右側，徹底壓縮雙手間的空隙等待對方拍擊投降。

37-0 騎態降伏策略

　　騎態降伏的重點與前面提過的背後位降伏相同，成功的關鍵同樣是在降伏者對於取位控制的掌握能力。為了進一步說明，先將騎態分為兩種主要的取位變化：高位騎態 (high mount) 與低位騎態 (low mount)，兩種取位都有各自適合的降伏策略與不同的優缺點。降伏者在高位騎態是坐在靠近對方胸口高度的位置，適合銜接上肢關節技或十字襟勒的降伏組合。採取高位騎態必須提防對方挺腰逃脫的意圖以免被對方反制，也要非常熟練地應對對手上肢的任何推拉搶奪把位的反擊，而許多高位騎態的降伏組合，都是抓準對方試圖防禦或反擊的意圖來搶到降伏的把位。

　　低位騎態則是坐在對方髖部附近的高度，通常會配合雙腳往下鎖住對方下肢動作，同時上半身會往前貼住對方胸口增加整體壓迫感，因為逃脫難度較高，更適合初學者用來練習連接降伏技巧。此外另一種 S 型騎態的變化取位，可以讓上位者有喘息調整動作的空間，同時也可以連接袖車勒 (36-4) 或者肩固的降伏組合。練習時可以直接從騎態位置開始，防守方必須盡力設法逃脫，而上位者不管是在高位或低位騎態都要先能封阻對手的逃脫意圖，先讓自己熟練騎態的取位控制後，再設法加入降伏技巧的組合，讓自己的騎態戰略更加完備。

37-1 美國鎖

　　美國鎖 (the Americana) 或是柔道中的腕緘 (ude garame) 通常會是你在高位騎態練習的第一個降伏技。美國鎖對剛接觸降伏技巧的人來說有許多優點，首先是可以同時造成肘關節與肩關節雙重壓迫的強力技巧，與其他常見降伏組合不同的是，美國鎖在使用時不需要特別改變身體取位，只需要穩固騎態取位控制，不用擔心對方趁轉換空檔反擊。最後這也是一個可以讓降伏者學習運用體重，而不是單靠臂力來完成的降伏技巧。當然，請讀者不要將許多初階基礎的技巧，誤以為是成功率較低的技術，美國鎖的結構雖然簡單，但從實戰的角度來說仍是非常有效率與威力的降伏技巧。

上位者(藍衣)搶到高位騎態控制，防守者雙手舉到胸前防備對手勒頸攻勢。

上位者準備搶攻美國鎖降伏，右手往前扣住對方右手手腕、左手扣到右手前臂的位置。

降伏者接著配合重心往前將對方的右手壓向地面，右手手肘順勢卡在對方頭部旁邊。這個動作的重點是配合體重將對方右手完全獨立固定，若單靠雙手的力量還是有可能被防守者掙脫。

上位者將左手從對方右臂三頭肌下方穿過，準備扣住美國鎖把位。

左手穿過後扣到自己右手手腕呈現 4 字固定，雙手五指指節都在同側做抓握固定。

雙手扣穩後，帶動對方右手往下滑向髖部準備進入降伏階段。這個滑動的調整，可以增加後面將對方手肘往上抬起的活動範圍。

滑到極致後，直接將對方手肘往上抬起進入降伏階段，對手很快就會感到右肩關節強迫外旋的劇痛拍擊投降。

37-2 騎態轉十字固定

　　騎態轉換十字固定應該算是柔術中最經典的降伏組合之一，但在對練與競賽中也是下位者最常掙脫手肘把位順勢逃脫的取位。所以在取位轉換的過程中，上位者務必確實控制對方肘關節的把位，在騎態時先用雙手扣住手肘，配合體重進入降伏的階段只要注意手肘把位的控制，就能大幅提高這組經典降伏組合的成功率。

上位者(藍衣)搶到高位騎態壓制，防守者雙手舉到臉前保護頸部。

上位者左手往前繞過對方左前臂，扣到三頭肌的位置。

接著右手往前搭住左掌，將對方的肘關節往內推。

單靠臂力很難完全固定對方手肘，所以上位者接著身體往前用體重壓制，避免對方抽手逃脫。

5 保持上半身固定住對方手肘後，上位者將身體往左轉到與對手垂直的角度準備搶攻十字固定，配合身體重心往左傾，讓右腳可以往上滑過對方頭頂。

6 這時上位者身體已經轉向左側，右腳可以輕易往越過對方臉部進入十字固定取位。

7 調整好面向後，上位者將對方右手固定到胸口同時上半身倒向後方，髖部往上挺起壓迫使肘關節過度伸展，上位者必須注意將雙膝靠攏並將對方的拇指朝向上方，讓對手難以逃脫只能拍擊投降。

圖解 37.2 做好十字固定的關鍵

經過上面的說明可以知道，轉換到十字固定前有許多重要的前置細節，同樣地要完成十字固定降伏也有很多需要留意的重點。首先就是上面提過要將雙腳膝蓋盡量靠攏，徹底限縮對方身體的活動空間。接著臀部必須盡可能貼近對方腋下，如果雙方間距過遠，會增加牽制手滑脫的機會。此外必須讓牽制手拇指朝向上方，完全固定住手腕讓對方無法翻滾逃脫。最後就是確實做好十字固定的槓桿結構，以髖部作為支點抵住肘關節並帶動遠端的手腕進入降伏階段。

37-3 騎態袖車勒

　　從低位騎態發動袖車勒也是非常經典的降伏組合。前面提過以巴西柔術與柔道大師 Ezequiel Paragaussu 為名的袖車勒，主要是配合頭部與雙手卡位限縮對方頭頸空間，先將其中一手穿過對方頸後抓住另一手衣袖，再將另一手以手刀形式滑過對方下顎與鎖骨間的空隙，到對側扣到自己的前臂，以雙手間狹小的空隙壓迫對方頸動脈。然而有少數人會用指節強行切入對方頸部的空隙，或者往後拉扯直接壓迫氣管，不過這並不是這項技巧主要的目的，或許藉由較為暴力的動作也能完成降伏，但學習柔術沒有必要以讓對手或同伴受傷為前提，掌握正確的技術用最乾淨到位的方式點到為止。

這次上位者(藍衣)採取低位騎態壓制讓對方無法挺髖逃脫，配合雙手往前撐住地面維持穩定。

上位者左手往下滑過對方頸後，過程中髖部重心持續往下壓住對方。

左手穿到對側扣住右手衣袖，同樣是採取四指勾到袖口內側地抓握方式。

接著右手手指併攏呈手刀，滑過對方喉部到左邊。

上位者壓低重心，將右手扣到左手前臂完成袖車勒頸動作，只要把位扣得越深，頸部空隙越小，對方很快就會拍擊投降。

強化固定的降伏方式

當對手(白衣)較為頑強時，上位者可以進一步限縮對方的頸部空間，左手直接往下抱住對方頭部，同時也運用自己頭部往下卡住對方左側，右手手肘向下貼住地面阻擋對方左臂的動作。

降伏者在限制對方頭部轉動後，左手以同樣的方式扣住自己右手袖口，右肘持續封阻對方左臂。

接著配合頭部的力量稍微撐開對手頸部的空間，讓右手可以通過對方喉部，由於下位者的頭部空間與視野被大幅限縮，基本上很難快速作出反擊。

接著右手繼續扣到左手前臂遠端，並搭配頭部偏向左側來加強勒頸的力道，這種方式會比原本的做法有更大的壓迫與降伏效果。

37-4 肩固

　　肩固 (Kata-Gatame 或 head-and-arm choke) 是在對方試圖發動肘撐逃脫時非常實用的降伏技巧。只要看準下位者正要推撐膝蓋逃脫的時機，上位者就可以快速將手穿過對方腋下搶攻對方單臂與頸部的控制。但基本上，上位者也可以藉由雙手貼地往前爬再伸直的動作撬開對方手臂，反覆幾次讓自己抓到適合的控制把位，一舉扣住對方手臂與頸部進入肩固降伏取位。

上位者(藍衣)採取高位騎態壓制，下位者試圖做肘撐逃脫，左手撐著對方右膝、右手前臂往下卡住對方髖部。

上位者順應對方的意圖，直接將右手往下穿過下位者左手上臂下方。

上位者右手穿過腋下的同時，左手往前鑽過對方頸後做臉部壓制，雙手手掌都緊貼地面。

接著藉由指尖與地面的摩擦力，收緊拳頭加強把位牽制。

接著右手手肘往上抬起，同時手掌往前延伸將對方左臂頂向頭頂。

上位者將對方手臂撐高後，右手就可以往肩膀深處靠近。

右手卡到深處後，將手臂伸直用肘關節進一步將對方右手擠向內側，讓對方頭部與左臂互相交疊。

上位者雙手交錯後，配合頭部往下頂向地面來壓縮對方頸部與頭部的空間，運用二頭肌與胸肌的力量往內收緊，壓迫對手兩側頸動脈來完成降伏。

37-5 正反十字勒

正反十字勒 (palm up/palm down choke) 是許多柔術家愛用的經典降伏技巧。多數人選擇的原因，不外乎比原本雙手掌心都朝上的十字勒版本（掌心一上一下的做法）更容易扣緊把位施力。上手掌心朝下的優點，可以視情況選擇要扣到靠近頸部的衣領或是肩膀把位，降伏的結構運用手腕與掌緣呈刀狀往內壓迫頸動脈，再配合上半身往前將手肘靠在肋骨上，用全身的重量加強勒頸降伏的力道。

上位者(藍衣)採取高位騎態壓制。

配合左手輔助拉直固定衣領，讓右手可以盡量扣到最深的勒頸把位。

接著左手掌心向下準備搶攻另一側衣領。

圖解 37.5A 勒頸角度

注意如圖中上位者右手腕與掌緣呈手刀，順著對方下顎線的角度切入 (圖 1)，在任何勒頸技巧中，手掌與手腕的角度必須盡量貼合對手頸部空隙的線條，才能以最紮實有效的方式阻斷對方頸動脈的血流，將上手勒頸降伏的效果最大化 (圖 2)

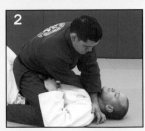

上位者右手盡量扣到離對方頸部最近的把位，確保手腕切住對方側邊動脈。

接著上半身往前將頭部壓向地面，雙手手肘收向肋骨兩側，以全身的力量完成勒頸降伏。

圖解 37.5B 勒頸收尾的技巧

雙手扣緊正反十字勒的把位後將手肘內收靠在身上，保持重心穩定 (圖 1)，接著上半身往前運用重量固定住對方，並將手肘收往身體兩側進入降伏階段 (圖 2)。即使對手沒有馬上拍擊投降，只要動作確實讓對方無法逃脫，最終還是能完成降伏。

37-6 掌心朝上的十字勒

　　掌心朝上的十字勒雖然比上一個技巧使用的人較少，但主要的原因是上位者在搶攻衣領把位時容易受到對方對方雙手抵禦，只能放棄切換到其他降伏組合。所以要做好這項技巧，必須先設法排除下位者的勒頸防禦，關鍵在於運用上手將對方的防禦從頸部撐開，打開足夠的空間讓下手穿過，搶到第二個勒頸把位完成降伏技巧。熟練這個做法與前面正反十字勒的技巧交互使用，讓自己在實戰中的勒頸降伏策略可以更加完備。

同樣從高位騎態開始，上位者(藍衣)右手扣住對方對側衣領，下位者立即雙手往上搭住對方右手做抵抗。

當上位者左手往前時，對方已經準備好要做出抵禦。

下位者伸手擋住對方左手搶攻勒頸把位的動線。

上位者收回左手,將右手手肘往前頂向對方頭部,將下位者左臂架高並撐開下方的攻擊路線。

接著左手從下方空隙穿到對側扣著衣領把位,雙手掌心都朝向上方。

開始勒頸時,配合將頭部往上手的方向移動,在圖中就是將頭部右手方向抵到對方右肩上方地面,將雙手手肘貼近肋骨開始勒頸降伏對手。

圖解 37.6 搶奪把位的小技巧

第一隻手向下扣住衣領時,記得將手肘往下貼住對方胸口 (圖 1),這樣可以防止對方雙手做勒頸防禦卡位 (圖 2)。如果手肘懸在半空中,對上經驗較豐富的防守者就會伸手卡住手臂與身體的空隙,讓上位者很難繼續搶攻第二手的勒頸把位 (圖 3、4),即使搶到也會大幅降低降伏動作壓迫的效果。

37-7 騎態轉三角勒

　　三角勒的技巧也非常適合納入騎態降伏策略的選項，基本上從騎態可以自然連接到三角勒降伏，中間不需要經過其他取位轉換。上位者壓住對方其中一隻手，同時另一手往前扣住對方後腦勺，再將下腳往前固定，動作流程與從防禦取位銜接三角勒的做法非常相似，許多降伏技巧的組合不論是在進攻或防守反擊上都可以互相通用。

上位者(白衣)以高位騎態壓制對手。

下位者雙手在腹部卡住對方髖部做抵禦，但上位者右手順勢往下推住對方左手，準備搶攻三角勒把位。

保持右手固定，上位者身體重心傾向左邊並用左手扣住對方的後腦勺。

上位者配合身體傾向左邊，右腳往前跨出踩在對方左肩位置。

接著右腳屈膝將腳跟收往左膝方向，並用左手扣住脛骨完成三角勒初步結構。

接著上位者將身體傾回右側，將體重壓在右腿上，讓左腳往前跟上準備讓身體回正。

左膝跪地固定好後，身體回到正中心，左手扣住對方後腦往上，同時用體重往下壓迫靠緊雙腳膝蓋進入降伏階段。

37-8 S 型騎態轉十字勒

　　S 型騎態 (S-mount) 是指上位者身體面向轉向側面，與對手垂直的騎態壓制，因為轉身會使雙腿轉側呈現 S 型而命名。這個取位不單只是動作轉換的過渡取位，更可以往前快速連接十字勒或十字固定的降伏組合。這裡是介紹銜接十字勒的方式，這個技巧的重點在於上位者的勒頸手，必須從對方額頭上方略過來搶到衣領把位，從對方防禦的死角來越過障礙，如果直接往前伸手就容易被對方的勒頸防禦動作阻擋，後者的情況就適合 37-9 介紹的 S 型騎態轉十字固定的組合。

上位者(藍衣)以高位騎態壓制對方，下位者立即舉起雙手保護頸部。

上位者先用右手將下方衣領拉向外側，藉此撐開對方的左手，讓自己的左手可以往前搶到第一個勒頸把位。

左手往對側扣住對方左邊衣領，以拇指在內、四指在外的方式抓握，舉起右手伴攻十字襟勒(cross collar choke)。

在對方應付勒頸的同時將身體轉向左側，右腳膝蓋往上卡住對方左邊腋下，這時下位者必須同時提防被十字固定的可能。

接著上位者右手被沿著對方額頭，由上往下切向對側衣領把位。

從對方的死角繞過雙手的抵禦，扣住對手右肩的道服。

接著上半身往下將頭部頂向地面，同時雙手手肘收往身體，開始壓縮對方頸部空間完成十字勒頸動作。

37-9 S 型騎態轉十字固定

　　承接上一個技巧的說明，我們可以知道從 S 型騎態也能銜接不同的降伏組合，因為上位者已經掌握對方上半身與上肢的控制優勢，所以除了十字勒頸之外另一個合適的選項就是十字固定。而最理想的策略就是將兩種組合技巧互相配合，舉例來說，如果對方試圖採取肘撐逃脫，就可以立即搶攻失去保護的頸部做十字勒頸，但如果對手積極做勒頸防禦，就可以順勢搶攻手臂把位進入十字固定。所以在練習時務必將兩種做法都融會貫通納入實戰之中。

上位者(白衣)以高位騎態壓制，並用左手扣住對方右側衣領。

上位者配合左手拉開衣領，讓右手往前穿過對方手臂下方，搶攻更深處的勒頸把位。

下位者雙手扣住對方手臂抵抗，上位者立即改變策略用左手將對方左手肘壓低，讓左膝往上滑到肩膀高度，身體轉向側面並立即將上半身往前壓住對方手臂避免對手逃脫。

上位者困住對方右手後，用左手將對方左手肘往上扳高，讓右腳可以往上卡到左臂三頭肌的位置，這時上位者已經完全進入S型騎態的取位。

接著上位者將身體傾向前方，減少左腿支撐。

左腳順勢往前跨到下位者臉上，準備進入十字固定。

雙手扣住對方手腕後，上半身往後配合髖部往上挺起，完成十字固定降伏。

37-10 肩固轉袖車勒

即便有是再好的降伏策略，都需要有備案來應對可能的意外情況，尤其當對手無法在第一時間被降伏時，就需要有搭配的組合來延續降伏的優勢，其中從肩固轉到袖車勒就是很好的降伏組合。某些情況，下位者可能會因為頸部與牽制手之間些許的空隙而不會被肩固技巧降伏，這時候上位者就可以在被對方逃脫前，立即轉換到壓迫力道更強、空隙更小的袖車勒來降伏對手。

在柔術之中有許多發動取位相近的降伏技巧其實都可以互相轉換，在練習時可以多加嘗試，並開發屬於自己的降伏技巧組合來化解對方的防禦，只要能維持技巧轉換間的流動性，就能讓你的降伏策略更趨近完備。

上位者(白衣)以低位騎態搭配肩固降伏對手，但下位者用左手推住右手來撐開頸部與手臂的空隙，減輕右側頸動脈的壓力讓自己不需要拍擊投降。

上位者立即改變策略，在對方抵抗的同時用右手扣住自己左手衣袖。

接著將左手手刀往內滑入對方頸部空隙，用手腕抵住對方喉頭。

左手扣穩後，上位者雙臂交疊擠向地面以袖車勒完成降伏。

37-11 單邊襟勒降伏

　　這個技巧主要的重點是從騎態到側坐，最後進入背後位的身法轉換，再加上最後的單邊襟勒完成降伏。練習時務必讓自己可以熟練到不假思索地從騎態轉換到背後位，在勒頸的部分要記住，永遠將對方拉向自己主要勒頸的攻擊手，這樣才能扣到最紮實的降伏角度並避免對方趁機逃脫。

上位者(藍衣)採取高位騎態，並用右手扣住對方左邊衣領。

下位者試圖挺髖做橋來甩脫對方右手，但上位者直接順勢抬起髖部移動到對方背側。

搶到側面後，右腳持續勾著對方腹部，左腳脛骨往前抵住對方背部。

接著上位者將對方衣領拉向右邊，左膝順勢往前滑到對方左肩側面。

延續拉扯的慣性，將下位者完全帶到自己右側地面，這個角度就可以將左腳也往前勾住對方腹部搶到背後控制取位。

接著配合左手穿過對方腋下，再將手掌抵住對方後腦來強化上半身的固定效果，身體重心靠向後方，帶動右手拉扯衣領開始進入降伏階段。

38-0 側向壓制降伏策略

　　配合前面突破技術的章節，我們可以發現在突破防禦後的取位，多數都會來到側向壓制 (side control)，對於兩個技術實力相當的對手來說，在突破上就會耗費相當程度的精神與體力。因此上位者即使搶到側向壓制，到降伏前仍然還是場硬戰。這也是為何本書的編排強調由求生、逃脫、防禦一路到突破與降伏的流程，藉由從下到上完整的柔術策略發展，可以讓你不用多慮，即便不慎失去上位優勢，仍然還是有再次挑戰突破的機會。

　　當然，突破後的最終目的還是得維持控制並轉換到降伏技巧。以筆者的觀點來說，我會盡可能地運用身體的取位與重心，來做好側向壓制髖部互相卡位，來達到固定對手的效果，讓雙手可以空出來執行接下來的降伏計畫。如果突破後只是一心想把對方固定在原地不繼續進攻，那就會大幅增加被對方逃脫反制的風險。

　　這裡提供一個練習的小技巧，先將雙手背在身後採取側向壓制，學會如何不依賴雙手，單純運用身體重心與取位角度維持壓制的效果，熟練後再加入雙手來執行後續的降伏策略，透過這個小練習來強化自己對側向壓制的掌握度。

38-1 側向壓制轉木村鎖

　　側向壓制銜接木村鎖 (Kimura) 降伏的組合，非常適合應用在下位者試圖逃脫時的反制動作。上位者在搶到側向壓制時，可以不用立即主動發動降伏，當下位者採取下圈臂搭配做橋挺髖試圖逃脫時，再趁機扣住對方的手臂把位做木村鎖降伏。上位者需要注意的是翻轉搶攻手臂把位的時機，在練習時可以先搭配固定的同伴，來學習如何判斷對手的動作啟動的徵兆。當你察覺到對方身體肌肉張力改變與雙腳踩到做橋位置時，就可以準備翻轉髖部，抵銷對手原本想將你頂開的力道，再順勢控制手臂進入木村鎖降伏。

上位者(藍衣)搶到側向壓制後，下位者立即用左手穿過對方右手腋下採取下圈臂把位，準備發動逃脫。

下位者試圖做橋挺髖將對方彈開逃脫，但上位者抓準時機雙手抱著對方下圈臂的手肘，同時翻轉髖部進入反向袈裟固(reverse Kesa Gatame)的取位，左手繼續往下包住上臂三頭肌的部分加強控制。

接著配合體重將對方手臂重新壓向身體，讓對手背部著地。

接著右手扣住對方手腕，左手從後方穿回前面扣到自己右手腕形成4字型固定，下位者只能先將左手扣住腰帶來抵抗。

上位者扣住對方手腕將整隻手臂拉到自己身上，用全身的力量讓對方左手從腰帶上脫開。注意！搶奪任何把位只要有身體重量的協助都能事半功倍。

接著上位者將對方手腕扭向左側地面。

上位者配合木村鎖的動作，再次將髖部翻向右側。

將重心靠向右側，讓左腳可以輕鬆往前跨過對方頭部。

配合左腳將對方頭部固定在地面後，上位者將對方左肩抬起，同時繼續將手腕扭向地面完成木村鎖降伏。通常肩關節被強迫內旋的劇痛，會讓對手很快拍擊投降。

38-2 換側轉十字固定

在側向壓制中，下位者如果伸手越過上位者內側肩膀 (靠近頭部的那一側) 扣住背後道服，通常是為了將對方往前翻滾做絆摔反制，但對上位者來說同時也是控制對方手臂發動降伏的時機。上位者先用雙手環抱困住對方手臂，並用頭部抵住對方手腕避免對手翻轉手臂掙脫，接著再將身體取位移動轉向到對側，再將髖部往前卡位配合身體重心往後進入十字固定降伏對手。

上位者(藍衣)搶到側向壓制時，下位者伸手越過對方左肩試圖將對方往前帶動翻滾做絆摔反制。

上位者察覺對方意圖，立即雙手環抱扣住對方腋下與三頭肌將手臂拉到身上，同時重心傾向左側準備往對側移動。

左腳往前跨一大步讓身體往對方左側移動。

上位者保持頭部壓低，右腳推蹬將髖部重心移動到左側。

上位者持續將髖部移動到十字固定的取位面向。

調整好方向後，上半身直接往後進入十字固定降伏。注意圖中上位者的左腳脛骨往前抵住對方腋下，這時不需要再將左腳抽出跨上對方胸口，雖然和標準十字固定的做法有些許不同，但下位者有可能會趁抽出左腳的空擋設法逃脫，因此上位者必須以當下最好的做法維持固定進入降伏。

38-3 Royler 版本的十字固定技巧

接下來介紹的這個技巧是筆者在與 Royler Gracie 對練時最常被降伏的技巧組合。經常在 Royler 採取側向壓制或上四方壓制 (north-south control，從下位者頭部方向進行壓制的取位) 時，筆者搶攻對方上下圈臂把位試圖反制時，被對方順勢攻擊手臂把位進入十字固定。而 Royler 版本的關鍵在於上位者如何翻轉內側的髖部，來騰出足夠的空間讓內側腳膝蓋移動到十字固定取位。這裡同樣也不用比照典型十字固定將內側腳膝蓋橫過對方軀幹，只需要專注控制對方手臂，同時盡量併攏雙膝固定對方，再配合上半身往後與髖部往上壓迫對方肘關節進入降伏。

上位者(藍衣)採取上四方壓制取位，下位者雙手個別上下圈臂越過對方腋下與肩部扣到背後做抵抗。

側
向
壓
制
降
伏

接著上位者準備移動到對方右側轉到側向壓制,過程中順勢控制對方右手並將重心壓到對方腿部,固定對方身體與手臂並將重心偏到右側,讓左腳可以輕鬆抬起。

將左腳跨過對方頭部,準備進入十字固定取位。

接著上位者將對方右手扣在腋下,準備向後倒開始降伏。

上位者右手扣住自己右膝,配合一起固定對方手臂,上半身重心往後同時挺起髖部進入降伏階段。

38-4 旋轉十字固定技巧

　　下位者在側向壓制中會試圖扣住對方肩膀，來帶動上位者往前滾翻絆摔，如果下位者扣住的是遠端的肩膀，同時也能避免對方做換側轉十字固定降伏 (38-2)，這種情況下就可以應用接下來介紹的旋轉十字固定技巧 (spinning armbar)。因為下位者控制的是外側肩膀 (離頭部較遠的那一側)，所以上位者相對有足夠的空間可將上腳跨過對方頭部，同時用肩膀與頭部牽制住對方手臂，調整身體角度一路旋轉到十字固定取位，再配合重心轉移減輕上腳負荷來輕鬆跨到對面。

　　練習時可以直接從側向壓制開始，並讓下位者先扣到外側肩膀，學習如何控制對方手臂的把位，搶到對面完成十字固定。練習時讓自己可以熟練的從下位者的左右側靈活互換，在實戰中才能在對手來不及絆摔之前就搶到十字固定取位完成降伏

上位者(藍衣)採取側向壓制固定對方，下位者右手搭住對方左肩準備將對手往前絆摔。

上位者保持重心穩定，用左手扣住對方手肘，確實控制對方左臂把位。

接著上位者將對方左手往上拉離身體，並用頭與肩膀夾住前臂加強控制。

接著重心傾向左側減輕右腳重量準備跨步。

上位者右腳踩住地面，同時右手將對方肩膀拉離地面。

將下位者拉到側身後，上位者就可以輕鬆將右腳跨過對方頭部，跨過後小腿背側貼住對方背部。

右腳踩穩後，上位者將髖部直接移動到對側，左腳滑到對方臉部上方，右腳卡住對方腋下，右手扣住對方腰帶避免對手逃脫。

上位者往後坐下準備進入十字固定取位，確保雙腳固定對手，同時膝蓋往內夾緊。

接著上半身往後，同時髖部往上挺起壓迫對方肘關節進入十字固定降伏。

38-5 旋轉十字固常見錯誤

　　從側向壓制轉到十字固定時，上位者最常發生的失誤就是沒有運用體重與肩頸確實控制住對方手臂，會造成彼此間空隙過大，讓下位者有足夠的空間將手臂往內旋轉，逃脫十字固定的把位牽制。

上位者(藍衣)採取側向壓制，下位者左手搭住對方左肩，試圖將對方往前絆摔。

上位者順勢扣住對方右手往上拉，準備轉到對側做十字固定。但由於上位者操之過急，並未確實控制把位與壓制對手導致彼此間距增加，下位者立即用右手卡住對方髖部擋住對手動線。

下位者藉由右手的卡位使對手減速來爭取時間，並將左手手腕轉向下方來掙脫對手控制。

最後下位者成功將手臂旋轉掙脫控制，同時維持右手的卡位保持雙方距離，接下來就有足夠的空間完成逃脫或進行絆摔反制。

38-6 旋轉十字固轉木村鎖

　　從上面的內容了解在旋轉到十字固定的過程中，務必確實做好把位控制。但如果對手還是積極設法逃脫，上位者也可以改成以4字型固定鎖住對方手臂，帶動對方手腕方向扭轉肩關節直接採取木村鎖降伏，過程中配合雙腳卡位固定對方，使對手無法藉由轉動身體來減輕肩關節壓迫。

下位者(白衣)在對方轉換到移動到十字固定取位的過程中，將手臂內轉掙脫手腕牽制的把位(1)。

上位者立即改用右手圈住對方肘關節並放開左手(2)。

將對方手肘拉在自己身上，並用左手扣住手腕形成4字型固定(3)。

扣好把位後，配合上半身帶動使對方肩關節強迫內旋進入木村鎖降伏，右腳卡住對方背部，讓對手無法藉由身體跟著轉動來減輕肩關節壓力(4)。

38-7 跨腿勒頸技巧

　　跨腿勒頸 (step-over choke) 是筆者在搶到側向壓制後經常搭配的降伏組合,在實戰中也幫助我成功降伏不少對手。在動作到位的情況下,是非常輕鬆有效的降伏技巧。在側向壓制中扣住對方頸後衣領把位先不急著壓縮空間,在對手轉向自己試圖抵抗逃脫時,立即伸出另一手往前扣住對方外側手,身體重心傾向對方下半身準備移動上腳,確保定對方無法往前抵抗或躺回地面後,上腳立即跨過對方頭部,腿後壓住對方頭部同時往上拉扯衣領把位,配合手腳一上一下的剪力完成勒頸降伏。

上位者(藍衣)採取側向壓制,並用右手扣住對方頸後衣領。

上位者刻意抬離膝蓋,讓下位者有些許活動空間。

下位者上鉤試圖轉向對手反抗逃脫，上位者立即順勢用左手扣住對方外側手手肘，讓對手無法後退躺回地面。

接著上位者身體傾向對方下半身，減輕右腳重量準備進入勒頸階段。

上位者扣住衣領往上拉，同時右腳越過對方臉部往下壓，手腳合力卡住對方頭頸進入降伏階段。

38-8 麵包切片勒

　　麵包切片勒 (bread cutter choke) 也是側向壓制常見的經典降伏組合，但多數人的做法其實並不到位，很多人在做麵包切片勒會直接控制對方內側手，並搶攻勒頸把位。單純以動作目的來說並不完全錯誤，但筆者在這裡提供更有效率的做法：我同樣會牽制對方內側手三頭肌的把位並往前試圖壓制對方臉部，對手會將頭部往後靠向地面來迴避，但這個抬頭動作就露出了頸部的空隙，我可以立即搶到勒頸降伏的把位，帶動下位者肩膀或肘部往上靠向我的勒頸手，讓對方身體微側傾，再將勒頸手往下以最省力最紮實的角度完成勒頸降伏。

上位者(藍衣)採取側向壓制固定對手。

上位者將右手收回繞過身體下方扣住對方右手三頭肌，同時身體重心偏到右側繼續壓住對方。

比起直接搶攻勒頸把位，上位者左手往前先佯攻臉部壓制(cross face)，下位者為了避免對方左手穿過頸後，會反射性地將頭部往後靠向地面，這時就露出的頸部的空間。

上位者立即將左手往上扣住對方左側衣領，前臂下切抵住對方喉部。

基本上從這裡將手肘壓向地面，就可以達到勒頸降伏效果。

如果對方死命抵抗不投降，可以配合將對手右肩抬離地面加上手肘與前臂下切壓迫的力道，就可以採取更紮實的麵包切片勒頸降伏。

38-9 棒球勒

　　棒球勒頸 (baseball choke) 技巧的命名，來自於雙手扣住衣領的握法與抓握球棒類似。藉由雙手正反抓握衣領扭轉，形成非常強力的勒頸降伏技巧，被用來降伏過許多著名柔術選手。筆者在 2001 年的巴西柔術世錦賽中也曾被對手以棒球勒頸降伏。但如果以一般搶奪勒頸把位的方式，對上熟悉這項技巧的對手往往不容易成功，所以這裡提供一個從側向壓制搶攻棒球勒的有效做法。首先上位者在扣到第一個頸後衣領把位後，先將身體靠往對方頭部方向，讓下位者認為有機會將對方推開逃脫，使雙手離開保護頸部的位置，上位者就可以順勢搶到第二個勒頸把位，接著帶動身體雙手擰轉進入棒球勒頸降伏。

上位者(藍衣)採取側向壓制，右手往下以拇指在內的方式扣住對方頸後衣領把位。

接著上位者將身體往對方頭部方向平移，下位者通常會反射伸手試圖順勢將對手推開逃脫，上位者順應對方的力量讓自己往對手頭部靠近。

由於這時下位者雙手都撐住對方，對頸部防備減弱，上位者左手可以輕鬆搶到對方右側衣領，以四指在衣領內側的方向扣住把位。

接著，上位者左手肘往下用前臂壓迫對方頸部，配合雙腳移動讓身體逆時針旋轉使勒頸把位更紮實。

最後，上位者頭部壓向對方左側，右手往上拉扯同時左手繼續往下切，完成棒球勒頸動作。

39-0 龜形防禦降伏策略

　　應對龜形防禦 (turtle top) 的關鍵，在於上位者如何靈活運用身體重心持續壓制對手髖部，讓對方無法逃脫或者發動反制。所以和前面的許多壓制取位一樣，上位者必須透過雙方髖對髖互相接觸，從對方重心變化來判斷對手意圖並先發制人維持壓制，再配合背後位控制與時針勒 (clock choke) 技巧將對手降伏。

　　要強化龜形防禦的壓制技巧，可以先請同伴在原地保持龜形防禦，練習從各個角度環繞維持壓制，並配合同伴的回饋來改善壓制效果不足的取位角度。熟練後再進階到請對手從龜形防禦開始逃脫，上位者必須盡力阻擋對手逃脫轉換到其他取位，即便對手成功回到背部貼地，也要盡可能跟上繼續搶攻側向壓制。先藉由以上的練習流程熟練取位控制的技巧後，最後再加入降伏組合完成整體的上位策略。

39-1 時針勒頸技巧

時針勒頸 (clock choke) 技巧是用來應對龜形防禦的經典降伏組合。大多數人熟知的做法是在扣住衣領把位後，將身體像時針般繞著對手轉動，讓勒頸把位因為旋轉自動縮緊壓迫頸部。從動作概念來說並沒有錯，但在實戰中，下位者通常會往前跟上對方身體的轉動來減輕勒頸的壓迫感，所以上位者在控制把位後，必須設法讓對手肩膀著地，限制對手移動並配合髖部往前卡位加強勒頸控制，確保對手無法移動跟上後，再繼續轉動身體將把位勒緊完成降伏。

下位者(白衣)採取龜形防禦，上位者左手往下搶攻衣領把位，同時右手繞過背後控制下位者髖部，先確保下位者無法滾翻逃脫。

左手延伸扣到對方右側衣領，接著右手也往下抓到膝蓋外側褲管。

配合身體重心將對方拉倒向左側，使對手左肩著地破壞對方的取位結構。

接著右邊髖部往前壓住對方肩膀，下半身往順時鐘方向轉動收緊左手勒頸把位，右手繼續卡住對方髖部避免對手逃脫。

圖解 39.1 勒頸動作細節

時針勒頸的動作不完全是依賴身體轉動來完成降伏，真正的關鍵是藉由身體重心與髖部往前將對手肩膀壓向地面，配合壓制固定對方，再加上身體旋轉才能確保有效紮實的勒頸壓迫。基本上，下位者是靠手肘撐地來維持龜形防禦取位的結構 (圖 1)，上位者必須將對方手肘往前臂的方向拉扯，破壞取位的支撐結構 (圖 2)，讓對手肩膀貼地後再配合髖部往前做壓制完成固定 (圖 3)，接著就可以繼續轉動身體完成降伏。

40-0 半防禦降伏策略

　　半防禦原本是突破過程中經常出現的過渡狀態，但現在也有許多針對半防禦發動的降伏策略。上位者同樣可以將突破半防禦需要的原則應用到降伏策略之中，記住在將對方壓平到地面破壞取位結構之前，避免魯莽發動降伏攻勢。穩固自己的重心並維持突破的積極度，將接下來的兩個降伏技巧加入自己的策略之中。

40-1 布拉伯勒頸技巧

　　筆者第一次在實戰中看到布拉伯勒頸 (Brabo choke) 降伏，就是由筆者好友也是著名柔術家 Leonardo "Leozinho" Vieira 所使用。在那一戰之後，布拉伯勒頸變成應對採取攻擊形半防禦防守者的指標性選擇之一。但對多數人來說，如果要直接扣住道服下擺，同時帶動對方手臂橫過身體通常不容易成功，這裡就需要一點欺敵的技巧來輔助。上位者可以先佯攻十字襟勒的把位，當然如果對方反應不及就直接進入降伏；但在實力相仿的前提下，對手會立即用外側手保護頸部，上位者就可以順勢控制手肘將手臂拉過對方頸部，再配合身體重量壓住上臂與肩膀，同時勒頸手往上拉扯完成降伏動作。

　　在練習這項技巧時，非常重要的是下位者的感受與反饋。在完成動作後要跟同伴確認被降服的感受是來自頸椎的扭轉彎曲 (neck crank) 還是頸動脈的壓迫，在柔術的降伏技巧中，後者才是勒頸真正的目的與效果，所以上位者必須藉由同伴的反饋來調整自己動作與把位的角度，讓降伏技巧更加到位。

下位者(藍衣)維持側躺的半防禦取位，準備隨時搶攻絆摔或回復到全防禦。上位者右手扣住對方左側道服下擺。

上位者接著將重心往前用左手做臉部壓制，同時將對方道服下擺拉開。

上位者將道服下擺拉鬆往上將把位送到左手扣住。

接著上位者收回右手從內側往對方頭部延伸。

接著，再將左手把位穿過對方頸部下方送到右手上，同時將右肩往下暫時固定對方胸口。

右手扣好把位後，左手搶攻對方左側衣領做十字襟勒的假動作，下位者立即將伸手推開對方左手做防禦。

上位者誘使對方上鉤後，立即順勢用左手扣住對方手肘。

上位者將對方左手往下拉到頸部上方，並用身體壓住三頭肌的位置，雙腳往後撤開讓髖部重心壓低，配合扣住道服下擺把位的右手往上拉扯，壓縮頸部空間完成布拉伯勒頸降伏。

圖解 40.1 勒頸動作細節

布拉伯勒頸的動作結構其實非常簡單，如圖中將下位者左手拉扯橫過頸部，並配合前面搶到的把位往上用右手抵住另一側頸動脈，一上一下同時限縮對方頸部空間。但上位者只靠臂力很難完全壓制對方左臂，所以最後必須配合身體重心往下協助固定，讓勒頸結構更紮實。

40-2 布拉伯勒頸轉直臂肘關節技

　　在布拉伯勒頸降伏中，較有經驗的下位者可能會用手撐住地面來減輕頸部的壓力，這種情況就可以立刻切換到直臂的肘關節技繼續降伏對手。上位者只需要以身體作為支點，扣住對方手腕往上扳動就可以輕鬆完成肘關節技降伏。如果遇到臂力較強的對手，可以視情況再次將手臂往下壓回布拉伯勒頸降伏。只要維持上位的優勢，任何的技巧對降伏者來說都會相對省力，只需要等待對手體力耗盡就能完成降伏。

上位者(白衣)成功搶到布拉伯勒頸降伏，但下位者藉由左手撐住地面來減輕頸部的壓迫感。

上位者維持身體重心壓制，用左手往下扣住對方手腕。

接著以身體作為支點，將對方手臂往上扳起壓迫肘關節，轉換到直臂肘關節技降伏。

41-0 全防禦降伏策略

　　許多初學者在對手的全防禦牽制中，可能都嘗試過要直接降伏對手，但多數的情況往往都是被對方以勒頸或十字固定反制。即便如此，在柔術眾多的降伏變化中，還是有可以直接從全防禦牽制中發動的技巧。

　　下面介紹的就是一個在全防禦牽制中，可以有效抓到對手降伏把位的特例方式，只要步驟正確就能有非常高的降伏成功率。然而這裡必須提醒讀者，如果你還正處於學習突破技巧的階段，千萬不要過度依賴單一技術，必須先建立完整的突破與防禦概念，才能進一步的將這項技術應用到實戰之中。

41-1 直腿踝鎖降伏技巧

　　在為數不多可以從全防禦之中直接降伏對方的技巧裡，筆者最常使用的就是直腿踝鎖降伏(straight ankle lock，或稱跟腱固、腳鎖)，但有別於多數人的做法，筆者通常不會對第一時間搶到腳踝把位做踝鎖降伏，因為如果對手實力相仿很快坐起身來保護把位，筆者會在對方起身後切換到另一腳做真正的踝鎖降伏。整體來說就是以第一腳為餌，讓對手起身重心偏向錯誤的方向，再以最佳的角度與時機對另一腳做直腿踝鎖降伏。

　　在做下面練習時，可以注意筆者如何限制對方雙腿，不讓對手雙腳輕易著地，透過這個技巧讓對手無法輕易往前坐起上半身來保護雙腳把位，就可以加快腳踝把位的控制與降伏。

上位者(藍衣)在對方的全防禦取位之中，並用雙手往前抵住對方腋下。

配合雙手支撐直接原地站立起身，防守者會認為對方有可能想掙脫雙腳牽制往前突破。

接著，上位者右膝往內準備撐開對方防禦，同時左腳踩在外側讓身體往後坐下，雙手往前扣住對方雙腳膝蓋。

上位者配合右膝在內側卡位，將對方右腳困在雙腿之間。

防守者立即坐起上半身來抵抗，避免右腳腳踝把位被對方完全控制。

看準防守者重心偏右側坐起身後，上位者立即將左腳換到內側準備搶攻真正的踝鎖降伏。

全
防
禦
降
伏

上位者右手扣住對方左腳腳踝，同時右腳往前踩住對方臀部外側，再配合軀幹往右擰轉準備進入直腿踝鎖降伏。由於防守者起身時身體重心已經靠向上位者左側，相對可以有更好的扭轉效果。

上位者繼續將身體完全轉向右側並往前挺起腰部，以右手前臂抵住對方跟腱做支點，腋下卡住對方前腳掌，壓迫對方腳踝蹠屈過度延伸，完成直腿踝鎖降伏，等待對方拍擊投降。

圖解 41.1 不讓對手雙腳著地

在全防禦牽制中，上位者如果要做任何左右側移動互換時，務必確實控制對方雙腳腳踝把位。理由也很簡單，只要讓防守者雙腳無法輕易著地，對手就很難快速往前坐起身來反擊或保護腳踝把位。這個技巧可以有效干擾對手防禦，並讓自己的突破或降伏策略進展更順利。

林晉利

曾任體育大學運動保健學系 / 研究所系主任及專任副教授

美國有氧體適能協會 (AFAA) 榮譽顧問

體育署國民體適能指導員考試召集人

美國運動醫學會 (ACSM) 體適能教練檢定官

美國肌力與體能訓練協會 (NSCA)CSCS 及 CPT 大中華區培訓講師

美國肌力與體適能委員會私人教練課程 (NCSF-CPT) 培訓講師

台灣拳擊武術有氧體適能協會理事長

台灣運動保健協會理事長

台灣合格運動傷害防護師及檢定官

萬明岳

體育大學運動保健學系碩士

清華大學生醫工程與環境科學學士

合格運動傷害防護員

美國肌力與體能訓練專家 NSCA CSCS

武術專長

日本語檢定 JLPT-N1